Organização de eventos, protocolo e cerimonial:

do público ao corporativo,

do presencial ao digital

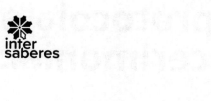

Organização de eventos, protocolo e cerimonial:

do público ao corporativo,

do presencial ao digital

Alan Santos de Oliveira

Rua Clara Vendramin, 58 – Mossunguê
CEP 8120-170 – Curitiba – Paraná – Brasil
Fone: (41) 2106-4170
www.intersaberes.com
editora@intersaberes.com

Conselho editorial
Dr. Alexandre Coutinho Pagliarini
Drª Elena Godoy
Dr. Neri dos Santos
Dr. Ulf Gregor Baranow

Editora-chefe
Lindsay Azambuja

Gerente editorial
Ariadne Nunes Wenger

Assistente editorial
Daniela Viroli Pereira Pinto

Preparação de originais
Gilberto Girardello Filho

Edição de texto
Arte e Texto Edição e Revisão de Textos
Caroline Rabelo Gomes

Capa
Iná Trigo (*design*)
Soho A Studio/Shutterstock

Projeto gráfico
Allyne Miara

Diagramação
Rafael Ramos Zanellato

Equipe de *design*
Iná Trigo

Iconografia
Regina Claudia Cruz Prestes
Sandra Lopis da Silveira

Dados Internacionais de Catalogação na Publicação (CIP)
(Câmara Brasileira do Livro, SP, Brasil)

Oliveira, Alan Santos de
  Organização de eventos, protocolo e cerimonial: do público ao corporativo, do presencial ao digital/Alan Santos de Oliveira. Curitiba: InterSaberes, 2022.

  Bibliografia.
  ISBN 978-65-5517-189-1

  1. Bibliografia Brasil 2. Cerimonial cívico 3. Cerimonial público 4. Etiqueta 5. Eventos especiais – Organização e administração I. Título.

22-104369   CDD-395.52

Índices para catálogo sistemático:
1. Cerimonial e protocolo: Eventos: Costumes   395.52
        Cibele Maria Dias – Bibliotecária – CRB-8/9427

1ª edição, 2022.

Foi feito o depósito legal.

Informamos que é de inteira responsabilidade do autor a emissão de conceitos.

Nenhuma parte desta publicação poderá ser reproduzida por qualquer meio ou forma sem a prévia autorização da Editora InterSaberes.

A violação dos direitos autorais é crime estabelecido na Lei n. 9.610/1998 e punido pelo art. 184 do Código Penal.

Sumário

Prefácio — 13
Apresentação — 15
Como aproveitar ao máximo este livro — 22

Capítulo 1
Eventos empresariais, públicos e oficiais — **26**
1.1 Conceitos de eventos corporativos, públicos e oficiais — 28
1.2 Origem e história dos eventos — 33

Capítulo 2
Classificação, tipologia e características dos eventos empresariais e públicos — **42**
2.1 Características, definições e classificações dos eventos — 44
2.2 Assembleia — 48
2.3 Assinatura de convênios — 49
2.4 Ciclo de palestras — 50
2.5 Conferência — 50
2.6 Congresso — 51
2.7 Convenção — 53
2.8 Coquetel — 54
2.9 Desfile — 55
2.10 Feiras e exposições — 57
2.11 Fórum — 58
2.12 Inauguração e descerramento de placa — 59

2.13 Lançamento — 60
2.14 Lançamento de pedra fundamental — 60
2.15 Mesa redonda — 61
2.16 Painel — 62
2.17 Posse — 63
2.18 Semana — 64
2.19 Seminário — 64
2.20 Simpósio — 66
2.21 Visita oficial — 67
2.22 *Workshop* — 67

Capítulo 3
Cerimonial público e normas protocolares — **74**
3.1 Origem e história do cerimonial — 76
3.2 Conceito de cerimonial — 82
3.3 Conceito de protocolo — 86

Capítulo 4
Cerimonial público e ordem de precedência no Brasil — **94**
4.1 Cerimonial público no Brasil — 96
4.2 Decreto n. 70.274, de 09/03/1972 — 102
4.3 Decreto n. 6.806, de 25/03/2009 — 152
4.4 Portaria Normativa n. 660, de 19/05/2009 — 158

Capítulo 5
Os símbolos nacionais — **248**
5.1 Bandeira nacional — 250
5.2 Hino nacional — 257
5.3 Armas nacionais — 260
5.4 Selo nacional — 261
5.5 Lei n. 5.700, de 01/09/1971 — 262

Capítulo 6
Os profissionais de eventos e cerimonial   **284**
6.1 Equipe de cerimonial   286
6.2 Chefe do cerimonial ou cerimonialista   288
6.3 Mestre de cerimônias   291

Capítulo 7
Cerimonial empresarial com autoridades oficiais e estrangeiras   **300**
7.1 Cerimonial e protocolo nos eventos institucionais   302
7.2 Eventos corporativos com autoridades públicas e estrangeiras   306
7.3 Hierarquia e ordem de precedência nas cerimônias empresariais   308
7.4 Hierarquia e ordem de precedência nas cerimônias empresariais com autoridades públicas   313
7.5 Composição de mesas em cerimônias públicas, empresariais e mistas   315
7.6 Tipos de mesas utilizadas em eventos empresariais e solenidades públicas   320

Capítulo 8
Planejamento, organização e condução de eventos   **336**
8.1 Desafios do planejamento de um evento   338
8.2 Etapas de um evento   341
8.3 Eventos virtuais ou digitais e eventos híbridos   385

Capítulo 9
Etiqueta e *dress code*   **410**
9.1 Relação entre trajes e eventos   412
9.2 Traje esporte   413
9.3 Traje passeio ou *tenue de ville*   415

9.4 Traje passeio completo ou social — 416
9.5 Traje *black tie, tenue de soirée* ou a rigor — 418
9.6 Traje de gala — 419

Capítulo 10
Pronomes de tratamento e convites — **428**
10.1 História e definição dos pronomes de tratamento — 430
10.2 Os pronomes de tratamento e a redação oficial — 431
10.3 Convites para eventos — 438

Estudo de caso — 449
Considerações finais — 453
Referências — 457
Respostas — 465
Sobre o autor — 473

Dedicatória

A Deus, pela vida e por todas as oportunidades que me foram proporcionadas.

Aos meus pais, Aurelina e Ivan, por me mostrarem que a educação e o trabalho são o melhor caminho.

Agradecimentos

É muito bom poder olhar para trás e ver que mais um trabalho foi concluído com êxito. Melhor ainda é ver que, nessa caminhada, pude contar com a colaboração de tantas pessoas, seja com apoio material, seja intelectual ou moral, incentivando-me a dar cada passo nessa trajetória desafiadora. Por esses e tantos outros motivos, deixo aqui minha gratidão a cada uma dessas pessoas.

À minha amiga Kelly Cristina Sodré dos Anjos, que me ensinou a elaborar e ministrar a minha primeira aula, de tantas outras, inserindo-me no mundo acadêmico.

À minha amiga jornalista, cerimonialista e professora Regina Macedo Boaventura, por todos os ensinamentos sobre eventos e cerimonial, para além da teoria, em nosso cotidiano profissional.

Aos meus irmãos Amanda, Alessandra e Alexandre, pela compreensão em meus momentos de afastamento que tinham tantos motivos, inclusive escrever e publicar esta obra.

Aos meus colegas de equipe de cerimonial e de eventos que, de alguma forma, contribuíram para a publicação desta obra: Andréa Barreto, Beatriz Magalhães, Edir Oliveira, Laís Soares, Lara Alcântara, Nelci Porto, Sarah Dieine, Stefany Brito e Wilson Joaquim, minha gratidão pelos ensinamentos e pela parceria.

Aos meus amigos e amigas, pela paciência e pelo incentivo em todos os momentos.

Prefácio

Se você já experimentou ou está prestes a experimentar a adrenalina que é organizar um evento – seja ele pequeno, médio ou grande, seja realizado em organizações do setor público ou da iniciativa privada –, saiba que este livro é um guia que poderá orientá-lo, tanto por meio das mais diversas abordagens teóricas e conceituais sobre os eventos como pelas instruções práticas para a organização de um cerimonial.

Quando fui convidada para escrever o prefácio desta obra, senti-me privilegiada com tamanha honraria. As páginas que seguem trazem os relatos de experiências de um profissional que atua há quase duas décadas com a organização de eventos – especialmente solenidades e cerimônias públicas, institucionais e corporativas. Como muitas vezes presenciei, tais eventos exigiram habilidades e competências para o trato com vice-governadores, ministros, deputados, senadores, prefeitos, secretários, vereadores, além de empresários e representantes de organizações da sociedade civil.

A presente obra é mais uma excelente alternativa para contribuir com a formação de estudantes e transformá-los em profissionais que atuarão nos setores público e privado, desde o planejamento e a organização até a realização de um cerimonial. Este livro é fruto de uma extensa pesquisa e, assim, reafirma e revisa os conceitos e as discussões sobre evento, cerimonial, protocolo e precedência, e ainda traz elementos inovadores e contemporâneos, como é o caso dos eventos virtuais e híbridos.

Nessa ótica, este material colaborará significativamente com todos os profissionais envolvidos na organização de cerimoniais, sejam cerimoniaslistas, sejam mestres de cerimônia ou os demais componentes da equipe. Aqui estão contemplados os estudos, as discussões e as orientações sobre as normas do cerimonial público e a ordem de precedência, além dos seus desdobramentos, que versam sobre o roteiro de uma solenidade, a composição de mesas de autoridades, a ordem dos discursos, o uso dos símbolos nacionais e tantos outros aspectos indispensáveis tanto nos eventos oficiais como nos corporativos.

Tenho certeza de que esta obra será de grande auxílio e responderá a todos os questionamentos quanto à organização de eventos públicos, contribuindo para que você execute solenidades com excelência.

Regina Macedo Boaventura

Apresentação

Falar em cerimonial, protocolo e eventos, diferente do que pensam os leigos, é muito mais complexo do que falar em uma festinha ou uma reunião. Embora tais eventos também sejam, de fato, reuniões, eles acontecem de forma idealizada, planejada e organizada, com certo grau de formalidade. Assim, reunir pessoas pode significar muito mais que um agrupamento não intencional e sem pretenções. É bem provável que, para além de socializar, as reuniões tenham como motivo principal os interesses institucionais, sejam de uma organização pública, sejam da iniciativa privada.

A realização de um evento pode requerer um nível maior de profissionalismo e de organização, assim como ocorre com a realização de uma solenidade ou de uma cerimônia, com a necessária observância das estritas normas protocolares e o indiscutível respeito à ordem de precedência, além do bom senso para o uso das orientações advindas da etiqueta – as quais, embora não constituam uma lei, de forma consensual representam o bom senso.

Nessa perspectiva, este livro é resultado de uma pesquisa realizada com o propósito de condensar, atualizando e inovando, as mais diversas publicações já existentes sobre a temática de eventos. No entanto, nesta obra, é dada ênfase especial aos estudos sobre o cerimonial e o protocolo realizados no âmbito das organizações públicas e da iniciativa privada. E como o próprio cerimonial e protocolo requerem, não poderíamos deixar de abordar os estudos e as orientações sobre a ordem de precedência e os símbolos nacionais, contemplando, ainda, o papel dos profissionais que atuam nesse ramo, como é o caso do chefe de cerimonial, ou *cerimonialista*, além do mestre de cerimônias.

Dessa forma, a presente obra faz uma abordagem dos estudos sobre a origem e o conceito dos eventos, bem como a sua evolução ao longo da história, destacando os seus tipos e suas características, estejam eles mais voltados para as organizações públicas ou para a iniciativa privada. Ao longo do livro, consideramos também os estudos sobre o protocolo, o cerimonial, a ordem de precedências, as normas para a utilização dos símbolos nacionais, a etiqueta e as formas de apresentação, assim como os principais pronomes de tratamento. Além disso, considerando uma tendência e, ao mesmo tempo, uma realidade, versaremos sobre os eventos nos formatos virtuais ou digitais e os eventos híbridos.

Também, para aliarmos a teoria com a prática, abordaremos elementos que facilitarão o trabalho dos profissionais de eventos e cerimonial em suas ações cotidianas, que vão desde a concepção do evento em sua fase de planejamento e transcrição para um projeto até a sua execução, com a amplitude de tipologias mais adequadas para cada ocasião, além de elementos minimalistas, como os tipos de mesa, as disposições das bandeiras, os discursos, os palcos ou dispositivos e as sugestões para a elaboração e o uso de instrumentos, como o cronograma, o *briefing*, o roteiro e o *script* de um cerimonial.

Devido a essa ampla abordagem teórica e prática, a presente obra se destina a um público bastante diverso, que vai desde docentes e estudantes em fase de formação até aqueles que já atuam no mercado, como os organizadores de eventos e cerimonialistas. Na área acadêmica, destacamos os professores e os estudantes dos cursos técnicos e superiores das mais diversas áreas relacionadas com o planejamento, a organização e a realização de eventos. Entre tantos, ousamos mencionar aqui os acadêmicos de Secretariado Executivo, Relações Públicas, Turismo, Comunicação Social etc. Esses cursos, geralmente, abordam os estudos sobre os eventos e o cerimonial em seus currículos, ainda que de forma transversal e interdisciplinar.

No entanto – e considerando que tal entendimento entre os diversos pesquisadores sobre o tema é unânime –, não podemos perder de vista que em um cerimonial reside a oportunidade de registrar a marca de um grande acontecimento – seja para oficializar, consagrar e congregar, seja para homenagear, formalizar ou anunciar. Além disso, mesmo no plano dos objetivos secundários, ele representa a abertura de um caminho para promover negócios, vendas, *marketing* etc. Nesse sentido, esta obra se destina também aos estudantes, profissionais e pesquisadores das mais diversas áreas, como administração, gestão e negócios.

Este material está dividido em dez capítulos, organizados da forma como destacamos em seguida.

No Capítulo 1, abordaremos os conceitos de eventos – sejam eles públicos, sejam oficiais ou empresariais –, destacando seus alcances e significados, desde uma simples reunião social, que pode ocorrer em forma de um aniversário em uma família, até aqueles mais complexos, organizados para o alcance de um objetivo ou com objetivos institucionais: econômicos, sociais, políticos ou culturais. Ainda neste capítulo, apresentaremos a história dos eventos: sua concepção e evolução histórica, passando pelas idades Antiga e Média até os dias atuais.

No Capítulo 2, explicaremos a tipologia e comentaremos a classificação dos principais eventos públicos e corporativos.

De forma ampla, procuraremos abordar os mais variados tipos de eventos, que requerem a observância das normas de cerimonial e protocolo, seja por conta de suas características – como é o caso de uma cerimônia para a assinatura de convênio, inauguração, posse ou visita oficial –, seja, ainda, por seu próprio caráter, muitas vezes científico, acadêmico ou cultural – como é o caso de conferências, simpósios, congressos, desfiles e exposições. Nestes e em outros tipos, procuraremos mostrar as suas características e, dessa forma, contribuir para o entendimento de como elas melhor se aplicam em cada ocasião.

No Capítulo 3, vamos nos aprofundar nas discussões sobre cerimonial público e protocolo, mostrando suas origens, trajetórias históricas, conceitos, distinções e relações com os eventos. Procuraremos demonstrar que as formalidades observadas e cumpridas por uma equipe de cerimonial conferem ao evento uma identidade própria, distinguindo-o de quaisquer outros eventos informais que, por vezes, são realizados ao acaso.

O Capítulo 4 pode ser tomado como uma extensão ou um aprofundamento do anterior, já que passaremos a considerar o significado e o uso das regras protocolares e da ordem geral de precedência como normas definidas e convencionadas para o cerimonial público no Brasil. Se, por um lado, podemos ver a rigidez das normas como a maior marca da ordem de precedência – como o especificado para as cerimônias civis públicas, contidas no Decreto n. 70.274, de 9 de março de 1972 (Brasil, 1972), ou aquelas voltadas para o âmbito das Forças Armadas, como é o caso da Portaria Normativa n. 660, de 19 de maio de 2009 (Brasil, 2009d) –, por outro, será possível constatar que a flexibilidade e o bom senso também são indispensáveis ao cerimonial empresarial.

No Capítulo 5, faremos uma análise detalhada dos símbolos nacionais – bandeira nacional, hino nacional, armas nacionais e selo nacional – e explicaremos de que forma eles devem ser utilizados nos eventos, principalmente aqueles que possuem e/ou requerem um maior grau de formalidade, como é o caso das cerimônias e solenidades públicas e oficiais ou, também, as que ocorrem em âmbitos corporativos privados, mas – por vezes – com a presença de autoridades e representantes do Poder Público. Dessa forma, vamos abordar a Lei n. 5.700, de 1º de setembro de 1971 (Brasil, 1971), que trata de cada um dos símbolos nacionais, mas sem deixar de considerar o percurso histórico de cada um deles.

No Capítulo 6, proporemos um estudo sobre os profissionais que atuam no planejamento e na organização e que fazem os eventos acontecerem. Sabemos que um evento, por sua dimensão e complexidade, pode requerer dezenas ou centenas de trabalhadores, e que todos eles são indispensáveis para o alcance de um resultado, que é mérito de toda a equipe. Entretanto, procuraremos dar maior ênfase àqueles cujas funções estejam mais relacionadas, direta ou indiretamente, com a equipe de cerimonial. Assim, apresentaremos as funções, as competências e o perfil desejado do chefe de cerimonial ou cerimonialista e do mestre de cerimônias.

No Capítulo 7, apresentaremos os caminhos e as alternativas para a realização de cerimônias institucionais corporativas, mas que devido às aproximações e parcerias com o Poder Público e à presença de autoridades oficiais civis ou miliares, nacionais ou estrangeiras, requerem os devidos cuidados e o uso das normas protocolares consagradas no Brasil. Ainda que as legislações vigentes tratem do cerimonial público, observaremos que é possível, na iniciativa privada, recorrer à adaptação, valendo-se do bom senso, para assegurar a harmonia nos próprios eventos, possibilitando, por exemplo, uma composição de mesa de autoridades ou a ordem de discursos sem constrangimentos.

No Capítulo 8, destacaremos a condução de eventos, mostrando que a atuação dos profissionais responsáveis por um cerimonial é um trabalho de bastidores e começa com bastante antecedência. Partiremos da premissa de que o sucesso de um evento depende, inicialmente, do seu planejamento e da elaboração de um projeto. Nessa ocasião, trataremos de cada um dos elementos que constituem um evento. Explicaremos, também, que a condução de um evento poderá ser mais bem-sucedida com a utilização de instrumentos indispensáveis ao trabalho da comissão organizadora e da equipe de cerimonial, como é o caso do *briefing*, do *checklist*, do roteiro e do *script*. Neste capítulo, também estudaremos os eventos virtuais ou digitais e os eventos híbridos, que se apresentam como uma nova tendência e alternativa para os desafios contemporâneos que passam a ter como elementos determinantes o tempo, o espaço, o distanciamento, a mobilidade, a economia, a agilidade etc.

No Capítulo 9, faremos um breve estudo sobre a etiqueta, enfatizando um item indispensável para qualquer evento: as relações entre os trajes e as vestimentas adequadas para cada ocasião e suas formas de apresentação. Falaremos sobre os trajes mais recomendados, como o traje esporte, o traje passeio, o traje passeio completo ou social, o traje *black tie* e o traje de gala. Ainda, neste capítulo, apresentaremos importantes conhecimentos tanto para os anfitriões como para os convidados de um evento. São dicas simples sobre o que usar em cada ocasião, mas que podem fazer a diferença ao afastar uma gafe e ajudar a construir o *marketing* pessoal.

Por fim, no Capítulo 10, buscaremos apresentar os principais pronomes de tratamento e alguns instrumentos utilizados na comunicação em eventos, como é o caso do ofício e do convite. Mostraremos, de forma sintética, as relações entre os tratamentos tomando por base alguns personagens da história do Brasil. Ainda, discutiremos como, no espaço contemporâneo, de acordo com a 3ª edição do Manual de Redação da Presidência da República, foi possível alcançar a simplificação para o uso de alguns pronomes de tratamento – casos de "Senhor" ou "Senhora", por exemplo – sem perder a formalidade e o respeito. Também, destacaremos algumas considerações sobre o Decreto n. 9.758, de 11 de abril de 2019 (Brasil, 2019), que versa sobre as formas de comunicação e tratamento entre os agentes públicos federais.

Esperamos que, ao longo da obra, você tenha uma experiência de leitura e de diálogo que lhe permita ampliar seus conhecimentos, aperfeiçoar suas experiências e aplicar em sua prática profissional as noções aqui apresentadas.

Como aproveitar ao máximo este livro

Empregamos nesta obra recursos que visam enriquecer seu aprendizado, facilitar a compreensão dos conteúdos e tornar a leitura mais dinâmica. Conheça a seguir cada uma dessas ferramentas e saiba como elas estão distribuídas no decorrer deste livro para bem aproveitá-las.

Conteúdos do capítulo:
Logo na abertura do capítulo, relacionamos os conteúdos que nele serão abordados.

Após o estudo deste capítulo, você será capaz de:
Antes de iniciarmos nossa abordagem, listamos as habilidades trabalhadas no capítulo e os conhecimentos que você assimilará no decorrer do texto.

Indicações culturais

Para ampliar seu repertório, indicamos conteúdos de diferentes naturezas que ensejam a reflexão sobre os assuntos estudados e contribuem para seu processo de aprendizagem.

> **Indicação cultural**
>
> Sugerimos que você assista ao filme *Downton Abbey*. A produção faz uma ambientação do ano de 1927 e mostra a visita oficial feita pelo rei e pela rainha da Inglaterra à casa da Família Crawley. Essa obra é uma excelente oportunidade para você conhecer os acontecimentos nos bastidores de um evento que transita entre o comum e o extraordinário.
>
> DOWNTON Abbey. Direção: Michael Engler. Reino Unido/EUA: Focus Features, 2019, 122 min.

Síntese

Ao final de cada capítulo, relacionamos as principais informações nele abordadas a fim de que você avalie as conclusões a que chegou, confirmando-as ou redefinindo-as.

> **Síntese**
>
> Neste capítulo, vimos que um evento tem um conceito bastante abrangente, pois, de modo geral, todo acontecimento que reúne pessoas, com as mais diversas motivações – religiosas, familiares, profissionais, artísticas, culturais, políticas, educacionais –, pode caracterizar um evento.
>
> Também, mostramos que os eventos podem ser públicos e oficiais ou ocorrer em ambiente corporativo e empresarial, mas com a presença de autoridades e representantes do Estado, sendo necessária a observação das normas do cerimonial público e da ordem geral de precedência.
>
> Ainda, verificamos que não há uma precisão quanto à data e ao local de origem dos eventos e das cerimônias. No entanto, é possível afirmar que os eventos são tão antigos quanto as mais diversas motivações humanas, passando pelas civilizações greco-romanas até as cerimônias fúnebres, com a observação das normas de precedência, além da realização dos jogos Olímpicos.

Questões para revisão

Ao realizar estas atividades, você poderá rever os principais conceitos analisados. Ao final do livro, disponibilizamos as respostas às questões para a verificação de sua aprendizagem.

> **Questões para revisão**
>
> 1. O que é um evento?
> 2. Quais acontecimentos motivam a realização de u[m]
> 3. Analise as assertivas a seguir, sobre os conceitos [de]
>   I) Os eventos não possuem uma conceituação [de] definição é ampla, por conta do seu dinamis[mo] abrangência.
>   II) Os eventos podem ser algum tipo de aconteci[mento] promove a reunião e a interação de pessoas.
>   III) Os eventos podem ter motivação cultural, so[cial, polí]tica, como um festival de música, um jantar e[xpo]sição de arte.
>   IV) Os eventos devem ter uma finalidade merca[ntil e] lucrativa, com o lançamento e a venda de prod[utos como] os *smartphones*.
>   V) A cerimônia de abertura dos Jogos Olímpic[os é] considerada um evento, mas um batizado ou [ho]tel, não.

23

Questão para reflexão

1. Um evento pode se referir a uma gama de acontecimentos. Muitas vezes, participamos de um evento mas sequer sabemos disso. Diante do exposto, reflita sobre os mais diversos encontros de que você já participou em sua vida, seja com pessoas da sua família ou do seu trabalho, e procure responder:
   - Tal encontro foi um evento?
   - Se sim, o que motivou o seu acontecimento?
   - Quais foram os pontos fortes e fracos desse evento?

Questões para reflexão

Ao propor estas questões, pretendemos estimular sua reflexão crítica sobre temas que ampliam a discussão dos conteúdos tratados no capítulo, contemplando ideias e experiências que podem ser compartilhadas com seus pares.

Estudo de caso

Nesta seção, relatamos situações reais ou fictícias que articulam a perspectiva teórica e o contexto prático da área de conhecimento ou do campo profissional em foco com o propósito de levá-lo a analisar tais problemáticas e a buscar soluções.

Estudo de caso – A importância do planejamento de um evento!

Ao longo desta obra, estudamos os diversos elementos que permeiam a organização de um evento. Para a realização do III Ciclo de Palestras Sobre Comércio Eletrônico, a Sra. Maria Solange, uma colaboradora interna da Associação de Comerciantes do Norte Paulista, foi convidada e nomeada para coordenar todas as ações necessárias para realizar o evento, começando pelo planejamento e pela elaboração do projeto, além da execução e da apresentação dos seus resultados.

O desafio inicial da Sra. Maria Solange era formar uma equipe

1 Eventos empresariais, públicos e oficiais

Conteúdos do capítulo:

» Conceito e distinção entre eventos empresariais e públicos.
» Eventos como estratégia econômica, política, social e cultural.
» Origem, história e finalidade dos eventos.
» A importância dos eventos.

Após o estudo deste capítulo, você será capaz de:

1. compreender o conceito e o significado de um evento;
2. distinguir eventos corporativos, eventos públicos e oficiais;
3. analisar a evolução histórica dos eventos, desde sua concepção até o século XXI;
4. reconhecer a importância dos eventos como estratégia para organizações privadas e públicas.

1.1 Conceitos de eventos corporativos, públicos e oficiais

Inicialmente, para abordarmos os estudos sobre eventos considerando sua história, evolução, tipologia e classificação, devemos buscar suas mais diversas conceituações, principalmente levando em conta sua dinâmica e evolução. Ainda nesse contexto, precisamos ter em mente, conforme Martin (2003, p. 35), que "não existe consenso quanto a uma conceituação universal de evento. Ela é dificultada pela própria natureza intrínseca da atividade: seu dinamismo e sua abrangência". Essa mesma autora destaca que os eventos se fazem presentes em todas as classes sociais, justificando suas variadas definições.

Podemos definir *evento* como qualquer tipo de acontecimento no qual as pessoas se reúnem e interagem, tendo como motivação elementos profissionais, religiosos, artísticos, culturais, sociais, políticos etc. (Schumacher; Portela; Borth, 2013). Se ampliarmos o nosso campo de visão, de acordo com Martin (2003), o evento pode ter definições diferenciadas, ainda que elas sejam conflitantes. Nesse sentido, podemos compreender o evento como um

> conjunto de ações profissionais desenvolvidas com o objetivo de atingir resultados qualificados e quantificados junto ao público-alvo; conjunto de atividades profissionais desenvolvidas com o objetivo de alcançar o seu público-alvo através do lançamento de produtos, da apresentação de pessoas, empresas ou entidades, visando estabelecer o seu conceito ou recuperar sua imagem; realização de

ato comemorativo, com ou sem finalidade mercadológica, visando apresentar, conquistar ou recuperar o seu público-alvo. (Canton, citado por Martin, 2003, p. 35)

De acordo com Simões (1995, citado por Matias, 2007), podemos afirmar que, em um âmbito corporativo, um evento tem também a finalidade de promover a modificação nas relações entre uma empresa e seus públicos, conforme suas próprias necessidades. Para Giácomo (1993, citado por Matias, 2007, p. 81), um "evento é componente do mix da comunicação, que tem por objetivo minimizar esforços, fazendo uso da capacidade sinérgica da qual dispõe o poder expressivo no intuito de engajar pessoas numa ideia ou ação".

Em muitas ocasiões, você já deve ter participado de eventos ou, até mesmo, organizado-os, embora não tenha percebido isso, pois a metodologia para a sua realização nem sempre segue o mesmo formato. Assim, nem sempre percebemos os eventos de forma explícita e objetiva, já que eles estão inseridos rotineiramente nas mais diversas esferas da atividade humana, com ou sem finalidade econômica.

Podemos considerar como evento desde uma simples reunião familiar – que acontece para poucas pessoas, de forma mais reservada e semanalmente – até um acontecimento mais complexo – como os Jogos Olímpicos, que ocorrem a cada quatro anos, no qual comparecem os mais diversos públicos, de diferentes nacionalidades, e que requerem uma ampla organização precedida de planejamento. Carneiro e Fontes (1997, p. 66) nos ajudam a compreender melhor essa amplitude e complexidade quando destacam que:

> Eventos são todos os acontecimentos previamente planejados, organizados e coordenados de forma a contemplar o maior número

de pessoas em um mesmo espaço físico e temporal, com informações, medidas e projetos sobre uma ideia, ação ou produto, apresentando os diagnósticos de resultados e os meios mais eficazes para se atingir determinado objetivo.

Devemos considerar os eventos como importantes aliados para o *marketing*, já que se referem a acontecimentos que impactam pessoas e instituições, marcam momentos, viram notícia e até fazem história. Ao considerar que o evento é uma forma de ação promocional, criadora de ambientes interativos de negócios, com potencial para unir vendedores e compradores, observe a oportuna definição apresentada por Melo Neto (1999, citado por Martin, 2003, p. 37-38):

> O evento tem características de um produto – deve ser inovador, satisfazer as necessidades do público, criar expectativas, ser acessível a um grande número de pessoas, possuir um nome de fácil memorização e um forte apelo emocional. O bom evento é algo inusitado, inovador e desafiante. [...] O que torna o evento uma atividade de marketing é a sua capacidade de juntar o negócio do patrocinador com os consumidores potenciais em um ambiente interativo. [...] Ao dele participarem, tais pessoas interagem com o negócio do patrocinador, tomam conhecimento do seu produto e aprendem a valorizar a sua marca.

De acordo com Takahashi (2009), organizar um evento não é a mesma coisa que organizar um cerimonial, pois o evento exige um planejamento específico, um conjunto de procedimentos técnicos, administrativos e operacionais que são necessários para o alcance de um objetivo. O cerimonial, por sua vez, requer atitudes profissionais que assegurem o cumprimento das normas e regras protocolares. Aliás, na oportuna definição de Takahashi (2009, p. 25): "Dentro de um evento, o cerimonial pode ocorrer como uma etapa, já que se preocupa com questões referentes, como: a fita inaugural, as assinaturas de atos, homenagens, entre outras". Dessa forma, o cerimonial é um dos elementos integrantes do evento, assim como o receptivo, o *buffet*, a segurança, a infraestrutura etc.

Nesse sentido, um evento público pode ser compreendido como um ato que demanda o cumprimento das normas e dos procedimentos padronizados exigidos para um acontecimento oficial, seja aquele promovido por uma organização pública – com a presença de autoridades governamentais, oficiais e estrangeiras –, sejam aqueles realizados em ambientes corportativos e privados, mas que contam com a presença de autoridades e representantes do Poder Público. Como estudaremos ao longo deste livro, principalmente por conta dos movimentos do neoliberalismo e da globalização, as parcerias entre os setores público e privado têm se tornado uma tendência comum, resultando nesse novo formato de cerimônia.

É importante destacarmos, também, que todo cerimonial público é regido pelas diretrizes contidas no Decreto n. 70.274, de 9 de março de 1972 (Brasil, 1972), e pelas modificações advindas dos Decretos n. 83.186, de 19 de fevereiro de 1979 (Brasil, 1979), n. 3.780, de 2 de abril de 2001 (Brasil, 2001), n. 7.419, de 31 de dezembro de 2010 (Brasil, 2010), e n. 9.338, de 5 de abril de 2018 (Brasil, 2018a), os quais aprovam as normas de cerimonial público e ordem geral de precedência. Como veremos, essas legislações servem como base para esclarecer e orientar ações diante de dúvidas, como:

» Quem preside uma solenidade?
» Como devem ser tratadas e posicionadas autoridades, como o presidente da República, os ministros de Estado, os governadores e os prefeitos?

- » Qual é a relação com embaixadores e outros chefes de Estado?
- » De que forma se usa corretamente a bandeira nacional?
- » Como é a posição cívica e a execução do hino nacional?
- » Como devem ser prestadas as honras militares?
- » Como é um ato de posse?
- » De que forma deve ser feita a utilização da faixa presidencial?
- » Como devem ser conduzidas as visitas oficiais?
- » De que maneira devem ser realizados os cumprimentos?
- » Quais são os cuidados a serem observados em uma cerimônia fúnebre, assim como a escolta e o cortejo?

Essas são algumas perguntas, entre tantas outras, que surgem e desafiam as equipes responsáveis pelo cerimonial público, ocorrendo nos três níveis de governo, ou seja, federal, estadual e municipal. As normas de cerimonial e protocolo têm o objetivo principal de conferir organização e respeito em um evento público ou com a presença de autoridades públicas e oficiais, facilitando o planejamento e a ação do cerimonialista ou chefe de cerimonial.

Por sua vez, a ordem de precedência diz respeito a quem determina a disposição e o ordenamento hierárquico das autoridades públicas – representantes do Estado, nacionais ou estrangeiras – nas visitas a algum organismo, em uma cerimônia, solenidade ou evento de caráter oficial. A ordem de precedência constitui, assim, o princípio basilar do cerimonial. Em outras palavras, trata-se da determinação da ocupação adequada de lugares, reconhecendo e respeitando valores históricos, sociais e culturais.

1.2 Origem e história dos eventos

Os estudos relacionados ao surgimento dos eventos, enquanto acontecimentos sociais, mostram-nos, por um lado, a intenção de criar normas de conduta para regular as relações entre os homens em dado contexto de convívio social, tanto em um espaço particular como no âmbito social. Por outro lado, no entanto, há uma imprecisão sobre sua origem exata, pois, conforme Nunes (2006, p. 16):

> É difícil determinar, no espaço e no tempo, o início de atitudes ou comportamentos coletivos que indicassem a prática dessas cerimônias. No entanto, pesquisas conduzem a eras muito antigas, reforçando a ideia de que o homem, ao estar reunido com seus semelhantes, sentiu a necessidade de criar normas ou patamares para conduzir reuniões e, acredita-se, para exercer e demonstrar poder.

Nesse mesmo sentido, conforme Matias (2007), podemos perceber que a história dos eventos se funde com as motivações humanas e suas mais diversas intenções. Essa ideia se explicita na relação entre a origem dos eventos e as mais diversas situações caracterizadas como descobertas e grandes acontecimentos. Para a autora, uma comprovação desse fato está na civilização antiga e nos registros da mobilidade de pessoas entre os mais diversos territórios, as quais se reuniam para tratar dos mais variados assuntos e interesses.

Se você se aventurar mais um pouco na história, descobrirá que, ainda no Egito antigo, existiram cerimoniais com finalidades religiosas que requeriam a participação do faraó, com a presença de sacerdotes e da corte em geral. Assim, nos eventos considerados cerimônias fúnebres, havia um ritual a ser cumprido, com normas rigorosas, como a ordem de precedência.

De acordo com Jesus (2001, p. 15), "nas civilizações grega e romana encontramos um cerimonial intimamente ligado às crenças da época e que, em alguns casos, atravessou o tempo, influenciando a cultura de hoje no Ocidente, tanto no aspecto jurídico como no social".

Também podemos observar os eventos como um marco na história pelos relatos de Matias (2007), que associa o deslocamento de pessoas entre territórios com a intenção de participar de acontecimentos sociais, tal como ocorreu em 776 a.C, na ocasião da realização dos primeiros Jogos Olímpicos da era antiga. Para essa mesma autora, "o sucesso dos Jogos Olímpicos, realizados em Olímpia, fez com que outras cidades gregas, como, por exemplo, Delfos e Corinto, passassem a organizar seus próprios jogos, concursos e demais atrações" (Matias, 2007, p. 5).

Como destacamos, os eventos marcaram presença e fizeram história na Idade Antiga. Ainda, com o passar do tempo, é possível notar que os eventos não desapareceram ou perderam seu significado, mas foram se aperfeiçoando para atender às novas dinâmicas sociais, econômicas, políticas e culturais advindas com a história.

Dessa forma, com o declínio do império romano e a chegada da Idade Média, vários eventos religiosos ou comerciais promoveram o deslocamento de uma grande quantidade de pessoas, como mercadores e membros do clero. Para Matias (2007), os concílios e as feiras comerciais foram exemplos, respectivamente, de eventos religiosos e comerciais que marcaram esse período da história da humanidade.

Não podemos perder de vista também que, historicamente, um evento sempre foi a resultante do conjunto de interesses de quem o realiza e de quem dele participa. Você pode perceber esses interesses, na prática, na oportuna colocação de Amaral (2009, p. 23), quando destaca a chegada da corte portuguesa no Rio de Janeiro, em 7 de março de 1808:

> Esse desembarque foi mais uma festa popular do que uma cerimônia oficial [...] O caso não era para menos. Nunca um príncipe europeu cruzara os mares para se instalar numa de suas possessões ultramarinas. Nunca os habitantes de uma colônia americana tinham visto, de perto e ao vivo, os rostos que apareciam cunhados nas moedas com que faziam seus negócios.

Em outro contexto histórico, o da Revolução Industrial, surgiram eventos científicos e tecnológicos por meio das ações de instituições ligadas aos mais diversos ramos da ciência – desde as naturais e biológicas até as exatas e sociais. É aqui que ganham maior importância alguns dos eventos mais comuns na contemporaneidade: mesas redondas, simpósios, seminários, conferências, painéis, congressos, reuniões etc. De acordo com Matias (2007), a Revolução Industrial ocasionou um crescimento no número de eventos classificados como feiras e exposições, pois estes facilitavam a comercialização de produtos.

Quanto à história do cerimonial, no Ocidente somos remetidos às cortes feudais italianas, enquanto no Oriente podemos observar o pioneirismo da China. Conforme exposto por Yanes (2014, p. 36), "como os imperadores chineses eram considerados 'filhos do céu', todas as normas sempre foram muito elaboradas". Essa mesma autora destaca que o primeiro compilador de normas de cerimonial no mundo foi o chinês Chou Kung (XII a.C.).

Sobre a importância dos eventos contemporâneos, de acordo com Bomfim (2009, p. 71), devemos também considerar que

> são indiscutíveis as profundas transformações ocorridas no final do século XX, com o desenvolvimento das tecnologias da informação

e da comunicação, cujos efeitos foram multiplicadores e revolucionários sobre todos os âmbitos do conhecimento da experiência humana. Essas transformações vêm impactando de maneira significativa a prática organizacional, exigindo não só um conjunto de competências capazes de atender as crescentes exigências de um novo mercado, como a identificação de efetivas alternativas no seu processo de comunicação o com seu público-alvo.

A humanidade cresceu acompanhando o progresso científico, econômico e social. Junto com esse desenvolvimento, também vieram as mudanças apoiadas em comportamentos, tanto individuais como coletivos. A esse respeito, nas palavras de Nunes (2006, p. 18):

> O homem, ser social, aprimora a maneira de se reunir com seus semelhantes fixando normas de conduta para tais encontros. Se no contexto menor são observadas as características de cada povo ou região, no quadro mundial isso se altera, pois surgem organismos internacionais, criados para o intercâmbio de informações e para proporcionar desenvolvimento econômico e cultural em populações menos favorecidas. Nesses órgãos [...] o cerimonial e, em consequência, o protocolo, possuem características adotadas de comum acordo por todos os seus componentes. Um exemplo desse tipo de organização é a ONU (Organização das Nações Unidas).

Diante do exposto, é necessário entendermos que os eventos, cada vez mais, representam uma importante ferramenta no desenvolvimento de estratégias para a consecução dos objetivos das organizações. Nesse mesmo sentido, devemos compreender que urge a necessidade de capacitar e qualificar os mais diversos profissionais que atuam na área de eventos.

Indicação cultural

Sugerimos que você assista ao filme *Downton Abbey*. A produção faz uma ambientação do ano de 1927 e mostra a visita oficial feita pelo rei e pela rainha da Inglaterra à casa da Família Crawley. Essa obra é uma excelente oportunidade para você conhecer os acontecimentos nos bastidores de um evento que transita entre o comum e o extraordinário.

DOWNTON Abbey. Direção: Michael Engler. Reino Unido/EUA: Focus Features, 2019. 122 min.

Síntese

Neste capítulo, vimos que um evento tem um conceito bastante abrangente, pois, de modo geral, todo acontecimento que reúne pessoas, com as mais diversas motivações – religiosas, familiares, profissionais, artísticas, culturais, políticas, educacionais –, pode caracterizar um evento.

Também, mostramos que os eventos podem ser públicos e oficiais ou ocorrer em ambiente corporativo e empresarial, mas com a presença de autoridades e representantes do Estado, sendo necessária a observação das normas do cerimonial público e da ordem geral de precedência.

Ainda, verificamos que não há uma precisão quanto à data e ao local de origem dos eventos e das cerimônias. No entanto, é possível afirmar que os eventos são tão antigos quanto as mais diversas motivações humanas, passando pelas civilizações greco-romanas até as cerimônias fúnebres, com a observação das normas de precedência, além da realização dos Jogos Olímpicos.

Questões para revisão

1. O que é um evento?
2. Quais acontecimentos motivam a realização de um evento?
3. Analise as assertivas a seguir, sobre os conceitos de eventos:
    I) Os eventos não possuem uma conceituação única. A sua definição é ampla, por conta do seu dinamismo e de sua abrangência.
    II) Os eventos podem ser algum tipo de acontecimento que promove a reunião e a interação de pessoas.
    III) Os eventos podem ter motivação cultural, social ou artística, como um festival de música, um jantar e uma exposição de arte.
    IV) Os eventos devem ter uma finalidade mercadológica e lucrativa, com o lançamento e a venda de produtos, como os *smartphones*.
    V) A cerimônia de abertura dos Jogos Olímpicos pode ser considerada um evento, mas um batizado ou um coquetel, não.

    É correto o que se afirma em:
    a) I, III e IV.
    b) II e III.
    c) I, III e V.
    d) III, IV e V.
    e) I, II e III.

4. Analise as assertivas a seguir sobre os conceitos e a origem dos eventos:
    I) Os eventos podem ser definidos como acontecimentos planejados, organizados e coordenados para reunir pessoas em um mesmo lugar e ao mesmo tempo.

II) Todo evento deve ser uma ação comercial, criando um ambiente de negócios para unir vendedores e compradores, satisfazendo às necessidades do público.

III) A Revolução Industrial foi uma das responsáveis pelo aumento no número de eventos com objetivos comerciais, como feiras e exposições.

IV) Entre os eventos comerciais e religiosos, as feiras e os concílios foram marcados pela presença de mercadores e membros do clero na Idade Média.

V) Apesar do avanço científico e tecnológico, as descobertas pouco contribuíram para os eventos acadêmicos, como congressos, simpósios e mesas redondas.

É correto o que se afirma em:

a) I, III e IV.
b) I, II e III.
c) II, III e IV.
d) I, IV e V.
e) II, IV e V.

5. Analise as assertivas a seguir sobre a origem dos eventos:

I) A história dos eventos não está relacionada com as intenções humanas, com as descobertas e a mobilidade de pessoas, mas tão somente com o advento do comércio.

II) A chegada e o desembarque da corte portuguesa no Brasil, em 1808, foram considerados um evento, que pode ser classificado como recepção.

III) No Egito antigo, algumas cerimônias religiosas com a participação do faraó e dos sacerdotes podiam ser consideradas funerais com ordem de precedência.

IV) Os Jogos Olímpicos realizados em 776 a.C., em Olímpia, na Grécia, motivaram cidades, como Delfos e Olimpos, a organizarem seus próprios concursos.

V) A origem dos eventos está relacionada com a história recente, no período após a Segunda Guerra Mundial, com o avanço da globalização e o neoliberalismo.

É correto o que se afirma em:

a) I, III e V.
b) I, II e V.
c) II, III e IV.
d) I, III e IV.
e) II, IV e V.

Questão para reflexão

1. Um evento pode se referir a uma gama de acontecimentos. Muitas vezes, participamos de um evento mas sequer sabemos disso. Diante do exposto, reflita sobre os mais diversos encontros de que você já participou em sua vida, seja com pessoas da sua família ou do seu trabalho, e procure responder:

- Tal encontro foi um evento?
- Se sim, o que motivou o seu acontecimento?
- Quais foram os pontos fortes e fracos desse evento?

2 Classificação, tipologia e características dos eventos empresariais e públicos

Conteúdos do capítulo:

» Tipologia dos eventos.
» Formas de classificação dos eventos.
» Características dos eventos empresariais e públicos.

Após o estudo deste capítulo, você será capaz de:

1. identificar os diferentes tipos e classificações de eventos empresariais e públicos;
2. analisar as características dos mais variados tipos de eventos;
3. definir o melhor tipo de evento para cada situação e demanda (privada ou pública);
4. definir as estratégias iniciais para a organização de um evento.

2.1 Características, definições e classificações dos eventos

Ao realizarmos uma pesquisa mais apurada sobre os tipos de eventos, observamos que há diferentes formas de abordagens conforme cada autor. Também é possível constatar que, quando falamos em classificações, na maioria das vezes, temos uma aproximação, ou até mesmo uma fusão, com as tipologias. Essa convergência se dá em função das características e peculiaridades dos eventos, que podem considerar o tipo de público-alvo, a abrangência, a categoria, a área de interesse, a natureza, a frequência, a dimensão, os objetivos etc.

Em relação à tipologia, Lukower (2006) considera que os eventos podem ser sociais, profissionais, mistos, técnico-científicos, de caráter, artísticos, culturais, religiosos e oficiais. Matias (2007) também destaca que os eventos podem ser artísticos, científicos, culturais, cívicos, desportivos, folclóricos, de lazer, promocionais, religiosos e turísticos, além de fazer uma abordagem que os considera como abertos ou fechados, de acordo com o público atingido.

De forma mais abragente, Matias (2007) considera como tipos mais comuns de eventos: assembleia, *brainstorming*, *brunch*, colóquio, concílio, conclave, concurso, conferência, congresso, convenção, coquetel, debate, desfile, encontro, entrevista coletiva, exposição, feira, fórum, *happy hour*, jornada, megaevento, mesa redonda, mostra, oficina, painel, palestra, roda de negócios, *roadshow*, salão, semana, seminário, *showcasing*, simpósio, videoconferência, visita e *workshop*.

Enfatizando os eventos corporativos e, consequentemente as reuniões, Nunes (2006) apresenta a sua tipologia destacando a assembleia, o ciclo de palestras, a conferência, o congresso, a convenção, as feiras, o fórum, a jornada, a mesa redonda, o seminário, o simpósio, o *workshop*, as reuniões de trabalho ou de negócios e as reuniões administrativas.

Para Campos, Wyse e Araújo (2000), entre os eventos estão incluídos: congresso, seminário, simpósio, convenção, feira de moda, exposição, salão, conferência, fórum, colóquio, encontro, jornada, competição, festa, desfile de moda e casamento. Já para Schumacher, Portela e Borth (2013), os eventos podem ser do tipo formal, semiformal ou informal. Esses mesmos autores fazem uma abordagem do tipo institucional ou promocional, quando se referem à categoria, e apresentam a classificação de eventos, de acordo com as áreas de interesse, da seguinte forma: artístico, científico, cultural, educativo, informativo, folclórico, cívico, político, governamental, de lazer, social, desportivo, religioso, turístico, seminário, congresso, convenção e simpósio.

Os autores da área secretarial (Schumacher; Portela; Borth, 2013) ainda acrescentam outros tipos de eventos não contemplados pelos autores até aqui mencionados: *coffee break*, café da manhã, chá da tarde, almoço, jantar, *vernissage*, noite de autógrafos e inauguração. Por sua vez, e de forma mais abrangente, Martin (2003, p. 45) apresenta um quadro com a relação dos eventos que considera mais conhecidos, mostrado a seguir.

45

Quadro 2.1 – Tipos de eventos

Tipologia		
Almoço	Debate	Outorga de título
Assembleia	Desfile	Painel
Bazar	Encontro	Palestra
Brainstorming	Entrevista coletiva	Pedra fundamental
Brunch	Excursão	*Performance*
Café da manhã	Exposição	Pré-estréia
Campanha	Feira	Posse
Campeonato	Festa	Premiação
Carnaval	Festival	Regata
Casamento	Formatura	Retrospectiva
Chá da tarde	Fórum	Reunião
Churrasco	Gincana	*Roadshow*
Coffee-break	*Happy hour*	Rodada de negócios
Coletiva de imprensa	Inauguração	Rodeio
Colóquio	Jantar	Salão
Comemoração	Jornada	Sarau
Competição	Lançamento de livro	Semana
Comício	Lançamento de produto	Seminário
Concerto	Leilão	*Show*
Concílio	Mesa-redonda	*Show casting*
Conclave	Micareta	Solenidade
Concurso	Missa	Sorteio
Conferência	Mostra	Teleconferência
Congresso	Noite de autógrafos	Torneio
Convenção	Oficina	Videoconferência
Coquetel	Olimpíada	Visita
Coral	*Open day*	*Workshop*
Curso	Ópera	

Fonte: Martin, 2003, p. 45.

Devemos ainda considerar que há alguns tipos de eventos que ocorrem com maior frequência nas organizações públicas e, dessa forma, podem também ser denominados *solenidades* ou *cerimônias oficiais*, seja porque contam com a presença de autoridades públicas – civis, militares ou estrangeiras –, seja porque o seu rito de execução requer necessariamente a observação e o cumprimento das normas de cerimonial público e ordem geral de precedência vigentes no Brasil.

Aqui, nesta seção, abordaremos alguns dos tipos de eventos públicos mais comumente realizados. No entanto, devemos mencionar que, nos capítulos seguintes, estudaremos mais detalhadamente sobre a condução de eventos públicos, as regras para a utilização dos símbolos nacionais, as normas de cerimonial público e a ordem geral de precedência, a composição dos dispositivos e das mesas de autoridades, os roteiros de cerimônias, entre outros aspectos.

Uma observação importante: em relação aos mais variados tipos de eventos, não há domínio ou exclusividade sobre o seu pertencimento à esfera pública ou privada. Uma cerimônia de posse pode ser considerada tanto um evento público e oficial – a posse de um prefeito ou de vereadores – como um evento corporativo – a posse de um reitor de uma universidade particular ou do presidente de uma empresa multinacional. Uma solenidade de inauguração pode se aplicar tanto ao posto de saúde de um bairro como, também, ao edifício-sede de uma indústria. Já os eventos classificados como *conferência*, *congresso* ou *semana* podem ser realizados por organizações públicas ou, também, pela iniciativa privada, mas tendo em sua programação a composição da mesa da cerimônia de abertura com a presença de autoridades públicas, como um governador, um senador ou um ministro.

Diante desse contexto, seja pelo avanço da globalização e do neoliberalismo, seja, ainda, pela crescente tendência de parcerias e aproximações entre os setores público e privado, a classificação apresentada nesta seção poderá se adequar muito bem a cada instituição, dependendo dos seus interesses, seus objetivos e suas finalidades. Para melhor aproveitar os tipos e as classificações dos eventos que foram adotados por cada um dos autores aqui já mencionados, vamos realizar uma aproximação entre eles, utilizando como critério principal as suas similaridades, não deixando, porém, de destacar as suas particularidades.

2.2 Assembleia

Essa modalidade de evento ocorrerá se você reunir pessoas para observar, debater ou deliberar sobre um assunto específico, representando os interesses de um grupo ou categoria. As representações têm lugar preestabelecido no plenário e as decisões tomadas a partir das votações devem ser registradas em atas ou em anais (Nunes, 2006). A assembleia pode se dar em um condomínio, em um clube, em uma associação, em um conselho de categorias profissionais ou, também, em uma empresa, além de outras organizações, tanto públicas como privadas e as do terceiro setor.

Matias (2007) nos dá o entendimento de que a assembleia é formada por representates de regiões, estados e países, destacando que, mesmo não sendo estes os representantes oficiais de um grupo ou uma categoria, podem estar na condição de ouvintes e, dessa forma, inscreverem-se para se manifestarem sobre o tema em discussão.

Como você pode observar, a assembleia é um tipo de evento que reúne pessoas pertencentes a uma mesma categoria, com o objetivo de discutir um assunto de interesse comum e deliberar sobre ele. Não podemos perder de vista que os participantes da assembleia devem receber um convite ou uma convocação antecipadamente, no qual constará o dia, o horário, o local e a pauta da reunião. Além disso, é extremamente importante que uma síntese das discussões dos participantes e o resultado da deliberação se façam presentes em um documento final, que normamlemte é uma ata.

2.3 Assinatura de convênios

A solenidade de assinatura de convênios – que também pode se assemelhar à cerimônia de assinaturas de contratos, de protocolos de intenções, de parcerias etc. – geralmente tem o envolvimento de autoridades de mais de uma instituição. Esse tipo de solenidade se caracteriza, especificamente, pela presença de uma mesa auxiliar para a assinatura do ato, além dos demais mobiliários e equipamentos comuns nos demais tipos de eventos (mesa diretiva, bandeiras, púlpito etc.).

Ainda, é comum que o cenário preparado para o evento contenha a identificação visual dos signatários do ato (convênio). O roteiro do cerimonial deve contemplar o histórico e a relevância do convênio. Para o posicionamento correto das autoridades que assinarão o convênio, bem como a ordem das assinaturas, deve-se considerar as normas de cerimonial público e ordem geral de precedência, as quais estudaremos mais adiante. Na seção que trata da condução de eventos, há um maior detalhamento das atribuições das equipes envolvidas com a organização e a realização desse tipo de evento.

2.4 Ciclo de palestras

Podemos compreender esse tipo de evento como uma variante da conferência, um conjunto de palestras realizadas dentro de uma mesma programação, abordando um assunto único ou temas correlatos. Nesse sentido, você já deve entender que tanto o público participante como os palestrantes pertencem a um grupo homogêneo, formado por profissionais ou pesquisadores de uma mesma categoria e área de estudo (Nunes, 2006).

Se nos basearmos em Lukower (2006), entenderemos que o ciclo de palestras é um tipo de evento menos formal que a conferência, com a pronúncia de especialistas sobre determinado tema para um público específico, que pode ser, por exemplo, na área de gestão, política, meio ambiente, direitos humanos etc.

Esse tipo de evento pode ser planejado e realizado das mais diversas formas, de acordo com o interesse de quem o promove. Um ciclo de palestras pode ocorrer em um único dia ou ao longo de poucos dias. É importante considerar a inclusão de coquetéis na programação, entre as palestras, para que o evento não se torne tão cansativo e os participantes possam socializar entre si, fortalecendo sua *network*.

2.5 Conferência

De acordo com os estudos de Martin (2003), a palestra é uma derivação da conferência, a qual tem como ponto central a apresentação de um tema por um especialista, sob a coordenação de um moderador, com a participação da plateia, por exemplo, e o encaminhamento de perguntas, ao final da exposição do palestrante, mediante inscrições.

Conforme Nunes (2006), a conferência é um tipo de reunião, ou uma preleção pública, onde há a exposição de um especialista em determinado assunto que se coloca à disposição do público, ao final da sua apresentação, para responder perguntas por meio de uma mediação. Lukower (2006) complementa esse entendimento destacando que cabe ao coordenador da conferência controlar o tempo de exposições dos palestrantes e orientar sobre os recebimentos de perguntas da plateia.

Uma conferência se caracteriza, também, por ser um tipo de evento bastante formal, cuja ênfase está na apresentação de um tema informativo de interesse geral, técnico ou científico. Conforme Matias (2007), uma conferência exige a presença de uma figura central que preside a mesa do evento e coordena os trabalhos. Nessa modalidade de evento, as perguntas da plateia são feitas por escrito, com identificação e apenas ao final da exposição do palestrante.

2.6 Congresso

Devemos nos atentar para esse tipo de evento, pois ele é considerado um dos mais completos e complexos entre aqueles de caráter técnico-científico. Lukower (2006) apresenta características que aproximam o congresso das palestras e das conferências – como na finalidade do evento, no perfil do palestrante e do público –, mas, na programação do congresso, estão contidos outros eventos, que podem ser seminários, simpósios, coquetéis, homenagens etc.

51

O congresso é, assim, um evento de grande porte, com uma ampla quantidade de participantes. Sobre a complexidade dos congressos, de acordo com Lukower (2006, p. 53):

> Seu cerimonial basicamente consiste em um coquetel de boas-vindas para agregar os grupos e confraternizar os participantes e, na parte operacional, permitir inscrições de última hora. Logo após a solenidade de abertura oficial do evento com discursos do presidente da entidade, que cita mais algumas autoridades nacionais e internacionais convidadas, como também representantes do governo nos três níveis da área em questão. A partir daí os trabalhos são iniciados. O encerramento do evento dá-se novamente com uma sessão solene [...] Um jantar ou almoço de despedida é realizado.

Complementando os apontamentos anteriores, Martin (2003) menciona que o congresso é como uma reunião formal entre pessoas de uma mesma categoria, cujo objetivo é estudar ou debater temáticas de uma mesma área de interesse, tendo em sua programação mesas redondas, debates e painéis. O congresso é organizado por uma comissão, que atua desde o planejamento até o regulamento e controle das finanças do evento. Outra observação que podemos destacar, com base em Martin (2003, p. 48), é que as "comissões, também chamadas de grupos de trabalho, discutem temas que forem destinados, cabendo a cada uma a apresentação de sua recomendação". Ao final dos trabalhos, cada grupo faz uma apresentação dos seus resultados em uma sessão plenária.

Corroborando uma das definições anteriores, Matias (2007) explica que o congresso pode ser dividido em técnico ou científico, sendo este promovido por entidades ligadas aos ramos das ciências biológicas e naturais, enquanto aquele está mais relacionado às áreas das ciências sociais ou humanas. A autora ainda informa que os anais do congresso deverão conter os resultados dos trabalhos realizados no âmbito dos grupos ou comissões, para posterior encaminhamento às autoridades competentes.

2.7 Convenção

A convenção é um tipo de evento que tem um significado restrito. No entanto, em contrapartida, sua aplicação possibilita o alcance dos mais variados interesses, seja no âmbito político ou no comercial. De acordo com Nunes (2006), trata-se de uma atividade que reúne um grupo de pessoas que representam determinada classe com um objetivo em comum – pode ser a área de vendas, por exemplo, para a ampliação do mercado de atuação e da lucratividade –, sendo promovida por organizações do setor empresarial, isoladamente.

Por outro lado, a convenção é um evento que pode ser realizado por organizações partidárias, para oficializar e lançar candidaturas a cargos públicos eletivos, principalmente os do Poder Executivo, para as vagas de presidente da República, governador ou prefeito. É comum que, nessas ocasiões, estejam presentes autoridades que se candidatarão em uma eleição, mas que já ocupam cargos públicos.

Conforme observamos em Matias (2007), a convenção reúne pessoas de uma área distinta – não somente para vendas, mas também para o congraçamento, para o anúncio de uma decisão ou, até mesmo, para a comemoração, que pode ser, por exemplo, a vitória de um candidato ou de um partido político em um pleito eleitoral.

Segundo Martin (2003), trata-se de um evento classificado como uma reunião interna, de uma parte ou da totalidade dos profissionais de uma empresa ou de partidários de um partido ou coligação política, ocorrendo em um mesmo local e período. Tais pessoas são submetidas a estímulos para que possam agir de acordo com os interesses de quem o promove.

Podemos observar em Schumacher, Portela e Borth (2013) os mais variados objetivos de uma convenção, quando destacam o conhecimento de novas diretrizes, os treinamentos, o entrosamento, a troca de experiências etc. Ainda, esses mesmos autores apontam que a convenção pode ser um evento interno, se realizada no âmbito de uma empresa, ou externo, se considerar um segmento de mercado. Os autores ainda afirmam que a convenção é um tipo de evento que contém em sua programação outros eventos, como as conferências, os debates, as mesas redondas, as palestras e os *workshops*.

2.8 Coquetel

O coquetel é um evento que, assim como outros, tem a finalidade principal de reunir pessoas para congregar e comemorar. Por esse motivo, conforme nos apresentam Schumacher, Portela e Borth (2013), é comum que em um coquetel as pessoas sirvam-se de bebidas e canapés, em um caráter menos formal que outros eventos, como é o caso do jantar. No entanto, ainda que seja menos cerimonioso, é necessário atentar para a importância do planejamento e da organização.

Ainda em relação ao coquetel, Matias (2007) chama a nossa atenção para a importância do serviço de bebidas e canapés, a fim de que este ocorra de forma adequada, visando agradar aos mais variados públicos presentes. Também, não podemos perder de vista que o coquetel é um evento de congraçamento, no qual as pessoas realizam a socialização em pé; por esse motivo, sua duração deve ser curta – recomenda-se uma hora e meia.

Assim, trata-se de um evento realizado comumente com finalidades sociais ou profissionais, de curta duração, e geralmente realizado ao fim do expediente, se for profissional ou com finalidades empresariais, ou após o jantar, se a finalidade for mais social. Conforme nos mostra Lukower (2006), nos serviços de *buffet* utilizados para esse tipo de evento, podem ser servidos salgadinhos quentes e frios e, também, pratos quentes, desde que sejam de fácil manipulação, uma vez que os convidados estarão em pé, como já dito.

Complementando as considerações anteriores, Martin (2003) enfatiza que o coquetel pode ser servido por garçons e garçonetes que circulam pelo salão, distribuindo as bebidas e os canapés para os convidados. Mas também é possível que bebidas e alimentos estejam dispostos em mesas ou bancadas, para que cada participante do evento se sirva de acordo com a sua vontade. A mesma autora destaca que os pratos servidos devem ser leves – como canapés quentes e frios – e as bebidas devem ser variadas, incluindo tanto as alcóolicas como refrigenrantes, sucos e água.

2.9 Desfile

Um desfile é o tipo de evento que, geralmente, tem a intenção de promover produtos para a comercialização. De acordo com Matias (2007), o sucesso desse tipo de evento depende de planejamento e organização, que devem levar em conta a escolha adequada do local, a preparação da estrutura, a passarela, as fileiras de cadeiras dos convidados, a iluminação, a trilha sonora, os manequins etc.

Nessa ótica, é fundamental entender que os convidados para esse tipo de evento representam um grupo específico, ou seja, pertencem à área de moda e estilo e, provavelmente, serão importantes para conhecer e promover os produtos que serão lançados no desfile – os quais podem ser, conforme destacam Schumacher, Portela e Borth (2013), acessórios ou joias.

No entender de Martin (2003), o desfile é um evento que pode requerer a disposição de uma passarela para a apresentação, por manequins vivos, de peças de uma coleção que se considera em um contexto de lançamento. A autora ainda menciona a importância da decoração das áreas internas e externas do evento, além da possibilidade de combinação com um serviço de alimentos e bebidas (que pode ser um chá da tarde ou um coquetel) em combinação com o produto que será lançado.

Podemos identificar as características desse tipo de evento também em outras modalidades de apresentações, que vão além dos desfiles de moda. Para Lukower (2006, p. 48), há os desfiles de "misses, de moda, do exército, de escolas de samba, clubes e outros". A depender do tipo de desfile, há mudanças no cerimonial, pois um desfile de moda vai requerer do mestre de cerimônias uma explicação das características da coleção.

Por outro lado, e como uma cerimônia pública, um desfile militar demanda procedimentos baseados em normas oficiais, como a composição do praticável de autoridades, a observação de ordens de precedência, o uso dos símbolos nacionais, o posicionamento das bandeiras, a execução do hino nacional etc.

2.10 Feiras e exposições

Podemos classificar as feiras ou exposições como eventos que promovem o encontro de pessoas para a comercialização de produtos e serviços de modo geral. Como bem destaca Nunes (2006), apesar de aberto ao público, tais eventos costumam ser direcionados para determinado segmento de mercado que agrega pessoas em busca de melhores oportunidades de negócios.

Schumacher, Portela e Borth (2013) afirmam que uma feira é promovida por uma entidade que estabelece uma filosofia global, mas com autonomia para os expositores aplicarem em seus estandes o que for mais conveniente. No entanto, não se pode perder o foco principal desse tipo de evento, que é a venda associada à exposição, com produtos à pronta entrega ou mediante pedido, conforme regulamento próprio.

Ainda para Schumacher, Portela e Borth (2013), apesar de muitas similaridades, feira e exposição possuem distinções na forma de apresentação dos produtos, não havendo estandes autônomos: "Uma galeria de arte ou um museu recolhem obras de diversos artistas, sob sua tutela, e fazem a exposição, não estando os artistas diretamente envolvidos com a venda ou exposição" (Schumacher; Portela; Borth, 2013, p. 257).

Outra distinção que podemos observar em relação à feira e à exposição está na sua finalidade. Como oportunamente nos apresenta Matias (2007), quando se trata de uma exposição pública de bens resultantes da produção técnica, científica, artística ou cultural, com ou sem o objetivo de venda, tem-se uma exposição. Por outro lado, havendo a intenção de se promover a venda de produtos ou de serviços dispostos em estandes, de forma direta ou indireta, fala-se em uma feira.

Por sua vez, Fraga (1999, citado por Martin, 2003) complementa as definições dos autores supramencionados ao nos apresentar uma subdivisão dos tipos de feiras, de acordo com a natureza dos negócios: institucionais (a partir dos eventos acadêmicos e de classe), promocionais (para o lançamento e a divulgação de produtos, serviços e tecnologia), comerciais (permitem a compra e a venda de produtos diretamente nos estandes) e mistas (contemplam mais de uma das formas anteriormente apresentadas).

2.11 Fórum

O fórum é mais um tipo de evento caracterizado pela reunião de várias pessoas com interesse em discutir um determinado assunto. Em um fórum, os convidados apresentam seus pontos de vista à plateia. Conforme nos aponta Nunes (2006), esse tipo de evento pode ocorrer em forma de um painel, onde a assistência acompanha os debates, mas sem o encaminhamento de questionamentos.

Para Martin (2003), o fórum é conduzido por um coordenador, que apresenta um problema de interesse geral, com o objetivo de efetivar a participação de um público numeroso. Geralmente, é promovido por entidades representativas da comunidade e de órgãos governamentais.

Você também pode interpretar um fórum como um tipo de evento onde ocorre a permuta de informações e a livre argumentação, por meio de audiências. Schumacher, Portela e Borth (2013) destacam que se trata de um tipo de reunião menos técnica e que vem ocorrendo com maior frequência por conta da crescente necessidade de sensibilização da opinião pública sobre determinado assunto.

2.12 Inauguração e descerramento de placa

Trata-se de uma cerimônia ou solenidade que precede a fixação da placa e a utilização de um espaço que será inaugurado (pode ser um edifício, um pavilhão, uma ala etc). Conforme Yanes (2014, p. 28), "deve haver o descerramento de placa e o corte de fita inaugural, com discursos após a inauguração oficial". O descerramento é feito pelas autoridades de maior hierarquia da instituição e/ou por autoridades públicas oficiais presentes. É recomendável sempre verificar as normas de cerimonial público e ordem geral de precedência, que estudaremos mais adiante.

De acordo com Yanes (2014), ainda que não exista uma normatização, recomenda-se que as placas comemorativas sejam confeccionadas em latão/bronze dourado fundido, e o texto, em alto-relevo. Os dizeres devem conter o nome daquilo que está sendo inaugurado, os nomes e cargos das autoridades que implantaram e colaboraram com a obra, a data e o local.

Uma observação importante sobre esse tipo de evento é que o pano que faz a cobertura da placa deve ser nas cores da instituição executora ou, no caso das solenidades oficiais, nas cores da bandeira do Brasil, mas a placa nunca deve ser coberta com a própria bandeira. O pano ou tecido que cobre a placa pode ser em veludo, com uma cor sóbria, podendo ser preto ou azul-marinho. Faremos um estudo mais detalhado das atribuições do chefe de cerimonial na seção sobre a condução de eventos públicos.

2.13 Lançamento

De acordo com Yanes (2014), o lançamento é uma oportunidade para apresentar, por exemplo, algum tipo de programa, projeto, produto, serviço ou publicação. Ou seja, deve conter a apresentação do que está sendo lançado. Nessa solenidade, podem ser realizados discursos, assim como a assinatura de documentos (que podem ser contratos e/ou convênios).

Se a cerimônia tiver como objetivo o lançamento, por exemplo, de um livro ou publicação (que, no caso do setor público, pode ser um balanço social, um relatório com resultados econômicos etc.), o evento deverá ter, em sua programação, a entrega do material impresso aos participantes, e se o autor estiver presente, uma sessão de autógrafos e fotografias. Conforme estudaremos mais adiante, a ordem para a realização dos discursos deve se dar em conformidade com as normas de cerimonial público e a ordem geral de precedência.

2.14 Lançamento de pedra fundamental

Para o evento classificado como lançamento de pedra fundamental, a equipe de cerimonial deve estar ciente de que se trata do ato que marca o início de uma obra. Ou seja, o espaço onde será realizada a solenidade deve estar bem desprovido de toda a infraestrutura normalmente disponível nas demais cerimônias. Não haverá um *foyer* para recepção, um salão para o *coffee break* ou um auditório com ar-condicionado, equipamentos de som, vídeo e iluminação etc.

O espaço ideal para essa cerimônia é justamente onde será erguida e iniciada a obra, que, tempos depois, exigirá outra solenidade (ocasionalmente, para a inauguração). Dessa forma, a equipe organizadora deve atentar para o espaço no qual os convidados vão se acomodar, bem como para elementos como piso, luminosidade, cobertura etc. Essa cerimônia geralmente ocorre ao ar livre e, assim, para a comodidade dos participantes, deve ser de curta duração.

Conforme Yanes (2014, p. 28), "documentos e objetos que tenham relação com a obra são depositados em uma urna e enterrados em um local onde será afixada a placa de identificação que registrará o momento histórico para as gerações futuras". Nesse tipo de cerimônia, devem ocorrer discursos de autoridades. Assim, a equipe de cerimonial deve considerar as normas de cerimonial público e ordem geral de precedência, que veremos mais adiante.

2.15 Mesa redonda

A mesa redonda é um tipo de evento com características de reunião em que duas ou mais pessoas expõem suas opiniões para uma plateia em um tempo predeterminado. De acordo com Nunes (2006), terminadas as exposições, poderá ser promovido um debate entre os componentes da mesa, e o público poderá ou não participar com a formulação e o encaminhamento de perguntas. A mediação dos trabalhos é feita pelo coordenador da mesa, que também tem a função de conduzir o evento em conformidade com o tema de origem.

Os participantes de uma mesa redonda têm conhecimento e domínio sobre um tema técnico e específico – e, nessa perspectiva, conforme exposto por Lukower (2006, p. 54), eles "debatem entre si e com a plateia também. Eles sentam-se, na verdade, em semi-círculo, para interagir com a plateia".

Mais especificamente, Martin (2003) aponta que a mesa redonda é um tipo de evento que se desenvolve por meio da reunião de grupos compostos de cinco a nove pessoas, dispostas em semicírculo, para debater sobre um assunto controvertido e de interesse geral, sendo permitida a participação da plateia com o encaminhamento de perguntas. Essa mesma autora destaca ainda que, na mesa redonda:

> É necessária a presença de um moderador, denominado presidente da mesa, que coordena o trabalho e faz cumprir as regras e o tempo limite. Para o seu melhor funcionamento, o número de participantes deve ser ímpar. Esse é o tipo de evento que permite ao participante receber informações, criar opiniões próprias e estimular o raciocínio. Seu retorno empresarial é alto em captação e memorização do tema. (Martin, 2003, p. 54-55)

2.16 Painel

Podemos entender um painel como uma derivação da mesa redonda. Nesse tipo de evento, ocorre a explanação de um tema predeterminado por até quatro especialistas sob a orientação de um moderador. De acordo com Martin (2003), o painel reúne as regras de uma conferência, uma vez que a plateia assiste à apresentação das informações e interage mediante o encaminhamento de perguntas.

Você pode perceber algum diferencial nesse tipo de evento com relação à realização do cerimonial, pois, conforme Lukower

(2006), é realizada uma apresentação dos palestrantes com base em um currículo resumido, sendo possível incluir uma confraternização simples ao encerramento dos trabalhos.

Lukower (2006) ainda menciona a realização dos debates apenas entre os expositores que compõem a mesa, sem a interação da plateia. Esse posicionamento diverge da interpretação de Matias (2007), Martins (2003) e Schumacher, Portela e Borth (2013), que presumem a participação do público por meio de perguntas e discussões sobre o tema central.

2.17 Posse

A posse se refere a um evento que objetiva marcar a investidura de alguém em um cargo, público ou não. A pessoa a ser empossada pode ter sido eleita, designada, nomeada ou aprovada em concurso. As características da cerimônia de posse vão depender, também, da instituição que a realiza e, dessa forma, tem-se o grau de formalidade adequado.

Em uma cerimônia de posse mais informal, podem não ser obrigatórios os atos de composição de mesa de honra, assim como a execução do hino nacional. Já as solenidades mais formais requerem abertura, composição de mesa, execução de hinos, assinaturas de livro e termos, discursos, filas de cumprimentos etc.

Ainda, posteriormente pode ser oferecido um almoço, jantar ou coquetel de boas-vindas. Havendo a composição da mesa de honra e os discursos, a equipe de cerimonial deve atentar para as normas de cerimonial público e ordem geral de precedência e, também, elaborar o roteiro da solenidade, conforme veremos mais adiante.

2.18 Semana

Por suas características, podemos entender uma semana como um tipo de evento que promove a reunião de pessoas de uma mesma profissão ou que possuam interesses comuns. Para Lukower (2006), esse tipo de evento se assemelha ao congresso, tendo a duração de poucos dias e sendo constituído, por exemplo, por palestras e conferências, mas não possui, obrigatoriamente, um caráter técnico ou científico.

Por sua vez, e de forma mais precisa, Martin (2003) afirma que o evento tipificado como semana tem duração de sete dias, composto por acontecimentos diversos, como painéis e palestras. Além disso, tem um caráter acadêmico, quando reúne estudantes e professores, ou empresarial, quando engloba profissionais em atividades dedicadas a um tema.

Ainda em relação à semana, Matias (2007) menciona uma aproximação com as definições apresentadas pelos autores já citados, reiterando a caracterização desse tipo de evento como a reunião de pessoas de uma mesma categoria profissional para discutir um tema comum. A autora chama a atenção à necessidade de produção de anais ao final do evento, para distribuição aos participantes.

2.19 Seminário

O seminário é mais um, dentre os tantos outros tipos de eventos que estamos estudando aqui, que atende bem aos objetivos de instituições que possuem interesse em uma discussão técnica de elevado nível. Esse evento tem a finalidade de fornecer informações e, conforme nos mostra Martin (2003), deve se dar grande importância na escolha do tema. A autora ainda salienta que um seminário pode ser realizado no formato de mesa-redonda, palestras, painéis etc., não havendo uma tomada de decisão ou encaminhamentos em seu encerramento.

Martin (2003) aponta que esse tipo de evento pode ser dividos em três momentos: exposição (onde o participante faz apresentação à plateia), discussão (quando o assunto apresentado é colocado em debate) e conclusão (quando o coordenador ajuda no delineamento das conclusões).

Quando falamos em *seminário*, nos lembramos das apresentações acadêmicas que realizávamos durante as aulas, mediante preparação e elaboração prévias. Conforme aponta Lukower (2006), esse tipo de evento é bem adequado para os congressos e seu cerimonial consiste na apresentação do expositor do assunto. A autora ainda destaca que, na programação desse tipo de evento, pode constar a oferta de *coffee breaks* ou almoços aos participantes.

Schumacher, Portela e Borth (2013) nos mostram o seminário, também, como um tipo de evento que reúne pessoas interessadas em um assunto comum, normalmente acadêmico, desenvolvido por meio de palestras, painéis, debates ou mesas redondas. No entanto, os autores complementam o entendimento indicando que houve uma evolução, pois as discussões de uma temática ocorre por meio de subdivisões, apresentadas nos formatos expositivo, informativo, dialógico, questionador e instrutivo.

2.20 Simpósio

Podemos entender o simpósio como um tipo de evento que se caracteriza pela apresentação de um tema técnico ou científico para um público específico, o qual pode fazer intervenções, mas sem que haja um debate entre os expositores, como em um evento do tipo mesa redonda. Conforme Nunes (2006), ao final do simpósio é feita a apresentação de uma conclusão por um coordenador ou mediador, contemplando a maioria das opiniões. O fechamento do evento considera, ainda, a elaboração de um documento que, sendo aprovado pelos participantes, poderá servir como diretriz para determinada categoria.

Além de reiterar que o simpósio é uma modalidade de evento de elevado nível de discussões e que possui coincidências com a mesa redonda, Martin (2003) destaca que é fundamental a figura do coordenador dos trabalhos no simpósio, a fim de que não haja desvio do foco em relação ao tema de grande interesse. Também, a autora relembra que o simpósio tem duração média de três dias, e as perguntas encaminhadas pelo público podem ser realizadas de forma escrita ou oral, ao final do evento, momento em que se parte para a produção dos anais que resultam da compilação dos trabalhos.

Matias (2007) corrobora as definições anteriores e, além disso, acrescenta que o simpósio é um evento que também pode ser interpretado como uma reunião derivada da mesa redonda, contando com a participação de profissionais e especialistas de elevado nível de conhecimento e que não debatem entre si, mas respondem às perguntas formuladas pelo público participante.

2.21 Visita oficial

Esse é um tipo de evento público que demanda muito os serviços das equipes de cerimonial de órgãos públicos dos três poderes: Executivo, Legislativo e Judiciário. As visitas, geralmente caracterizadas como "oficiais" ou "de chefes de Estado", acontecem em âmbito federal e também nas esferas municipal e estadual. Essa visita pode ser de cortesia, com finalidades políticas ou, institucionalmente, representar o primeiro passo para um grande ato, como a consolidação de uma parceria, de um acordo bilateral ou até multilateral.

Segundo Yanes (2014, p. 116): "A pontualidade é uma manifestação de respeito às outras pessoas. A falta de pontualidade é considerada falta de educação em todos os ambientes e culturas, seja no âmbito profissional, social ou pessoal". Caso haja um passeio pelas instalações, a equipe de cerimonial deve providenciar que os espaços estejam todos organizados.

2.22 *Workshop*

O *workshop* é um tipo de evento que possui objetivos promocionais e comerciais e, assim, tem grande valia para o setor empresarial. A grande diferença dele em relação aos demais eventos que abordamos até aqui está em sua metodologia. Conforme Martin (2003), o *workshop* tem uma duração curta, de poucas horas, e deve ser dividido em duas partes. A parte inicial compreende a exposição teórica sobre determinado tema, serviço ou produto. Já na parte final do evento, ocorre um momento prático, que pode se dar com a apresentação e a demonstração dos serviços ou o teste de um produto.

Schumacher, Portela e Borth (2013) chamam a atenção para as semelhanças entre os eventos *workshop* e oficina, salientando que o primeiro, ao ser traduzido, remete-nos ao significado de oficina de trabalho. Matias (2007) também menciona o *workshop* como um tipo de evento categorizado como grupo de trabalho ou oficina, que conta com a reunião de especialistas sobre um assunto para a apresentação de técnicas inovadoras. A mesma autora afirma que o *workshop* é uma atividade muito utilizada nos meios artísticos, como a arte e a dança.

O *workshop* pode ser realizado com menos formalidade que outros eventos, não requerendo um cerimonial e ritos protocolares. Conforme Lukower (2006), o mais importante nesse tipo de evento – que consiste na apresentação, a um grupo de participantes, de produtos ou serviços por meio de uma teoria e uma técnica – é a apresentação do orientador e dos membros participantes, para que se alcance um entrosamento maior.

Indicações culturais

Sugerimos acessar o *site* do Ministério do Turismo. Esse portal contém documentos importantes relacionados ao setor de turismo e de eventos, como é o caso do Plano Nacional do Turismo e o Cadastur, que é o Cadastro de Pessoas Físicas e Jurídicas que atuam no setor de turismo.

BRASIL. Ministério do Turismo. Disponível em: <https://www.gov.br/turismo/pt-br>. Acesso em: 13 jan. 2021.

> Também, sugerimos conhecer a página da Associação Brasileira de Empresas de Eventos (ABEOC Brasil). Na página, além de muitas notícias, você poderá encontrar as legislações relativas ao setor de eventos no Brasil, o Estatuto, o Código de Ética, bem como conhecer o credenciamento de empresas de eventos.
>
> ABEOC BRASIL – Associação Brasileira de Empresas de Eventos. Disponível em: <https://abeoc.org.br>. Acesso em: 13 jan. 2021.

Síntese

Neste capítulo, verificamos os diferentes tipos de eventos, constatando que todos têm suas características, ora com muitas semelhanças, ora com algumas distinções. Esse conhecimento sobre os tipos e as classificações é extremamente importante para os profissionais que participam das etapas de planejamento e elaboração do projeto de eventos, pois possibilita que façam a escolha mais adequada.

Observamos, ainda, que cada evento promove maior ou menor interação do público, e isso está diretamente relacionado com a sua tipologia. Como exemplo, podemos citar uma assembleia, que tem a finalidade de debater um assunto específico e registrar uma deliberação após uma votação. Também, um coquetel tem a finalidade de reunir pessoas, mas com o objetivo de comemorar e congregar. Por outro lado, a mesa redonda e o seminário atendem muito bem às demandas corporativas, quando o assunto é a promoção de uma reunião para discutir um assunto cuja temática é técnica e bastante restrita.

Além disso, verificamos que, diante do contexto político, econômico e social atual e dos movimentos cada vez mais constantes de aproximação entre os setores público e privado, não é mais adequado tipificar certos tipos de evento em uma única esfera, como é o caso das cerimônias de posse, de inauguração e de lançamento, que podem atender tanto aos interesses empresariais como aos oficiais.

Questões para revisão

1. Neste capítulo, vimos que os eventos podem atender aos mais variados interesses e objetivos institucionais. Também, verificamos que é cada vez maior o movimento que aproxima as organizações públicas e privadas, afastando, dessa forma, o entendimento de que há eventos exclusivos oficiais ou empresariais. Diante desse contexto, aponte três tipos de eventos que podem ser realizados tanto nas empresas privadas como nos órgãos públicos, requerendo a realização de um cerimonial, de acordo com a ordem de precedência.

2. A organização de um evento com a exposição de um tema técnico ou científico por especialistas pode ou não ter a participação do público. Diante disso, responda:
    a) Como a equipe organizadora de um evento pode promover a interação entre a plateia e os expositores?
    b) Quais tipos de eventos possibilitam esse processo de interação e de participação? Cite três exemplos.

3. Associe cada tipo de evento com a única afirmativa correspondente:

I) Painel
II) *Workshop*
III) Conferência
IV) Congresso

( ) Esse tipo de evento é dividido em duas partes, sendo a primeira composta por uma programação mais teórica, e a segunda, por uma atuação mais prática, como o desenvolvimento ou teste de um produto.

( ) É caracterizada como uma reunião formal, em que um especialista faz uma apresentação sobre determinado assunto técnico ou científico. Há a interação do público com o encaminhamento de perguntas ao final da exposição.

( ) Nesse tipo de evento, ocorre a explanação de determinado tema por um grupo de especialistas, com a participação de um moderador. Geralmente, não há a interação da plateia com o envio de perguntas aos debatedores.

( ) Nesse tipo de evento, de caráter técnico-científico, a programação é ampla e pode contemplar outros eventos, como simpósios, seminários, oficinas, homenagens e coquetéis.

A seguir, indique a alternativa que apresenta a sequência correta:

a) II, III, I, IV.
b) II, IV, I, III.
c) I, II, IV, III.
d) III, II, IV, I.
e) IV, III, II, I.

4. Analise as assertivas a seguir sobre a tipologia dos eventos:
   I) Os eventos podem ser profissionais, artísticos, religiosos e oficiais, como um *workshop*, uma exposição, um batizado e uma posse em cargo eletivo.
   II) Os eventos podem ser cívicos, folclóricos e culturais, como um desfile militar, a Folia de Reis e um festival de música regional.
   III) Os eventos podem ser políticos, turísticos e promocionais, como uma convenção, uma visita guiada e uma rodada de negócios.
   IV) Os encontros sociais fechados, como café da manhã, *coffe break*, chá da tarde e *vernissage*, não são considerados eventos.
   V) Os eventos informais acontecem nas organizações da iniciativa privada, por não utilizarem os símbolos nacionais e a ordem de precedência.

   É correto o que se afirma em:

   a) II e IV.
   b) I, III e IV.
   c) I, II e III.
   d) II, IV e V.
   e) III e V.

5. Analise as assertivas a seguir sobre as características e a classificação dos eventos:
   I) A assembleia é um tipo de evento que reúne pessoas para debater sobre interesses comuns e pode ocorrer em empresas, condomínios e clubes.
   II) O coquetel é um tipo de evento social ou profissional que deve contar com um serviço de *buffet* para servir bebidas e canapés aos convidados.

III) O painel é um tipo de evento que conta com uma mesa composta por até dez especialistas que debatem temas em constante interação com a plateia.

IV) O *workshop* é o tipo de evento que atende mais aos interesses políticos e sociais, pois não tem finalidades mercadológicas.

V) A convenção é um tipo de evento que reúne pessoas de determinada classe, podendo ser comercial (para a ampliação do mercado) ou partidária (para formar uma coligação política).

É correto o que se afirma em:

a) I, IV e V.
b) I, II e IV.
c) I, II e III.
d) I, II e V.
e) I, III e IV.

Questão para reflexão

1. Pesquise no Youtube alguns vídeos com registros dos mais variados tipos de eventos realizados no Brasil. Após escolher um ou mais vídeos, procure assistir a alguns trechos do evento atentamente. Em seguida, identifique e anote as características do evento que você assistiu e compare-as com os tópicos que estudamos neste capítulo.

3 Cerimonial público e normas protocolares

Conteúdos do capítulo:

» Origem e história do cerimonial.
» Cerimonial, protocolo e etiqueta.
» Conceito e definição de cerimonial e cerimonial público.
» Conceito e definição de protocolo.

Após o estudo deste capítulo, você será capaz de:

1. saber a origem e a evolução histórica do cerimonial e do protocolo;
2. conceituar, comparar e distinguir cerimonial e protocolo;
3. entender a aplicabilidade das normas de cerimonial público civil e militar;
4. reconhecer a aplicabilidade da ordem geral de precedências;
5. compreender a importância do cumprimento das normas protocolares em eventos públicos.

3.1 Origem e história do cerimonial

A palavra *cerimonial* denota um acontecimento que requer o estabelecimento de regras para a normatização de eventos não comuns, mas que se traduzem em cerimônias religiosas, civis e militares. Schumacher, Portela e Borth (2013, p. 247) definem o cerimonial como um acontecimento baseado no bom senso e na civilidade e afirmam que "[...] um dos principais aspectos do cerimonial refere-se às regras de precedência, que estatuem a hierarquia entre diversos cargos e posições".

Historicamente, a importância do cerimonial e do protocolo surgiu muito antes das relações diplomáticas contemporâneas. A esse respeito, Lukower (2006, p. 13) afirma que ambos são tão antigos quanto a história da humanidade, pois "[...] muito antes da descoberta do fogo e da roda os homens já se organizavam em clãs, onde havia uma hierarquia a ser respeitada em eventos, como a hora de saborear a caça".

Essa preocupação com a forma de proceder e de se comportar diante dos seus semelhantes, seja no espaço particular, seja no social, desde os tempos remotos, ajuda-nos a ter uma melhor compreensão sobre as origens do cerimonial e do protocolo. Nesse sentido, a respeito das origens do cerimonial, Nunes (2006, p. 16) destaca:

> É difícil determinar, no espaço e no tempo, o início de atitudes ou comportamentos coletivos que indicassem a prática dessas cerimônias. No entanto, pesquisas conduzem a eras muito antigas, reforçando a ideia de que o homem, ao estar reunido com seus semelhantes, sentiu a necessidade de criar normas ou patamares

para conduzir reuniões e, acredita-se, para exercer e demonstrar poder. Até os dias de hoje, os rituais praticados por quem está no poder são claros, cercando e caracterizando a situação de comando.

Também em Lukower (2006) podemos perceber esse entendimento de antiguidade do cerimonial. A autora se refere ao contexto da China, do século XII a. C., onde o conhecimento sobre os cerimoniais permeava a formação dos indivíduos, mesmo que o caráter mais religioso dos atos estivesse voltado para Egito, Grécia e Roma. A autora salienta, ainda, que "religião, hábitos, tradições, tudo isso envolve a formação dos cerimoniais em todos os tempos" (Lukower, 2006, p. 15).

Da mesma forma, em alguns cerimoniais – como batismos, casamentos, confirmações e ordenações de sacerdotes e bispos –, pode-se constatar a presença do rigor da Santa Sé, que se atenuou a partir de João XXIII e ainda se faz presente em nosso cotidiano.

Ainda sobre o surgimento do cerimonial, seu percurso histórico e sua presença nos ritos das civilizações antigas, Schumacher, Portela e Borth (2013) apontam que os chineses, no século XII a.C., foram pioneiros ao escreverem as regras de cerimonial de forma sistematizada. As obras por eles escritas contemplavam leis, costumes, respeito mútuo e sentimento ético como orientadores para uma sociedade harmônica.

O nascimento de uma criança e os casamentos, como rituais religiosos, são apontados por Lukower (2006) como atos cercados de crenças e regras na sociedade egípicia. Da mesma forma, os romanos não só tinham o conhecimento dos cerimoniais, mas também os praticavam com frequência, como a troca de vestes dos rapazes quando passavam da adolescência para a fase adulta.

Podemos constatar, ainda, que a Igreja foi uma instituição que, na Idade Média, moldou o comportamento das pessoas por meio dos cerimoniais baseados em sua liturgia. Exemplo disso eram os atos com características religiosas na ocasião em que era concedido o trono aos monarcas. De acordo com Lukower (2006, p. 14), "não poderia ser admitido nada de profano em evento tão importante".

Também na Idade Média – mais especificamente na Itália, na Áustria, na França e na Espanha –, há registros que nos mostram as evidências sobre as raízes históricas do cerimonial. De acordo com Jesus (2001, p. 15-16): "Foi a corte austríaca, de alto rigor e refinamento, que escreveu as regras a que deviam se submeter o monarca e os membros da corte desde o despertar". Esse mesmo autor amplia tal entendimento quando nos mostra o rigor do cerimonial da monarquia inglesa, salientando:

> O rigor vai desde a troca da guarda dos palácios oficiais até a realização de grandes cerimônias, como posses de reis e rainhas, casamentos reais e funerais. Normalmente são cerimônias vistas por milhões de pessoas em todo o mundo, através dos mais modernos veículos de comunicação. Lembram do casamento do Príncipe Charles com a Princesa Diana? (Jesus, 2001, p. 16)

Ao tratarmos das facilidades advindas com a modernidade, referimo-nos também a um rompimento com as tradições da Igreja. Esse acontecimento abriu espaço para um novo momento, marcado pelas práticas contemporâneas, com o advento da tecnologia, a ampliação das formas de produção e de divulgação da informação, a geração de conhecimento, as dinâmicas nas formas de relações pessoais, sociais, comerciais e políticas e a intensificação das relações entre as pessoas, as instituições e os governos.

Sobre essa nova base referencial dos cerimoniais, que vê outras possibilidades para além daquelas moldadas pela Igreja na Idade Média, Lukower (2006, p. 15) menciona que "todo o cerimonial moderno, em qualquer lugar do mundo, tem a sua base no exército, já que não há setor que mais entenda de rituais e cerimoniais. Isso vale para qualquer nação".

Ainda, podemos indentificar a importância crescente do cerimonial ao longo do tempo, desde os atos mais solenes oficiais, com a presença de autoridades públicas, até um evento empresarial, como um almoço de negócios. Fato é que o conhecimento sobre os atos protocolares e a sua prática representaram e continuam representando uma diretriz que orienta as normas de comportamento, evitando insegurança entre anfitriões e convidados e contribuindo para o alcance dos mais diversos objetivos, tanto no setor público, no âmbito dos estados e das organizações governamentais, como na esfera privada.

As formalidades até então observadas apenas nos cerimoniais realizados em espaços públicos e oficiais passaram, então, a ocorrer com certa frequência nas empresas da iniciativa privada e nas famílias. Nessa perspectiva, de acordo com Werner (2014, p. 23):

> A necessidade de organizar, estabelecer uma sequência lógica para os acontecimentos, listar prioridades e colocar as pessoas em ordem (de importância?!) nas solenidades é que tornou natural a adoção de regras, que antes serviam apenas para o setor público e oficial. Hoje, é comum vermos cerimonialistas em casamentos, formaturas, bailes de debutantes e outras cerimônias familiares, mas também é comum encontrarmos esses profissionais em solenidades de empresas.

Assim, conforme nos apresenta Luz (2005), emerge a necessidade de desenvolvimento e aperfeiçoamento das normas de cerimonial e protocolo, principalmente em uma situação que parece inicialmente ser simples, como é a reunião comum de um determinado grupo de pessoas, mas que pode requerer o cumprimento de regras para evitar situações inconvenientes.

A evolução da sociedade no pós-guerra passou a significar, ao mesmo tempo, o desenvolvimento de novas formas de se praticar o cerimonial. Analisamos em Jesus (2001, p. 16) que as mais diversas doutrinas "liberais, utilitaristas, racionalistas, coletivas, marxistas e capitalistas" passaram a exercer papel determinante sobre as novas formas de promoção do cerimonial, do protocolo e da etiqueta, nos âmbitos econômico, político e social. Esse mesmo autor afirma que, "neste mundo novo, o cerimonial, a hierarquia e a etiqueta formam uma linguagem constante nas cerimônias de cunho civil, religioso e militar, que as civilizações vivem no seu dia-a-dia, muitas vezes sem perceber" (Jesus, 2001, p. 16).

Sobre a evolução do cerimonial e suas intrínsecas relações com a dinâmica do mundo contemporâneo, Nunes (2006, p. 18) enfatiza:

> Com o progresso econômico, científico e social, a humanidade cresceu e se transformou, sempre guiada ou apoiada em comportamentos, coletivos ou individuais. O homem, ser social, aprimora a maneira de se reunir com seus semelhantes, fixando normas de conduta para tais encontros. Se no contexto menor são observadas as características de cada povo ou região, no quadro mundial isso se altera, pois surgem organismos internacionais, criados para o intercâmbio de informações e para proporcionar desenvolvimento econômico e cultural em populações menos favorecidas. Nesses órgãos, com propósitos sociais, culturais e humanísticos, o cerimonial e, em consequência, o protocolo, possuem características específicas, adotadas de comum acordo por todos os seus componentes.

O cerimonial tem como fundamento a obediência da ordem de precedência entre as autoridades presentes em uma solenidade. Trata-se da observação criteriosa da programação do evento, do roteiro que orienta o mestre de cerimônias, da composição da mesa de autoridades, da disposição das bandeiras, da execução dos hinos, dos pronunciamentos e de suas sequências, da assinatura de atos, da entrega de homenagens etc.

De acordo com Yanes (2014, p. 14, grifo do original), cada evento traz funções específicas para o cerimonial, que podem ser assim definidas:

Disciplinar: regular precedência (organizar) e adotar outras normas protocolares;

Organizacional: definir rituais, gestos, honrarias e privilégios, organizando-os como parte de um evento ou cerimônia;

Semiológica: prever a linguagem formal, internacional e diplomática, e as formas de cortesia, de etiqueta social, de tratamento, de redação e expressão oficial entendidos por todos, não importando a nacionalidade ou a cultura;

Legislativa: codificar a legislação, as regras, os costumes e princípios;

Pedagógica e ética: comunicar, ensinar, transmitir valores, formas de etiqueta e boas maneiras, de acordo com as culturas e civilizações, comunidades ou organizações públicas e privadas;

Informal: realizar e comemorar datas e eventos sociais.

3.2 Conceito de cerimonial

Se você já presenciou o uso dos termos *cerimonial*, *protocolo* e *etiqueta* de maneira indistinta, complementar ou até mesmo indissociável, saiba que seus pensamentos estão alinhados com os dos estudiosos sobre esse tema. Em alguns, percebemos uma aproximação, em maior ou menor grau, conforme o contexto, que pode considerar, por exemplo, a época e o local.

Schumacher, Portela e Borth (2013) reforçam esse entendimento da proximidade entre os termos *protocolo* e *cerimonial*. Para os autores, trata-se de expressões sinônimas que possuem a mesma finalidade, ou seja, resolver o problema das precedências, de ordenamento e posicionamento de lugares. "São convenções que se acordam, a fim de que esta convivência social possa se desenvolver de maneira harmônica. Por isso, os Protocolos são compreendidos e facilitam o relacionamento entre comunidades e mesmo nações" (Schumacher; Portela; Borth, 2013, p. 250).

Nas palavras de Luz (2005, p. 5), "a palavra etiqueta era usada para definir os atos formais e, na época do Renascimento, a França substitui o termo etiqueta por protocolo". Citando Jean Serres, a autora ainda nos mostra uma relação de aproximação entre o cerimonial e o protocolo, quando afirma que o primeiro "cria o quadro e a atmosfera nas quais as relações pacíficas dos Estados Soberanos estão chamados a realizar-se" (Luz, 2005, p. 5), enquanto o segundo "codifica as regras que governam o cerimonial, cujo objetivo é dar a cada um dos participantes as prerrogativas, privilégios e imunidades a que têm direito" (Luz, 2005, p. 5).

Por sua vez, Lukower (2006, p. 10) afirma que, "entre os conceitos de Cerimonial, Protocolo, Etiqueta, Educação e Ética, temos a formação completa de um indivíduo. [...] Todo o processo de

Protocolo e Cerimonial segue uma lógica, a maior parte das regras e ritos têm um porquê, nada é estabelecido aleatoriamente". Da mesma forma, Oliveira (2005, p. 23) menciona que

> do cotejamento das definições pode-se observar a estreita proximidade entre Cerimonial, Protocolo e Etiqueta. [...] Na prática, constata-se, muitas vezes, o exercício da atividade de Cerimonial e Protocolo por uma mesma pessoa, ora designada como 'chefe de cerimonial' ora como 'encarregado' ou 'diretor de protocolo'.

Alinhando-se com os pensamentos dos autores até aqui apresentados, Yanes (2014, p. 13) define o cerimonial como "o conjunto de formalidades e procedimentos que devem ser seguidos pelas autoridades nacionais e internacionais em eventos solenes [...]. É uma linguagem que estabelece comunicação própria, formal e diplomática". O cerimonial e o protocolo possibilitam o estabelecimento e a padronização das normas de conduta dos participantes de uma solenidade.

Assim, o cerimonial pode ser definido como um conjunto de formalidades que encontram amparo e embasamento em tradições, em costumes ou na própria lei, que são os orientadores para os atos solenes públicos. Luz (2005, p. 7) esclarece que o cerimomial consiste na forma para a realização de atos solenes e enfatiza que também é denominado *cerimonial público* ou *cerimonial de Estado* quando "normatiza o trato que as nações devem observar em suas relações formais e o trato entre as autoridades de seu próprio território nacional".

Para Jesus (2001, p. 18), o cerimonial corresponde à "rigorosa observância de certas formalidades em eventos oficiais ou particulares, entre autoridades nacionais ou estrangeiras, sendo muito mais do que mera pompa. É bastante complexo e exige dinamicidade das pessoas que atuam no setor". Jesus (2001) ainda traz como exemplos em que se aplicam as formalidades do cerimonial eventos que vão desde uma posse, uma inauguração ou a assinatura de um ato até as cerimônias cívicas do Dia da Independência ou da Proclamação da República.

Devemos considerar que a formalidade é o elemento que vai exigir o cumprimento de normas rígidas, adquirindo o caráter de solenidade, isto é, não permitindo a quebra de protocolos. De acordo com Schumacher, Portela e Borth (2013, p. 251), em um evento formal "estarão participando do ato, normalmente, personalidades e autoridades de alto escalão, tornando indispensável a aplicação dos princípios corretos de hierarquia e precedência".

Para que você tenha uma melhor exemplificação do que seja um cerimonial, imagine um evento que faça parte da agenda de um chefe de Estado durante uma visita oficial a um país. Em contexto mais doméstico, considere também a possibilidade de uma cerimônia militar, como o desfile comemorativo do 7 de setembro, ou uma cerimônia civil, como a posse de um governador ou do presidente da República.

Com esse mesmo entendimento, Jesus (2001) afirma que um cerimonial contempla diversos atos que o tornam importante e o diferenciam dos eventos comuns, como: a confecção e o envio de convites aos convidados; a checagem da lista de autoridades convidadas; a recepção das autoridades e o seu encaminhamento ao local pré-definido na hora do evento; a elaboração do roteiro com as leituras para o mestre de cerimônia; a reserva e a preparação de uma sala de espera para autoridades; a disposição das bandeiras; a preparação do hino nacional etc.

Podemos constatar também, conforme Schumacher, Portela e Borth (2013), que o cerimonial se faz presente e tem sua importância nos mais diversos tipos de eventos, tanto nas organizações privadas como nas públicas. Ele faz parte das aberturas de eventos, como os seminários e os simpósios, da entrega de títulos e condecorações, do lançamento de pedras fundamentais, da inauguração de obras, da assinatura de atos e das transmissões de cargos.

Ainda sobre a importância do cerimonial, para além das organizações públicas, Fonseca e Silva (2009, p. 64) enfatiza que,

> no setor privado, as organizações trazem na realidade diária a prática de normas e procedimentos estabelecidos em sua constituição jurídica e estatutária, bem como em sua constituição administrativa, definindo a hierarquia de seus membros através do organograma, com as variações na forma de constituição de cada empresa.

Dessa forma, há uma diferença no planejamento e na realização do cerimonial entre as organizações públicas e privadas, especificamente no que se refere à origem do protocolo a ser observado. Enquanto no setor público tem-se a obrigatoriedade para a observância do Decreto n. 70.274, de 9 de março de 1972 (Brasil, 1972), no setor privado as orientações sobre precedência e hierarquia têm sua base no estatuto, no regimento interno ou, ainda, em um manual de eventos e cerimonial da própria empresa.

Como veremos no próximo capítulo, o cerimonial pode ser ainda conceituado como cerimonial público ou, também, cerimonial de Estado, na ocasião em que são observadas e aplicadas as regras que regem o tratamento e as relações entre autoridades em seu próprio território nacional. O cerimonial público moderno tem como base princípios reconhecidos universalmente: a igualdade jurídica dos estados e a reciprocidade.

De acordo com Luz (2005), o cerimonial público pode ser classificado da seguinte maneira:

» **Cerimonial estrangeiro**: Abrange a precedência entre os estados, entre os chefes de Estado e chefes de governo, a correspondência oficial, os atos de posse, as visitas de chefes de Estado, a concessão de títulos e honrarias etc.
» **Cerimonial diplomático**: Compreende a precedência e a imunidade asseguradas aos agentes diplomáticos e aos agentes consulares, de acordo com suas categorias.
» **Cerimonial de chancelaria**: Engloba a maneira como são interpretadas e aplicadas, em dado ordenamento jurídico, as normas do cerimonial diplomático, baseando-se nas normas do direito internacional público. Trata-se do cumprimento das regras gerais e de cortesia consagradas em âmbito internacional.

3.3 Conceito de protocolo

O termo *protocolo*, de acordo com Schumacher, Portela e Borth (2013, p. 249-250), tem sua origem histórica na palavra grega *protókollon*, que significava a primeira folha dos rolos de papiro, na qual constava um resumo do contido no manuscrito. Segundo esses autores, o protocolo ganhou significado na palavra francesa *protocole* e no latim medieval *protocollum*, podendo ser interpretado como o registro de atos públicos, das audiências dos tribunais, das deliberações diplomáticas e das cartas oficiais endereçadas às autoridades e aos chefes de Estado.

Nesse mesmo sentido, Luz (2005, p. 6) define *protocolo* como o "conjunto de regras referentes ao Cerimonial Diplomático ou

Palatino, estabelecido por decreto ou por costume". Além de ir ao encontro das afirmações de Schumacher, Portela e Borth (2013) sobre as origens na língua grega e no latim, essa mesma autora nos mostra, em um contexto mais contemporâneo, que o protocolo é empregado no direito internacional público nas ocasiões em que são firmados tratados e acordos internacionais.

Por sua vez, Yanes (2014, p. 13) define *protocolo* como

> as leis que regulam a conduta e o comportamento nos eventos. É o conjunto de formalidades determinadas pela ordem hierárquica entre as autoridades, determinando a precedência em que os governos ou seus representantes se apresentam em eventos oficiais ou particulares. É definido por normas e decretos de âmbitos municipal, estadual, federal e internacional.

Sobre a aplicação e o cumprimento de formalidades, Lukower (2006, p. 9) estabelece o protocolo como o "conjunto de normas jurídicas, regras de comportamento, costumes e ritos de uma sociedade em um dado momento histórico, geralmente utilizadas nos três níveis de governo (federal, estadual e municipal)". Podemos perceber a importância de um protocolo quando ele promove um ato entre diferentes pessoas, mas de forma harmonizada, evitando constrangimentos e até batalhas, como já foi visto na história de grandes países, como Rússia e França.

Quando falamos em *normas protocolares*, necessariamente nos remetemos às ordens de precedência, que constituem o reconhecimento da primazia hierárquica. A precedência também é a base do cerimonial, pois a aceitação de uma ordem de prioridades possibilita a promoção de uma sintonia dos atos protocolares, que são obrigatórios em qualquer cerimônia.

Nesse mesmo sentido, Jesus (2001) afirma que o protocolo corresponde a um conjunto de regras de conduta, ordenadas hierarquicamente, direcionadas aos governos e a seus representantes, tanto em ocasiões oficiais como particulares. Além disso, o autor aponta que:

> O protocolo também implanta método, controle, porte e decoro para, além de regular a conduta nas cerimônias públicas e privadas, estabelecer as leis para trocas de correspondências oficiais e privadas, o modo de vestir, sendo de fato para assegurar que cada um receba a posição e o respeito ao qual seu cargo faz jus e que são reconhecidos por outras autoridades políticas e administrativas e pela própria sociedade. (Jesus, 2001, p. 20)

Indicação cultural

Recomendamos a leitura do livro *Cerimonial por cerimonialistas: uma visão contemporânea do cerimonial brasileiro*. A obra, que tem como organizador José Afonso Carrijo Andrade, foi lançada em comemoração aos 15 anos do Comitê Nacional do Cerimonial Público (CNCP), agora denominado *Comitê Nacional de Cerimonial e Protocolo*, e reúne os relatos de experiências de vários autores, em forma de capítulos, abordando o cerimonial sob os aspectos histórico, formativo, conceitual, técnico e instrumental.

ANDRADE, J. A. C. (Org.). **Cerimonial por cerimonialistas**: uma visão contemporânea do cerimonial brasileiro. São Paulo: Cultura Acadêmica, 2009.

Síntese

Neste capítulo, tratamos da origem e da trajetória do cerimonial e do protocolo. Observamos que ambos remontam ao século XII a.c. e estão relacionados às cerimônias religiosas do Egito, da Grécia e de Roma. Verificamos, também, que a origem do cerimonial remete à sociedade chinesa, por meio das leis e dos códigos de ética criados em busca da promoção de uma harmonia na convivência entre as pessoas.

Nesse mesmo sentido, analisamos as discussões entre os mais variados autores que estudam o tema, convergindo para a definição dos termos *cerimonial* e *protocolo*, que, de modo geral, possuem relação com costumes, regras, normas e procedimentos a serem cumpridos em um evento.

Considerando a sua evolução, constatamos que o cerimonial e o protocolo, no espaço contemporâneo, mostram-se cada vez mais necessários como diretrizes que orientam a organização de eventos, principalmente aqueles com a presença de autoridades públicas – civis, miliares ou estrangeiras –, assegurando a ética, a harmonia e o bom senso, além de evitar constrangimentos.

Questões para revisão

1. O que é cerimonial?
2. O que é protocolo?

3. Analise as assertivas a seguir sobre o cerimonial:
   I) A origem do cerimonial remonta à época da descoberta do fogo e da organização de homens em clãs, onde a hierarquia nos eventos determinava o momento de saborear a caça.
   II) Dentre os principais elementos que constituem o cerimonial estão as regras de precedência, que determinam a hierarquia e servem como referência apenas para os eventos públicos.
   III) Os chineses foram pioneiros ao escreverem as regras de cerimonial, no século XII a.C., de forma sistematizada, abordando leis, costumes e respeito mútuo.
   IV) As regras de cerimonial se fundem historicamente com a corte austríaca, na Idade Média, quando foram escritas regras que submetiam os membros da corte e o monarca.
   V) Os atos protocolares e de cerimonial devem ser aplicados somente nos eventos públicos e oficiais, estando dispensados da observação das normas os eventos empresariais.

   É correto o que se afirma em:
   a) II, III e IV.
   b) I, III e V.
   c) II, III e V.
   d) I, III e IV.
   e) III, IV e V.

4. Analise as assertivas a seguir sobre o protocolo e o cerimonial:
   I) Historicamente, o protocolo pode ser definido como o conjunto de regras referentes ao cerimonial diplomático ou palatino, estabelecido por decretos ou por costumes.
   II) À partir da firmação de tratados e de acordos internacionais é possível verificar as relações entre o protocolo e o Direito Internacional Público.

III) O protocolo pode ser definido como o conjunto de comportamentos padronizados aplicados exclusivamente aos membros das classes elitizadas de uma sociedade.

IV) O cerimonial das organizações públicas civis, conforme seus critérios, poderá ou não seguir as orientações contidas no Decreto n. 70.274/1972.

V) O cerimonial das empresas privadas poderá ser realizado com base nas orientações contidas em seus estatutos, regimentos e até no Decreto n. 70.274/1972.

É correto o que se afirma em:

a) II, III e V.
b) I, II e V.
c) II, IV e V.
d) I, II e IV.
e) III, IV e V.

5. Analise as afirmativas a seguir sobre o cerimonial:
   I) O cerimonial é o conjunto de formalidades que servem para orientar os atos solenes públicos.
   II) O cerimonial é observância rigorosa de formalidades em eventos particulares ou oficiais.
   III) As formalidades de um cerimonial podem ser aplicadas em posses e cerimônias cívicas oficiais.
   IV) O cerimonial são os atos do momento da realização do evento, mas não de sua preparação.
   V) O cerimonial são atos praticados em posses e inaugurações, mas não na abertura de eventos, como os congressos.

É correto o que se afirma em:

a) I, III e IV.
b) II, III e V.
c) I, IV e V.
d) II, III e IV.
e) I, II e III.

Questão para reflexão

1. Ao longo deste capítulo, verificamos que diversos autores tratam da origem do cerimonial e das normas protocolares relacionando-os aos atos religiosos, como casamentos, batismos e funerais. Considerando que o cerimonial e o protocolo estão vinculados a um conjunto de normas a serem seguidas para dar harmonia a uma solenidade oficial, faça um exercício de reflexão, imaginando uma cerimônia religiosa com a ausência dessas regras (ou a quebra de protocolos) e, em seguida, anote as possíveis consequências advindas desse ato.

4 Cerimonial público e ordem de precedência no Brasil

Conteúdos do capítulo:

» Cerimonial público no Brasil.
» Ordem geral de precedência.
» Legislações que regulamentam o cerimonial civil público no Brasil.
» Legislações que regulamentam o cerimonial militar e das Forças Armadas no Brasil.

Após o estudo deste capítulo, você será capaz de:

1. identificar e reconhecer um cerimonial público;
2. entender o significado e a importância das normas de precedência;
3. indicar as legislações e regulamentações que servem como referência para a organização do cerimonial público no Brasil;
4. compreender a aplicabilidade das normas de cerimonial público e da ordem geral de precedências.

4.1 Cerimonial público no Brasil

Conforme nos apresenta Oliveira (2011), há uma diferença entre a precedência, a primazia e a presidência. A precedência diz respeito à qualidade ou condição de preferência, preeminência ou antecedência em determinada ordem, significando um lugar à frente. Trata-se do estabelecimento da ordem hierárquica de disposição de autoridades, estados, símbolos e organizações. A primazia, por sua vez, indica a superioridade hierárquica de autoridades religiosas, e no cerimonial e no protocolo ela é uma referência imaginária ao lugar de honra ocupado por alguém que possui um cargo de relevância. Por fim, a presidência é o ato de dirigir uma reunião, uma organização ou uma nação. Nesse sentido, para o cerimonial, a presidência corresponde ao ato de condução de uma solenidade, assumindo a condição de responsável maior.

De acordo com Luz (2005, p. 7), o cerimonial público – além de outras regras – rege:

- » honras aos Chefes de Estado e Chefes de Governo;
- » precedência entre autoridades internacionais e nacionais;
- » honras militares;
- » apresentação de Cartas Credenciais;
- » questões relativas a privilégios e imunidades dos agentes diplomáticos e consulares;
- » símbolos nacionais;
- » condecorações;
- » solenidades oficiais, tais como posse de Presidente, visitas oficiais e recepções;
- » redação de atos procolares.

No Brasil, conforme já mencionamos, as cerimônias públicas tem como base referencial para a organização e precedência a regulamentação contida no Decreto n. 70.274, de 9 de março de 1972 (Brasil, 1972), que passou por alterações com os Decretos n. 83.186, de 19 de fevereiro de 1979 (Brasil, 1979), n. 3.780, de 2 de abril de 2001 (Brasil, 2001), n. 7.419, de 31 de dezembro de 2010 (Brasil, 2010), e n. 9.338, de 5 de abril de 2018 (Brasil, 2018a). É esse instrumento normativo que define as regras de conduta nas relações entre os atores do Estado e nos eventos oficiais.

De acordo com Fonseca e Silva (2009), a realização do cerimonial público, com a observância do decreto supramencionado, tem caráter compulsório. Falar de cerimonial público requer, necessariamente, a consideração e o entendimento da ordem geral de precedência para cada ato. Para a autora, a precedência significa "o que precede, o que está antes em uma ordem determinada" (Fonseca e Silva, 2009, p. 64). Além disso, na opinião da mencionada autora:

> A precedência suscita prerrogativas e prioridades, reconhece imunidades e estabelece formalidades, e a regulamentação do cerimonial público no Brasil indica a condição hierárquica das funções públicas, respeitadas a soberania e o princípio da igualdade jurídica dos Estados na constituição da Federação, assim como define a ordem a ser cumprida nas solenidades públicas e, por consequência natural, a designação de lugares e a ordem de pronunciamentos. (Fonseca e Silva, 2009, p. 64)

Lukower (2006) reforça esse entendimento sobre a necessidade de cumprimento daquilo contido na legislação brasileira e, ainda, acrescenta a importância do atendimento da ordem de precedência, a hierarquia dos cargos e as fomas de representatividade em determinado evento. Já em relação às exceções e particularidades que podem ocorrer em uma cerimônia pública, Lukower (2006, p. 17) assim menciona:

> No caso de recepção de uma delegação estrangeira, o Ministro das Relações Exteriores terá prioridade sobre o Ministro da Justiça, que teria na escala hierárquica a maior importância em um evento corriqueiro. Segue o mesmo critério quando o evento for de cunho militar, que possui suas próprias normas de cerimonial e protocolo.

Por convenção internacional, a ordem de precedência dos países atende ao critério da ordem alfabética dos seus nomes no Estado que sediar a cerimônia. Conforme Oliveira (2011), para o caso de eventos no âmbito do Mercado Comum do Sul (Mercosul), os países seguem o critério da ordem alfabética, mas considerando como ponto de partida a nação que se encontra na presidência da organização. Já para as cerimônias no âmbito da Organização dos Estados Americanos (OEA), houve uma adequação, uma vez que, em relação ao país anfitrião, à direita deve ser posicionado aquele que sediará a próxima reunião e, à esquerda, o que sediou a reunião anterior.

A precedência está diretamente relacionada com a determinação da hierarquia em conformidade com a constituição da ordem natural de uma sociedade, sem promover desigualdades. A esse respeito, Fonseca e Silva (2009, p. 67) nos mostra que, "ao reconhecer a posição hierárquica do convidado de honra cedendo-lhe o lugar ao centro, o anfitrião só estará reforçando essa posição, além de demonstrar certa facilidade em transitar nos procedimentos protocolares, baseando sua ação no princípio da cortesia".

Devemos considerar a realização de uma cerimônia pública como um grande desafio para os profissionais envolvidos na sua organização, seja pela complexidade das normas protocolares, seja, como é o caso do Brasil, pelas alterações na ordem geral de precedências, que se dá, por exemplo, com as criações, extinções ou fusões de ministérios e secretarias do governo. Por esse motivo, é de extrema importância buscar informações, como a legislação vigente, e acompanhar as possíveis modificações para evitar erros e constrangimentos.

Contudo, para além de um simples ato de decorar a ordem das precedências, o entendimento sobre as normas protocolares ganha maior importância quando nos é mostrada uma relação entre seus fundamentos e a história de uma sociedade. Nesse sentido, conforme Oliveira (2005), a ordem de precedência a ser observada entre os ministros de Estado, mesmo que estejam como substitutos ou na condição de interinos, deverá estar em conformidade com a ordem de criação histórica da pasta ou do respectivo ministério. Dessa forma, em primeiro lugar vem a Justiça, depois a Marinha, seguida pelo Exército, pelas Relações Exteriores, depois a Fazenda etc. (Lukower, 2006).

Ao organizar uma cerimônia pública, afastando qualquer pensamento que tenda para o acaso, Lukower (2006, p. 18) afirma que

> podemos notar uma certa lógica que deve sempre prevalecer em qualquer tomada de decisão, principalmente de ordem diplomática. Como exemplo temos a ordem de precedência do ministério, na qual em primeiro lugar é convocado o Ministro da Justiça, seguido pela Marinha e Exército, Relações Exteriores e então o Ministro da Fazenda. Se considerarmos que em nossa bandeira os dizeres são Ordem e Progresso, notamos que a precedência dos ministros segue justamente esta lógica: a ordem com a Justiça e os Militares, seguidos da Fazenda, que corresponde aos negócios, indicativo de progresso.

Da mesma forma, a norma protocolar brasileira orienta para a precedência das unidades da federação, ou os estados, onde se observa a sua constituição histórica. É importante retomarmos que o Decreto n. 70.274/1972 passou por alterações (conforme os Decretos n. 83.186/1979, n. 3.780/2001, n. 7.419/2010 e n. 9.338/2018). Em relação à alteração ocasionada pelo Decreto n. 83.186/1979, foi feita a inclusão do art. 8° e, assim, o posicionamento do Estado do Mato Grosso do Sul logo após o Estado do Acre. Ainda de acordo com Oliveira (2011), e baseando-se nos art. 13 e 14 da Constituição Federal de 1988, a precedência das unidades da federação é a apresentada no quadro a seguir.

Quadro 4.1 – Precedência das unidades da federação

1°. Bahia	15°. Rio Grande do Norte
2°. Rio de Janeiro	16°. Santa Catarina
3°. Maranhão	17°. Alagoas
4°. Pará	18°. Sergipe
5°. Pernambuco	19°. Amazonas
6°. São Paulo	20°. Paraná
7°. Minas Gerais	21°. Acre
8°. Goiás	22°. Mato Grosso do Sul
9°. Mato Grosso	23°. Rondônia
10°. Rio Grande do Sul	24°. Tocantins
11°. Ceará	25°. Roraima
12°. Paraíba	26°. Amapá
13°. Espírito Santo	27°. Distrito Federal
14°. Piauí	

Fonte: Elaborado com base em Oliveira, 2011.

Falar sobre o cerimonial público no Brasil é, também, tratar da correta posição das autoridades públicas em um evento, ou seja, atender ao que determina a ordem de precedências que, como já dito, é regulada pelo Decreto n. 70.274/1972. Conforme nos apresenta Nunes (2006, p. 19), o decreto brasileiro apresenta três ordens: "Ordem de precedência nas cerimônias oficiais de caráter federal, na Capital da República; Ordem de precedência nas cerimônias oficiais, nos Estados da União, com a presença de autoridades federais; Ordem de precedência nas cerimônias oficiais, de caráter estadual".

Em relação à precedência nos estados e municípios, de acordo com Luz (2001), é recomendável seguir os mesmos critérios adotados em âmbito federal, ou seja, pela data de criação da secretaria ou de outro órgão similar. Ainda, é inviável a definição da precedência pelo critério data de criação. Por isso, Luz (2001, p. 75) recomenda "usar a ordem alfabética como critério para a determinação da ordem de precedência".

Ainda, na inexistência de uma legislação que atenda, em tempo, às constantes modificações na estrutura governamental, como já mencionamos, deve prevalecer o bom senso. Nesse sentido, de acordo com Jesus (2001, p. 75), "se a cerimônia é na área de esportes, o cargo que o equivalha, deve ter precedência sobre os demais; da mesma forma, se a cerimônia é na área dos transportes, o secretário dos transportes ou cargo que o equivalha, deve ter precedência sobre os seus colegas".

Também sobre a ordem de precedência entre os municípios, Oliveira (2011) orienta que a primazia será sempre do município que é sede da capital do Estado. Em seguida, a precedência será determinada pelo número de habitantes, posicionando à frente os prefeitos dos municípios que tenham mais de um milhão de habitantes, seguidos pelos prefeitos das cidades com mais de quinhentos mil habitantes e, em seguida, pelos prefeitos dos municípios com mais de cem mil habitantes.

Conforme dados do Instituto Brasileiro de Geografia e Estatística (IBGE), o Brasil possui um total de 5.570 municípios, com uma população de 211.755.692 habitantes (Agência IBGE Notícias, 2020) Ainda de acordo com o IBGE:

> Na última década, as estimativas apontam para um aumento gradativo da quantidade de grandes municípios do País. No Censo de 2010, somente 38 municípios tinham população superior a 500 mil habitantes, e apenas 15 deles tinham mais de 1 milhão de moradores. Já em 2020, eram 49 os municípios brasileiros com mais de 500 mil habitantes, sendo 17 os que superavam a marca de 1 milhão de habitantes. (Agência IBGE Notícias, 2020)

Dessa forma, como bem aponta Oliveira (2011), tem-se um elemento complicador para determinar a precedência em uma cerimônia pública, caso seja necessário levar em consideração o número de habitantes das cidades de cada uma das autoridades presentes. Logo, deve prevalecer o bom senso, podendo ser adotada a precedência de acordo com a ordem alfabética, por exemplo.

4.2 Decreto n. 70.274, de 09/03/1972

A seguir, faremos a transcrição da íntegra do Decreto n. 70.274/1972 (alterado pelos Decretos n. 83.186/1979, n. 3.780/2001, n. 7.419/2010 e n. 9.338/2018), extraído em abril de 2021 da página da internet da Presidência da República. Essa versão contempla as alterações na redação do texto original que, conforme já mecionamos, são motivadas por criações, extinções e/ou fusões de órgãos da administração, pelas modificações em suas nomenclaturas ou, no caso da precedência dos governadores dos estados, com base nas inclusões ou exclusões, além de outras motivações.

DECRETO Nº 70.274, DE 9 DE MARÇO DE 1972.

Aprova as normas do cerimonial público e a ordem geral de precedência.

O PRESIDENTE DA REPÚBLICA, no uso da atribuição que lhe confere o artigo 81, item III, da Constituição,

DECRETA:

Art. 1º São aprovadas as normas do cerimonial público e a ordem geral de precedência, anexas ao presente Decreto, que se deverão observar nas solenidades oficiais realizadas na Capital da República, nos Estados, nos Territórios Federais e nas Missões diplomáticas do Brasil.

Art. 2º Este Decreto entrará em vigor na data de sua publicação, revogadas as disposições em contrário.

Brasília, 9 de março de 1972; 151º da Independência e 84º da República.

EMÍLIO G. MÉDICI

Alfredo Buzaid
Adalberto de Barros Nunes
Orlando Geisel
Mário Gibson Barboza
Antônio Delfim Netto
Mario David Andreazza
L. F. Cirne Lima
Jarbas G. Passarinho
Julio Barata
J. Araripe Macêdo
F. Rocha Macêdo
F. Rocha Lagôa
Marcus Vinícius Pratini de Moraes
Benjamim Mário Baptista
João Paulo dos Reis Velloso
José Costa Cavalcanti
Hiygino C. Corsetti

Este texto não substitui o publicado no DOU de 10.3.1972, retificado em 16.03.1972 e republicado em 19.04.1972

DAS NORMAS DO CERIMONIAL PÚBLICO

CAPÍTULO I

DA PRECEDÊNCIA

Art. 1º O Presidente da República presidirá sempre a cerimônia a que comparecer.

Parágrafo único. Os antigos Chefes de Estado passarão logo após o Presidente do Supremo Tribunal Federal, desde que não exerçam qualquer função pública. Neste caso, a sua precedência será determinada pela função que estiverem exercendo.

Art. 2º Não comparecendo o Presidente da República, o Vice-Presidente da República, presidirá a cerimônia a que estiver presente.

Parágrafo único. Os antigos Vice-Presidentes da República passarão logo após os antigos Chefes de Estado, com a ressalva prevista no parágrafo único do artigo 1º.

Art. 3º Os Ministros de Estado presidirão as solenidades promovidas pelos respectivos Ministérios.

Art. 4º A precedência entre os Ministérios de Estado, ainda que interinos, é determinada pelo critério histórico de criação do respectivo Ministério, na seguinte ordem: Justiça; Marinha; Exército; Relações Exteriores; Fazenda; Transportes; Agricultura; Educação e Cultura; Trabalho e Previdência Social; Aeronáutica; Saúde; Indústria e Comércio; Minas e Energia; Planejamento e Coordenação Geral; Interior e Comunicações.

§ 1º Quando estiverem presentes personalidades estrangeiras, o Ministério de Estado das Relações Exteriores terá precedência sobre seus colegas, observando-se critério análogo com relação ao Secretário-Geral de Política Exterior do Ministério das Relações Exteriores, que terá precedência sobre os Chefes dos Estados-Maiores da Armada e do Exército. O disposto no presente parágrafo não se aplica ao Ministério de Estado em cuja jurisdição ocorrer a cerimônia.

§ 2º Têm honras, prerrogativas e direitos de Ministro de Estado o Chefe do Gabinete Militar da Presidência da República, o Chefe do Gabinete Civil da Previdência da República, o Chefe do Serviço Nacional de Informações e o Chefe do Estado-Maior das Forças Armadas e, nessa ordem, passarão após os Ministros de Estado.

§ 3º O Consultor-Geral da República tem, para efeitos protocolares e de correspondência, o tratamento devido aos Ministros de Estado.

§ 4º Os antigos Ministros de Estado, Chefes do Gabinete Militar da Presidência da República, Chefes do Gabinete Civil da Presidência da República, Chefes do Serviço Nacional de Informações e Chefes do Estado-Maior das Forças Armadas, que hajam exercido as funções em caráter efetivo passarão logo após os titulares em exercício, desde que não exerçam qualquer função pública, sendo neste caso, a sua função que estiverem exercendo.

§ 5º A precedência entre os diferentes postos e cargos da mesma categoria corresponde à ordem de precedência histórica dos Ministérios.

Art. 5º Nas Missões diplomáticas, os Oficiais-Generais passarão logo depois do Ministro-Conselheiro que for o substituto do Chefe da Missão e os Capitães-de-Mar-e-Guerra, Coronéis e Coronéis-Aviadores, depois do Conselheiro ou do Primeiro Secretário que for o substituto do Chefe da Missão.

Parágrafo único. A precedência entre Adidos Militares será regulada pelo Cerimonial militar.

DA PRECEDÊNCIA NOS ESTADOS DISTRITO FEDERAL E TERRITÓRIOS

Art. 6º Nos Estados, no Distrito Federal e nos Territórios, o Governador presidirá as solenidades a que comparecer, salvo as dos Poderes Legislativo e Judiciário e as de caráter exclusivamente militar, nas quais será observado o respectivo cerimonial.

Parágrafo único. Quando para as cerimônias militares for convidado o Governador ser-lhe-á dado o lugar de honra.

Art. 7º No respectivo Estado, o Governador, o Vice-Governador, o Presidente da Assembléia Legislativa e o Presidente do Tribunal de Justiça terão, nessa ordem, precedência sobre as autoridades federais.

Parágrafo único. Tal determinação não se aplica aos Presidentes do Congresso Nacional, da Câmara dos Deputados e do Supremo Tribunal Federal, aos Ministros de Estado, ao Chefe do Gabinete Militar da Presidência da República, ao Chefe do Gabinete Civil da Presidência da República, ao Chefe do Serviço Nacional de Informações, ao Chefe do Estado-Maior das Forças Armadas e ao Consultor-Geral da República que passarão logo após o Governador.

Art. 8º A precedência entre os Governadores dos Estados, do Distrito Federal e dos Territórios é determinada pela ordem de constituição histórica dessas entidades, a saber: Bahia, Rio de Janeiro, Maranhão, Pará, Pernambuco, São Paulo, Minas Gerais, Goiás, Mato Grosso, Rio Grande do Sul, Ceará, Paraíba, Espirito Santo, Piauí, Rio Grande do Norte, Santa Catarina, Alagoas, Sergipe, Amazonas, Paraná, Acre, Mato Grosso do Sul (Incluído pelo Decreto nº 83.186, de 1979), Distrito Federal, e Territórios: Amapá, Fernando de Noronha, Rondônia e Roraima.

Art. 9º A precedência entre membros do Congresso Nacional e entre membros das Assembléias Legislativas é determinada pela ordem de pertençam e, dentro da mesma unidade, sucessivamente, pela data da diplomação ou pela idade.

Art. 10. Nos Municípios, o Prefeito presidirá as solenidades municipais.

Art. 11. Em igualdade de Categoria, a precedência, em cerimônia de caráter federal, será a seguinte:

1º Os estrangeiros;

2º As autoridades e os funcionários da União.

3º As autoridades e os funcionários estaduais e municipais.

Art. 12 Quando o funcionário da carreira de diplomata ou o militar da ativa exercer função administrativa civil ou militar, observar-se-á a precedência que o beneficiar.

Art. 13. Os inativos passarão logo após os funcionários em serviço ativo de igual categoria, observado o disposto no § 4º do artigo 4º

DA PRECEDÊNCIA DE PERSONALIDADES NACIONAIS E ESTRANGEIRAS

Art. 14. Os Cardeais da Igreja Católica, como possíveis sucessores do Papa, tem situação correspondente à dos Príncipes herdeiros.

Art. 15. Para a colocação de personalidades nacionais e estrangeiras, sem função oficial, o Chefe do Cerimonial levará em consideração a sua posição social, idade, cargos ou funções que ocupem ou tenham desempenhado ou a sua posição na hierarquia eclesiástica.

Parágrafo único. O Chefe do Cerimonial poderá intercalar entre as altas autoridades da República o Corpo Diplomático e personalidades estrangeiras.

CASOS OMISSOS

Art. 16. Nos casos omissos, o Chefe do Cerimonial, quando solicitado, prestará esclarecimento de natureza protocolar, bem como determinará a colocação de autoridades e personalidades que não constem da Ordem Geral de Precedência.

DA REPRESENTAÇÃO

Art. 17. Em jantares e almoços, nenhum convidado poderá fazer-se representar.

Art. 18. Quando o Presidente da República se fizer representar em solenidades ou cerimônias, o lugar que compete a seu representante é à direita da autoridade que as presidir.

§ 1º Do mesmo modo, os representantes dos Poderes Legislativo e Judiciário, quando membros dos referidos Poderes, terão a colocação, que compete aos respectivos Presidentes.

§ 2º Nenhum convidado poderá fazer-se representar nas cerimonias a que comparecer o Presidente da República.

DOS DESFILES

Art. 19. Por ocasião dos desfiles civis ou militares, o Presidente da República, terá a seu lado os Ministros de Estado a que estiverem subordinados as corporações que desfilam.

DO HINO NACIONAL

Art. 20. A execução do Hino Nacional só terá inicio depois que o Presidente da República houver ocupado o lugar que lhe estiver reservado, salvo nas cerimônias sujeitas a regulamentos especiais.

Parágrafo único. Nas cerimônias em que se tenha de executar Hino Nacional estrangeiro, este precederá, em virtude do princípio de cortesia, o Hino Nacional Brasileiro.

DO PAVILHÃO PRESIDENCIAL

Art. 21. O Pavilhão Presidencial será hasteado, observado o disposto no art. 27, **caput** e § 1o: (Redação dada pelo Decreto nº 7.419, de 2010)

I – na sede do Governo e no local em que o Presidente da República residir, quando ele estiver no Distrito Federal; e (Redação dada pelo Decreto n° 7.419, de 2010)

II – nos órgãos, autarquias e fundações federais, estaduais e municipais, sempre que o Presidente da República a eles comparecer. (Redação dada pelo Decreto n° 7.419, de 2010)

Parágrafo único. Aplica-se o disposto neste artigo ao Pavilhão do Vice-Presidente da República. (Redação dada pelo Decreto n° 7.419, de 2010)

DA BANDEIRA NACIONAL

Art. 22. A Bandeira Nacional pode ser usada em todas as manifestações do sentimento patriótico dos brasileiros, de caráter oficial ou particular.

Art. 23. A Bandeira Nacional pode ser apresentada:

I – Hasteada em mastro ou adriças, nos edifícios públicos ou particulares, templos, campos de esporte, escritórios, salas de aula, auditórios, embarcações, ruas e praças, em qualquer lugar em que lhe seja assegurado o devido respeito;

II – Distendida a e sem mastro, conduzida por aeronaves ou balões, aplicadas sobre parede ou presa a um cabo horizontal ligando edifícios, árvores, postes ou mastros;

III – Reproduzida sobre paredes, tetos, vidraças, veículos e aeronaves;

IV – Compondo com outras bandeiras, panóplias, escudos ou peças semelhantes;

V – Conduzida em formaturas, desfiles, ou msmo individualmente;

VI – Distendida sobre ataúdes, até a ocasião do sepultamento.

Art. 24. A Bandeira Nacional estará permanentemente no topo de um mastro especial plantado na Praça dos Três Poderes de Brasília, no Distrito Federal, como símbolo perene da Pátria e sob a guarda do povo brasileiro.

§ 1º A substituição dessa Bandeira será feita com solenidades especiais no 1º domingo de cada mês, devendo o novo exemplar atingir o topo do mastro antes que o exemplar substituído comece a ser arriado.

§ 2º Na base do mastro especial estarão inscritos exclusivamente os seguintes dizeres:

Sob a guarda do povo brasileiro, nesta Praça dos Três Poderes, a Bandeira sempre no alto – visão permanente da Pátria.

Art. 25. Hasteia-se diariamente a Bandeira Nacional:

I – No Palácio da Presidência da República;

II – Nos edifícios-sede dos Ministérios;

III – Nas Casas do Congresso Nacional;

IV – No Supremo Tribunal Federal, nos Tribunais Superiores e nos Tribunais Federais de Recursos;

V – Nos edifícios-sede dos poderes executivo, legislativo e Judiciário dos Estados, Territórios e Distrito Federal;

VI – Nas Prefeituras e Câmaras Municipais;

VII – Nas repartições federais, estaduais e municipais situadas na faixa de fronteira;

VIII – Nas Missões Diplomáticas, Delegações junto a Organismos Internacionais e Repartições Consulares de carreira, respeitados os usos locais dos países em que tiverem sede;

IX – Nas unidades da Marinha Mercante, de acordo com as Leis e Regulamentos da navegação, polícia naval e praxes internacionais.

Art. 26. Hasteia-se, obrigatoriamente, a Bandeira Nacional, nos dias de festa ou de luto nacional, em todas as repartições públicas, nos estabelecimentos de ensino e sindicatos.

Parágrafo único. Nas escolas públicas ou particulares, é obrigatório o hasteamento solene da Bandeira Nacional, durante o ano letivo, pelo menos uma vez por semana.

Art. 27 A Bandeira Nacional pode ser hasteada e arriada a qualquer hora do dia ou da noite.

§ 1º Normalmente faz-se o hasteamento às 8 horas e o a arriamento às 18 horas.

§ 2º No dia 19 de novembro, Dia da Bandeira, o hasteamento é realizado às 12 horas, com solenidades especiais.

§ 3º Durante a noite a Bandeira deve estar devidamente iluminada.

Art. 28. Quando várias bandeiras são hasteadas ou arriadas simultaneamente, a Bandeira Nacional é a primeira a atingir o tope e a última a dele descer.

Art. 29. Quando em funeral, a Bandeira fica a meio-mastro ou a meia-adriça. Nesse caso, no hasteamento ou arriamento, deve ser levada inicialmente até o tope.

Parágrafo único. Quando conduzida em marcha, indica-se o luto por um laço de crepe atado junto à lança.

Art. 30. Hasteia-se a Bandeira Nacional em funeral nas seguintes situações:

I – Em todo País, quando o Presidente da República decretar luto oficial;

II – Nos edifícios-sede dos poderes legislativos, federais, estaduais ou municipais, quando determinado pelos respectivos presidentes, por motivo de falecimento de um dos seus membros;

III – No Supremo Tribunal Federal, nos Tribunais Superiores, nos Tribunais Federais de Recursos e nos Tribunais de Justiça estaduais, quando determinado pelos respectivos presidentes, pelo falecimento de um de seus ministros ou desembargadores;

IV – Nos edifícios-sede dos Governos dos Estados, Territórios, Distrito Federal e Municípios, por motivo do falecimento do Governador ou Prefeito, quando determinado luto oficial pela autoridade que o substituir;

V – Nas sedes de Missões Diplomáticas, segundo as normas e usos do país em que estão situadas.

Art. 31. A Bandeira Nacional, em todas as apresentações no território nacional, ocupa lugar de honra, compreendido como uma posição:

I – Central ou a mais próxima do centro e à direita deste, quando com outras bandeiras, pavilhões ou estandartes, em linha de mastros, panóplias, escudos ou peças semelhantes;

II – Destacada à frente de outras bandeiras, quando conduzida em formaturas ou desfiles;

III – À direita de tribunas, púlpitos, mesas de reuniões ou de trabalho.

Parágrafo único. Considera-se direita de um dispositivo de bandeiras a direita de uma pessoa colocada junto a ele e voltada para a rua, para a platéia ou, de modo geral, para o público que observa o dispositivo.

Art. 32. A Bandeira Nacional, quando não estiver em uso, deve ser guardada em local digno.

Art. 33. Nas repartições públicas e organizações militares, quando a Bandeira é hasteada em mastro colocado no solo, sua largura são deve ser maior que 1/5 (um quinto) nem menor que 1/7 (um sétimo) da altura do respectivo mastro.

Art. 34 Quando distendida e sem mastro, coloca-se a Bandeira de modo que o lado maior fique na horizontal e a estrela isolada em cima, não podendo ser ocultada, mesmo parcialmente, por pessoas sentadas em suas imediações.

Art. 35. A Bandeira Nacional nunca se abate em continência.

DAS HONRAS MILITARES

Art. 36. Além das autoridades especificadas no cerimonial militar, serão prestadas honras militares aos Embaixadores e Ministros Plenipotenciários que vierem a falecer no exercício de suas funções no exterior.

Parágrafo único. O Governo pode determinar que honras militares sejam excepcionalmente prestadas a outras autoridades.

CAPÍTULO II

DA POSSE DO PRESIDENTE DA REPÚBLICA

Art. 37. O Presidente da República eleito, tendo a sua esquerda o Vice-presidente e, na frente, o Chefe do Gabinete Militar e o Chefe do Gabinete Civil, dirigir-se-á em carro do Estado, ao Palácio do Congresso Nacional, a fim de prestar o compromisso constitucional.

Art. 38. Compete ao Congresso Nacional organizar e executar a cerimônia do compromisso constitucional. O Chefe do Cerimonial receberá do Presidente do Congresso esclarecimentos sobre a cerimônia, bem como sobre a participação na mesma das Missões Especiais e do Corpo Diplomático.

Art. 39. Prestado o compromisso, o Presidente da República, com os seus acompanhantes, deixará o Palácio do Congresso, dirigindo-se para o palácio do Planalto.

Art. 40. O Presidente da República será recebido, à porta principal do Palácio do Planalto, pelo Presidente cujo mandato findou. Estarão presentes os integrantes do antigo Ministério, bem como os Chefes do Gabinete Militar, Civil, Serviço Nacional de Informações e Estado-maior das Forças Armadas. Estarão, igualmente, presentes os componentes do futuro Ministério, bem como os novos Chefes do Serviço Nacional de Informações e do Estado-Maior das Forças Armadas.

Art. 41. Após os cumprimentos, ambos os Presidentes, acompanhados pelos Vice-Presidentes, Chefes do Gabinete Militar e Chefes do Gabinete Civil, se encaminharão para o Gabinete Presidencial, e dali para o local onde o Presidente da República receberá de seu antecessor a Faixa presidencial. Em seguida, o Presidente da República conduzirá o ex-Presidente até a porta principal do Palácio do Planalto.

Art. 42. Feitas as despedidas, o ex-Presidente será acompanhado até sua residência ou ponto de embarque pelo Chefe do Gabinete Militar e por um Ajudante-de-Ordens ou Oficial de Gabinete do Presidente da República empossado.

Art. 43. Caberá ao Chefe do Cerimonial, planejar e executar as cerimônias da posse presidencial.

DA NOMEAÇÃO DOS MINISTROS DE ESTADO, MEMBROS DOS GABINETES CIVIL E MILITAR DA PRESIDÊNCIA DA REPÚBLICA E CHEFES DO SERVIÇO NACIONAL DE INFORMAÇÕES E DO ESTADO-MAIOR DAS FORÇAS ARMADAS.

Art. 44. Os decretos de nomeação dos novos Ministros de Estado, Do chefe do Gabinete Militar da Presidência da República, do Chefe do Gabinete Civil da Presidência da República, do Chefe do Serviço Nacional de Informações e do Chefe do Estado-Maior das Forças Armadas serão assinados no Salão de Despachos.

§ 1.º O primeiro decreto a ser assinado será o de nomeação do Ministro de Estado da Justiça, a quem caberá referendar os decretos de nomeação dos demais Ministros de Estado, do Chefe do Gabinete Militar da Presidência da República, do Chefe do Gabinete Civil da Presidência da República, do Chefe do Serviço Nacional de Informações e do Chefe do Estado-Maior das Forças Armadas.

§ 2º Compete ao Chefe do Cerimonial da Presidência da República organizar a cerimônia acima referida.

DOS CUMPRIMENTOS

Art. 45. No mesmo dia, o Presidente da República receberá, em audiência solene, as Missões Especiais estrangeiras que houverem sido designadas para sua posse.

Art. 46. Logo após, o Presidente receberá os cumprimentos das altas autoridades da República, que para esse fim se hajam previamente inscrito.

DA RECEPÇÃO

Art. 47. À noite, o Presidente da República recepcionará, no Palácio do Itamaraty, as Missões Especiais estrangeiras e altas autoridades da República.

DA COMUNICAÇÃO DA POSSE DO PRESIDENTE DA REPÚBLICA

Art. 48. O Presidente da República enviará Cartas de Chancelaria aos Chefes de Estado dos países com os quais o Brasil mantém relações diplomáticas, comunicando-lhes sua posse.

§ 1º As referidas Cartas serão preparadas pelo Ministério das Relações Exteriores.

§ 2º O Ministério da Justiça comunicará a posse do Presidente da República aos Governadores dos Estados da União, do Distrito Federal e dos Territórios e o das Relações Exteriores às Missões diplomáticas e Repartições consulares de carreira brasileiras no exterior, bem como às Missões brasileiras junto a Organismos Internacionais.

DO TRAJE

Art. 49. O traje das cerimônias de posse será estabelecido pelo Chefe do Cerimonial, após consulta ao Presidente da República.

DA TRANSMISSÃO TEMPORÁRIA DO PODER

Art. 50. A transmissão temporária do Poder, por motivo de impedimento do Presidente da República, se realizará no Palácio do Planalto, sem solenidade, perante seus substitutos eventuais, os Ministros de Estado, o Chefe do Gabinete Militar da Presidência da República, o Chefe do Gabinete Civil da Presidência da República, o Chefe do Serviço Nacional de Informações, o chefe do Estado-maior da Forças Armadas e os demais membros dos Gabinetes Militar e Civil da Presidência da República.

CAPÍTULO III

DAS VISITAS DO PRESIDENTE DA REPÚBLICA E SEU COMPARECIMENTO A SOLENIDADES OFICIAIS.

Art. 51. O Presidente da República não atribui pessoalmente visitas, exceto as de Chefe de Estado.

Art. 52. Quando o Presidente da República comparecer, em caráter oficial, a festas e solenidades ou fizer qualquer visita, o programa será submetido à sua aprovação, por intermédio do Chefe do Cerimonial da Presidência da República.

DAS CERIMÔNIAS DA PRESIDÊNCIA DA REPÚBLICA

Art. 53. Os convites para as cerimônias da Presidência da República serão feitos por intermédio do Cerimonial do Ministério das Relações Exteriores ou do Cerimonial da Presidência da República, conforme o local onde as mesmas se realizarem.

Parágrafo único. Os cartões de convite do Presidente da República terão as Armas Nacionais gravadas a ouro, prerrogativa essa que se estende exclusivamente aos Embaixadores Extraordinários e Plenipotenciários do Brasil, no exterior.

DA FAIXA PRESIDENCIAL

Art. 54. Nas cerimônias oficiais para as quais se exijam casaca ou primeiro uniforme, o Presidente da República usará, sobre o colete da casaca ou sobre o uniforme, a Faixa Presidencial.

Parágrafo único. Na presença de Chefe de Estado, o Presidente da República poderá substituir a Faixa Presidencial por condecoração do referido Estado.

DAS AUDIÊNCIAS

Art. 55. As audiências dos Chefes de Missão diplomática com o Presidente da República serão solicitadas por intermédio do Cerimonial do Ministério das Relações Exteriores.

Parágrafo único. O Cerimonial do Ministério das Relações Exteriores encaminhará também, em caráter excepcional, pedidos de audiências formulados por altas personalidades estrangeiras.

LIVRO DE VISITAS

Art. 56. Haverá, permanentemente, no Palácio do Planalto, livro destinado a receber as assinaturas das pessoas que forem levar cumprimento ao Presidente da República e a Sua Senhora.

DAS DATAS NACIONAIS

Art. 57. No dia 7 de setembro, o Chefe do Cerimonial da Presidência, acompanhado de um dos Ajudantes-de-Ordens do Presidente da República, receberá os Chefes de Missão diplomática que desejarem deixar registrados, no livro para esse fim existente, seus cumprimentos ao chefe do Governo.

Parágrafo único. O cerimonial do Ministério das Relações Exteriores notificará, com antecedência, os Chefes de Missão diplomática do horário que houver sido fixado para esse ato.

Art. 58. Os cumprimentos do Presidente da República e do Ministro das Relações Exteriores pelo dia da Festa Nacional dos países com os quais o Brasil mantém relações diplomáticas serão enviados por intermédio do Cerimonial do Ministério da Relações Exteriores.

CAPÍTULO IV

DAS VISITAS OFICIAIS

Art. 59. Quando o Presidente da República visitar oficialmente Estado do território da Federação, competirá à Presidência da República, em entendimento com as autoridades locais, coordenar o planejamento e a execução da visita, observando-se o seguinte cerimonial:

§ 1º O Presidente da República, será recebido, no local da chegada, pelo Governador do Estado ou do Território e por um Oficial-General de cada Ministério Militar, de acordo com o cerimonial militar.

§ 2º Após as honras militares, o Governador apresentará ao Presidente da República as autoridades presentes

§ 3º Havendo conveniências, as autoridades civis e eclesiásticas e as autoridades militares poderão formar separadamente.

§ 4º Deverão comparecer à chegada do Presidente da República, o Vice-Governador do Estado, o Presidente da Assembléia Legislativa, o Presidente do Tribunal de Justiça, Secretários de Governo e o Prefeito Municipal observada a ordem de precedência estabelecida neste Decreto.

§ 5º Ao Gabinete Militar da Presidência da República, ouvido o Cerimonial da Presidência da República, competirá organizar o cortejo de automóveis da comitiva presidencial, bem como o das autoridades militares, a que se refere o parágrafo 1º deste artigo.

§ 6º As autoridades estaduais encarregar-se-ão de organizar o cortejo de automóveis das demais autoridades presentes ao desembarque presidencial.

§ 7º O Presidente da República tomará o carro do Estado, tendo a sua esquerda o Chefe do Poder Executivo Estadual e, na frente, seu Ajudante-de-Ordens.

§ 8º Haverá, no Palácio do Governo, um livro onde se inscreverão as pessoas que forem visitar o Chefe de Estado.

Art. 60. Por ocasião da partida do Presidente da República, observar-se-á procedimento análogo ao da chegada.

Art. 61. Quando indicado por circunstâncias especiais da visita, a Presidência da República poderá dispensar ou reduzir as honras militares e a presença das autoridades prevista nos parágrafos 1º, 2º e 4º do artigo 59.

Art. 62. Caberá ao Cerimonial do Ministério das Relações Exteriores elaborar o projeto do programa das visitas oficiais do Presidente da República e do Ministro de Estado das Relações Exteriores ao estrangeiro.

Art. 63. Quando em visita oficial a um Estado ou a um Território, o Vice-Presidente da República, o Presidente do Congresso Nacional, o Presidente da Câmara dos Deputados e o Presidente do Supremo Tribunal Federal serão recebidos, à chegada, pelo Governador, conforme o caso, pelo Vice-Governador, pelo Presidente do Poder Legislativo ou pelo Presidente do Poder Judiciário estaduais.

Art. 64. A comunicação de visitas oficiais de Chefes de Missão diplomática acreditados junto ao Governo brasileiro aos Estados da União e Territórios deverá ser feita aos respectivos Cerimoniais pelo Cerimonial do Ministério da Relações Exteriores, que também fornecerá os elementos do programa a ser elaborado.

Art. 65. O Governador do Estado ou Território far-se-á representar à chegada do Chefe de Missão diplomática estrangeira em visita oficial.

Art. 66. O Chefe de Missão diplomática estrangeira, quando em viagem oficial, visitará o Governador, o Vice-Governador, os Presidentes da Assembléia Legislativa e do Tribunal de Justiça e demais autoridades que desejar.

CAPÍTULO V

DAS VISITAS DE CHEFES DE ESTADO ESTRANGEIROS

Art. 67. As visitas de Chefes de Estado entrangeiros ao Brasil começarão, oficialmente, sempre que possível, na Capital Federal.

Art. 68. Na capital Federal, a visita oficial de Chefe de Estado estrangeiro ao Brasil iniciar-se-á com o recebimento do visitante pelo Presidente da República. Comparecerão ao desembarque as seguintes autoridades: Vice-Presidente da República, Decano do Corpo Diplomático, Chefe da Missão do país do visitante, Ministros de Estado, Chefe do Gabinete Militar da Presidência da República, Chefe do Gabinete Civil da Presidência da República, Chefe do Serviço Nacional de Informações, Chefe do Estado-Maior das Forças Armadas, Governador do Distrito Federal, Secretário-Geral de Política Exterior do Ministério das Relações Exteriores, Chefes dos Estados Maiores da Armada, do Exército e da Aeronáutica, Comandante Naval de Brasília, Comandante Militar do Planalto, Secretário-Geral Adjunto para Assuntos que incluem os do país do visitante, Comandante da VI Zona Aérea, Diretor-Geral do Departamento de Polícia Federal, Chefe da Divisão Política que trata de assuntos do país do visitante, além de todos os acompanhantes brasileiros do visitante, o Chefe do Cerimonial da Presidência da República, os membros da comitiva e os funcionários diplomáticos da Missão do país do visitante.

Parágrafo único. Vindo o Chefe de Estado acompanhado de Sua Senhoria, o Presidente da República e as autoridades acima indicadas far-se-ão acompanhar das respectivas Senhoras.

Art. 69. Nas visitas aos Estados e Territórios, será o Chefe de Estado estrangeiro recebido, no local de desembarque, pelo Governador, pelo Vice-Governador, pelos Presidentes da Assembléia legislativa e do Tribunal de Justiça, pelo Prefeito Municipal e pelas autoridades militares previstas no parágrafo 1º do artigo 59, além do Decano do Corpo Consular, do Cônsul do país do visitante e das altas autoridades civis e militares especialmente convidadas.

CAPÍTULO VI

DA CHEGADA DOS CHEFES DE MISSÃO DIPLOMÁTICA E ENTREGA DE CREDENCIAIS

Art. 70. Ao Chegar ao Aeroporto da Capital Federal, o novo chefe de Missão será recebido pelo Introdutor Diplomático do Ministro de Estado das Relações Exteriores.

§ 1º O Encarregado de Negócios pedirá ao Cerimonial do Ministério das Relações Exteriores dia e hora para a primeira visita do novo Chefe de Missão ao Ministro de Estado das Relações Exteriores.

§ 2º Ao Visitar o Ministro de Estado das Relações Exteriores, o novo Chefe de Missão solicitará a audiência de estilo com o Presidente da República para a entrega de suas Credenciais e, se for o caso, da Revocatória de seu antecessor. Nesta visita, o novo Chefe de Missão deixará em mãos do Ministro de Estado a cópia figurada das Credenciais.

§ 3º Após a primeira audiência com o Ministro do Estado das Relações Exteriores, o novo Chefe de Missão visitará, em data marcada pelo Cerimonial do Ministro das Relações Exteriores, o Secretário-Geral de Política Exterior, o Secretário-Geral Adjunto da área do país que representa e outros Chefes de Departamento.

§ 4º Por intermédio do Cerimonial do Ministério das Relações Exteriores, o novo Chefe de Missão solicitará data para visitar o Vice-Presidente da República, o Presidente do Congresso Nacional, o Presidente da Câmara dos Deputados, o Presidente do Supremo Tribunal Federal, os Ministros de Estado e o Governador do Distrito Federal. Poderão igualmente ser marcadas audiências com outras altas autoridades federais.

Art. 71. No dia e hora marcados para a audiência solene com o Presidente da República, o Introdutor Diplomático conduzirá, em carro do Estado, o novo Chefe de Missão, de sua residência, até o Palácio do Planalto. Serão, igualmente, posto à disposição dos membros da Missão diplomática carros do Estado.

§ 1º Dirigindo-se ao Palácio Presidencial, os carros dos membros da Missão diplomática precederão o do Chefe de Missão.

§ 2º O Chefe de Missão subirá a rampa, tendo, à direita, o Introdutor Diplomático e, à esquerda, o membro mais antigo de sua Missão; os demais membros da Missão serão dispostos em grupos de três, atrás dos primeiros.

§ 3º À porta do Palácio Presidencial, o Chefe de Missão será recebido pelo Chefe do Cerimonial da Presidência e por um Ajudante-de-Ordens do Presidente da República, os quais o conduzirão ao Salão Nobre.

§ 4º Em seguida, o Chefe do Cerimonial da Presidência da República entrará, sozinho, no Salão de Credenciais, onde se encontra o Presidente da República, ladeado, à direita, pelo Chefe do Gabinete Militar da Presidência da República e, à esquerda, pelo Ministro de Estado das Relações Exteriores e pelo Chefe do Gabinete Civil da Presidência da República, e pedirá permissão para introduzir o novo Chefe de Missão.

§ 5º Quando o Chefe de Missão for Embaixador, os membros do Gabinetes Militar e Civil da Presidência da República estarão presentes e serão colocados respectivamente, por ordem de precedência, à direita e à esquerda do Salão de Credenciais.

§ 6º Quando o Chefe de Missão for Enviado Extraordinário e Ministro Plenipotenciário, estarão presentes somente as autoridades mencionadas no parágrafo 4º.

§ 7º Ladeado, à direita, pelo Chefe Cerimonial da Presidência e à esquerda, pelo Ajudante-de-Ordens do Presidente da República, o Chefe de Missão penetrará no recinto, seguido do Introdutor Diplomático e dos membros de Missão. À entrada do Salão de Credenciais, deter-se-á para saudar o Presidente da República com leve inclinação de cabeça.

§ 8º Aproximando-se do ponto em que se encontra o Presidente da República, o Chefe de Missão, ao deter-se, fará nova saudação, após o que o Chefe do Cerimonial da Presidência da República se adiantará e fará a necessária apresentação. Em seguida, o Chefe de Missão apresentará as Cartas Credenciais ao Presidente da República, que as passará às mãos do Ministro de Estado das Relações Exteriores. Não haverá discursos.

§ 9º O Presidente de República convidará o Chefe de Missão a sentar-se e com ele conversar.

§ 10. Terminada a palestra, por iniciativa do Presidente da República, o Chefe de Missão cumprimentará o Ministro de Estado das Relações Exteriores e será apresentado pelo Presidente da República ao Chefe do Gabinete Militar da Presidência da República e ao chefe do Gabinete Civil da Presidência da República.

§ 11. Em seguida, o Chefe de Missão apresentará o pessoal de sua comitiva; cada um dos membros da Missão se adiantará, será apresentado e voltará à posição anterior.

§ 12. Findas as apresentações, o Chefe de Missão se despedirá do Presidente da República e se retirará precedido pelos membros da Missão e pelo Introdutor Diplomático e acompanhado do Chefe do Cerimonial da Presidência e do Ajudante-de-Ordens do Presidente da República. Parando no fim do Salão, todos se voltarão, para cumprimentar o Presidente da República com novo aceno de cabeça.

§ 13. Quando chegar ao topo da rampa, ouvir-se-ão os dois Hinos Nacionais.

§ 14. O Chefe de Missão, o Chefe de Cerimonial da Presidência e o Ajudante-de-Ordens do Presidente da República descerão a rampa, dirigindo-se à testa da Guarda de Honra, onde se encontra o Comandante, que convidará o Chefe de Missão a passá-la em revista. O Chefe do Cerimonial da Presidência e o Ajudante-de-Ordens do Presidente da República passarão por trás da Guarda de Honra, enquanto os membros da Missão e o Introdutor Diplomático se encaminharão para o segundo automóvel.

§ 15. O Chefe de Missão, ao passar em revista a Guarda de Honra, cumprimentará de cabeça a Bandeira Nacional, conduzirá pela tropa, e despedir-se-á do Comandante, na cauda da Guarda de Honra, sem aperta-lhe a mão.

§ 16. Terminada a cerimônia, o Chefe de Missão se despedirá do Chefe do Cerimonial da Presidência e do Ajudante-de-Ordens do Presidente da República, entrando no primeiro automóvel, que o conduzirá, na frente do cortejo, a sua residência, onde cessam as funções do Introdutor Diplomático.

§ 17. O Chefe do Cerimonial da Presidência da República fixará o traje para a cerimônia de apresentação de Cartas Credenciais, após consulta ao Presidente da República.

§ 18. O *Diário Oficial* publicará a notícia da apresentação de Cartas Credenciais.

Art. 72. Os encarregados de Negócios serão recebidos pelo Ministro do Estado das Relações Exteriores em audiência, na qual farão entrega das Cartas de Gabinete, que as acreditam.

Art. 73. O novo Chefe de Missão solicitará, por intermédio do Cerimonial do Ministério das Relações Exteriores, que sejam marcados dia e hora para que a sua esposa visite a Senhora do Presidente da República, não estando essa visita sujeita a protocolo especial.

CAPÍTULO VII

DO FALECIMENTO DO PRESIDENTE DA REPÚBLICA.

Art. 74. Falecendo o Presidente da República, o seu substituto legal, logo que assumir o cargo, assinará decreto de luto oficial por oito dias.

Art. 75. O Ministério da Justiça fará as necessárias comunicações aos Governadores dos Estados de União, do Distrito Federal e dos Territórios, no sentido de ser executado o decreto de luto, encerrado o expediente nas repartições públicas e fechado o comércio no dia do funeral.

Art. 76. O Cerimonial do Ministério das Relações Exteriores fará devidas comunicações às Missões diplomáticas acreditadas junto ao Governo brasileiro, às Missões diplomáticas e Repartições consulares de carreira brasileiras no exterior e às Missões brasileiras junto a Organismos Internacionais.

Art. 77. O Chefe do Cerimonial da Presidência da República providenciará a ornamentação fúnebre do Salão de Honra do Palácio Presidencial, transformado em câmara ardente.

DAS HONRAS FÚNEBRES

Art. 78. Chefe do Cerimonial coordenará a execução das cerimônias fúnebres.

Art. 79. As honras fúnebres serão prestadas de acordo com o cerimonial militar.

Art. 80. Transportado o corpo para a câmara ardente, terá início a visitação oficial e pública, de acordo com o que for determinado pelo Cerimonial do Ministério das Relações Exteriores.

DO FUNERAL

Art. 81. As cerimônias religiosas serão realizadas na câmara ardente por Ministro da religião do Presidente falecido, depois de terminada a visitação pública.

Art. 82. Em dia e hora marcados para o funeral, em presença de Chefes de Estado estrangeiros, dos Chefes dos Poderes da Nação, do Decano do corpo Diplomático, dos Representantes especiais dos Chefes de Estado estrangeiros designados para as cerimônias e das altas autoridades da República, o Presidente da República, em exercício, fechará a urna funerária.

Parágrafo único. A seguir, o Chefe do Gabinete Militar da Presidência da República e o Chefe do Gabinete Civil da Presidência da República cobrirão a urna com o Pavilhão Nacional.

Art. 83. A urna funerária será conduzida da câmara ardente para a carreta por praças das Forças Armadas.

DA ESCOLTA

Art. 84. A escolta será constituída de acordo com o cerimonial militar.

DO CORTEJO

Art. 85. Até a entrada do cemitério, o cortejo será organizado da seguinte forma:

- Carreta funerária;
- Carro do Ministro da religião do finado (se assim for a vontade da família);
- Carro do Presidente da República, em exercício;
- Carro da família;
- Carros de Chefe de Estados estrangeiros;
- Carro do Decano do corpo Diplomático;
- Carro do Presidente do Congresso Nacional;
- Carro do Presidente da Câmara dos Deputados;
- Carro do Presidente do Supremo Tribunal Federal;
- Carros dos Representantes Especiais dos Chefes de Estado estrangeiros designados para as cerimônias;
- Carro do Ministro do Estado das Relações Exteriores;
- Carro dos demais Ministros de Estado;
- Carros do Chefe do Gabinete Militar da Presidência da República, do Chefe do Gabinete Civil da Presidência da República, do Chefe do Serviço Nacional de Informações, do Chefe do Estado-Maior das Forças Armadas;
- Carros dos Governadores do Distrito Federal, dos Estados da União e dos territórios;
- Carro dos membros dos Gabinetes Militar e Civil da Presidência da República.

§ 1º Ao chegar ao cemitério, os acompanhantes deixarão seus automóveis e farão o cortejo a pé. A urna será retirada da carreta por praças das Forças Armadas que o levarão ao local do sepultamento.

§ 2° Aguardarão o féretro, junto à sepultura, os Chefes de Missão diplomática acreditados junto ao Governo brasileiro e altas autoridades civis e militares, que serão colocados, segundo a Ordem Geral de Procedência, pelo Chefe do Cerimonial.

Art. 86. O traje será previamente indicado pelo Chefe do Cerimonial.

Art. 87. Realizando-se o sepultamento fora da Capital da República, o mesmo cerimonial será observado até o ponto de embarque do féretro.

Parágrafo único. Acompanharão os despojos autoridades especialmente indicadas pelo Governo Federal, cabendo ao Governo do Estado da União ou do Território, onde vier a ser efetuado o sepultamento, realizar o funeral com a colaboração das autoridades federais.

CAPÍTULO VIII

DO FALECIMENTO DE AUTORIDADES

Art. 88. No caso de falecimento de autoridades civis ou militares, o Governo poderá decretar as honras fúnebres a serem prestadas, não devendo o prazo de luto ultrapassar três dias.

§ 1° O disposto neste artigo aplica-se à situação de desaparecimento de autoridades civis ou militares, quando haja indícios veementes de morte por acidente. (Renumerado do parágrafo único para 1° pelo Decreto n° 3.780, de 2001)

§ 2° Em face de notáveis e relevantes serviços prestados ao País pela autoridade falecida, o período de luto a que se refere o caput poderá ser estendido, excepcionalmente, por até sete dias. (Redação dada pelo Decreto n° 3.780, de 2001)

CAPÍTULO IX

DO FALECIMENTO DE CHEFE DE ESTADO ESTRANGEIRO

Art. 89. Falecendo o Chefe de Estado de um país com representação diplomática no Brasil e recebida pelo Ministro de Estado das Relações Exteriores a comunicação oficial desse fato, o Presidente da República apresentará pêsames ao Chefe da Missão, por intermédio do Chefe do Cerimonial da Presidência da República.

§ 1º O Cerimonial do Ministério das Relações Exteriores providenciará para que sejam enviadas mensagens telegráficas de pêsames, em nome do Presidente da República, ao sucessor e à família do falecido.

§ 2º O Ministro de Estado das Relações Exteriores enviará pêsames, por telegrama, ao Ministro das Relações Exteriores do referido país e visitará, por intermédio do Introdutor Diplomático, o Chefe da Missão.

§ 3º O Chefe da Missão brasileira acreditado no país enlutado apresentará condolências em nome do Governo e associar-se-á às manifestações de pesar que nele se realizarem. A critério do Presidente da República, poderá ser igualmente designado um Representante Especial ou uma Missão Extraordinária para assistir às exéquias.

§ 4º O decreto de luto oficial será assinado na pasta da Justiça, a qual fará as competentes comunicações aos Governadores de Estados da União e dos Territórios. O Ministério das Relações Exteriores fará a devida comunicação às Missões diplomáticas brasileiras no exterior.

§ 5º A Missão diplomática brasileira no país do chefe de Estado falecido poderá hastear a Bandeira Nacional a meio-pau, independentemente do recebimento da comunicação de que trata o parágrafo anterior.

CAPÍTULO X

DO FALECIMENTO DO CHEFE DE MISSÃO DIPLOMÁTICA ESTRANGEIRA

Art. 90. Falecendo no Brasil um Chefe de Missão diplomática acreditado junto ao Governo brasileiro, o Ministério das Relações Exteriores comunicará o fato, por telegrama, ao representante diplomático brasileiro no país do finado, instruindo-o a apresentar pêsames ao respectivo Governo. O Chefe do Cerimonial concertará com o Decano do Corpo Diplomático e com o substituto imediato do falecido as providências relativas ao funeral.

§ 1º Achando-se no Brasil a família do finado, o Chefe do Cerimonial da Presidência da República e o tradutor Diplomático deixarão, em sua residência, cartões de pêsames, respectivamente, em nome do Presidente da República e do Ministro de Estado das Relações Exteriores.

§ 2º Quando o Chefe de Missão for Embaixador, o Presidente da República comparecerá à câmara mortuária ou enviará representante.

§ 3º À saída do féretro, estarão presentes o Representante do Presidente da República, os Chefes de Missões diplomáticas estrangeiras, o Ministro de Estado das Relações Exteriores e o Chefe do Cerimonial.

§ 4º O caixão será transportado para o carro fúnebre por praças das Forças Armadas.

§ 5º O cortejo obedecerá à seguinte precedência:
- Escolta fúnebre;
- Carro fúnebre;
- Carro do Ministro da religião do finado;
- Carro da família;
- Carro do Representante do Presidente da República;
- Carro do Decano do Corpo Diplomático;
- Carros dos Embaixadores estrangeiros acreditados perante o Presidente da República;
- Carros de Ministros de Estado;
- Carros dos Enviados Extraordinários e Ministros Plenipotenciários acreditados junto ao Governo brasileiro;

- Carro do substituto do Chefe de Missão falecido;
- Carros dos Encarregados de Negócios Estrangeiros;
- Carros do pessoal da Missão diplomática estrangeira enlutada;

§ 6º O traje da cerimônia será fixado pelo Chefe do Cerimonial.

Art. 91. Quando o Chefe de Missão diplomática não for sepultado no Brasil, o Ministro das Relações Exteriores, com anuência da família do finado, mandará celebrar ofício religioso, para o qual serão convidados os Chefes de Missão diplomática acreditados junto ao Governo brasileiro e altas autoridades da República.

Art. 92. As honras fúnebres serão prestadas de acordo com o cerimonial militar.

Art. 93. Quanto falecer, no exterior, um Chefe de Missão diplomática acreditado no Brasil, o Presidente da República e o Ministro das Relações Exteriores enviarão, por intermédio do Cerimonial do Ministério das Relações Exteriores, mensagens telegráficas de pêsames, respectivamente, ao Chefe de Estado e ao Ministro das Relações Exteriores do país do finado, e instruções telegráficas ao representante diplomático nele acreditado para apresentar, em nome do Governo brasileiro, condolências à família enlutada. O Introdutor Diplomático, em nome do Ministro de Estado das Relações Exteriores, apresentará pêsames ao Encarregado de Negócios do mesmo país.

CAPÍTULO XI

DAS CONDECORAÇÕES

Art. 94. Em solenidade promovidas pelo Governo da União só poderão ser usadas condecorações e medalhas conferidas pelo Governo federal, ou condecorações e medalhas conferidas por Governos estrangeiros.

Parágrafo único. Os militares usarão as condecorações estabelecidas pelos regulamentos de cada Força Armada.

ORDEM GERAL DE PRECEDÊNCIA

A ordem de precedência nas cerimônias oficiais de caráter federal na Capital federal será a seguinte: (Redação dada pelo Decreto nº 9.338, de 2018)

1 – Presidente da República

2 – Vice-Presidente da República
Cardeais
Embaixadores estrangeiros

3 – Presidente do Congresso Nacional
Presidente da Câmara dos Deputados
Presidente do Supremo Tribunal Federal

4 – Ministros de Estado (*1)
Chefe do Gabinete Militar da Presidência da República
Chefe do Gabinete Civil da Presidência da República
Chefe do Serviço Nacional de Informações
Chefe do Estado-Maior das Forças Armadas
Consultor-Geral da República
Enviados Extraordinários e Ministros Plenipotenciários estrangeiros
Presidente do Tribunal Superior Eleitoral
Ministros do Supremo Tribunal Federal
Procurador-Geral da República
Governador do Distrito Federal
Governadores dos Estados da União (*2)
Senadores
Deputados Federais (*3)
Almirantes
Marechais
Marechais-do-Ar.
Chefe do Estado-Maior da Armada
Chefe do Estado-Maior do Exército
Secretário-Geral de Política Exterior (*4)
Chefe do Estado-Maior da Aeronáutica

5 – Almirantes-de-Esquadra
Generais-de-Exército
Embaixadores Extraordinários e Plenipotenciários (Ministros de 1ª classe) (*5)
Tenentes-Brigadeiros
Presidente do Tribunal Federal de Recursos
Presidente do Superior Tribunal Militar
Presidente do Tribunal Superior do Trabalho
Presidente do Tribunal de Contas da União (Incluído pelo Decreto nº 9.338, de 2018)
Ministros do Tribunal Superior Eleitoral

....
....
....

(* 1) – Vide artigo 4º e seus parágrafos das Normas do Cerimonial Público

(* 2) – Vide artigo 8º das Normas do Cerimonial Público

(* 3) – Vide artigo 9º das Normas do Cerimonial Público

(*4) Vide artigo 4º § 1º das Normas do Cerimonial Público

(*5) – Considerem-se apenas os Embaixadores que chefiam ou tenham chefiado Missão diplomática no exterior, tendo apresentado, nessa condição, Cartas Credenciais a Governo estrangeiro. Quando estiverem presente diplomatas estrangeiros, os Embaixadores em apreço terão precedência sobre Almirantes-de-Esquadra e Generais-de-Exército. Em caso de visita de chefe de Estado, Chefe do Governo ou Ministros das Relações Exteriores estrangeiros, o Chefe da Missão diplomática brasileira no país do visitante, sendo Ministro de 1ª classe, terá precedência sobre seus colegas, com exceção do Secretário-Geral de Política Exterior.

Encarregados de Negócios estrangeiros

6 – Ministros do Tribunal Federal de Recursos
Ministros do Superior Tribunal Militar
Ministros do Tribunal Superior do Trabalho
Ministros do Tribunal de Contas da União (Incluído pelo Decreto nº 9.338, de 2018)
Vice-Almirantes
Generais-de-Divisão
Embaixadores (Ministros de 1ª classe)
Majores-Brigadeiros
Chefes de Igreja sediados no Brasil
Arcebispos católicos ou equivalentes de outras religiões
Presidente do Tribunal de Justiça do Distrito Federal e dos Territórios (Redação dada pelo Decreto nº 9.338, de 2018)
Presidente do Tribunal Marítimo
Diretores-Gerais das Secretarias do Senado Federal e da Câmara dos Deputados
Procuradores-Gerais da Justiça Militar, Justiça do Trabalho e do Tribunal de Contas da União
Secretários-Gerais dos Ministérios
Reitores das Universidades Federais
Diretor-Geral do Departamento de Polícia Federal
Presidente do Banco Central do Brasil
Presidente do Banco do Brasil
Presidente do Banco Nacional de Desenvolvimento Econômico e Social (Redação dada pelo Decreto nº 9.338, de 2018)
Secretário da Receita Federal do Brasil (Redação dada pelo Decreto nº 9.338, de 2018)
Juízes do Tribunal Superior do Trabalho
Subprocuradores Gerais da República
Personalidades inscritas no Livro do Mérito
Prefeitos das cidades de mais de um milhão (1.000.000) de habitantes
Presidente da Caixa Econômica Federal
Ministros-Conselheiros estrangeiros
Adidos Militares estrangeiros (Oficiais-Generais)

7 – Contra-Almirantes
Generais-de-Brigada
Embaixadores Comissionados ou Ministros de 2ª classe
Brigadeiros.
Vice-Governadores dos Estados da União
Presidentes das Assembleias Legislativas dos Estados da União
Presidentes dos Tribunais de Justiça dos Estados da União
Diretor-Geral do Departamento Administrativo do Pessoal Civil
Chefe do Gabinete da Vice-Presidência da República
Subchefes dos Gabinetes Militar e Civil da Presidência da República
Assessor-Chefe da Assessor Especial da Presidência da República
Assessor-Chefe da Assessoria Especial de Relações Públicas da Presidência da República
Assistente-Secretário do Chefe do Gabinete Militar da Presidência da República
Secretários Particulares do Presidente da República
Chefe do Cerimonial da Presidência da República
Secretários de Imprensa da Presidência da República.
Diretor-Geral da Agência Nacional
Presidente da Central de Medicamentos
Chefe do Gabinete da Secretaria Geral do Conselho de Segurança Nacional
Chefe do Gabinete do Serviço Nacional de Informações
Chefe do Gabinete do Estado-Maior das Forças Armadas
Chefe da Agência Central do Serviço Nacional de Informações
Chefes dos Gabinetes dos Ministros de Estado
Presidente do Conselho Nacional de Pesquisas
Presidente do Conselho Federal de Educação
Presidente do Conselho Federal de Cultura
Governadores dos Territórios
Chanceler da Ordem Nacional do Mérito
Presidente da Academia Brasileira de Letras
Presidente da Academia Brasileira de Ciências
Presidente da Associação Brasileira de Imprensa

Diretores do Gabinete Civil da Presidência da República
Diretores-Gerais de Departamento dos Ministérios
Superintendentes de Órgãos Federais
Presidentes dos Institutos e Fundações Nacionais
Presidentes dos Conselhos e Comissões Federais
Presidentes das Entidades Autárquicas, Sociedades de Economia Mista e Empresas Públicas de âmbito nacional
Presidentes dos Tribunais Regionais Eleitorais
Presidentes dos Tribunais Regionais do Trabalho
Presidentes dos Tribunais de Contas do Distrito Federal e dos Estados da União
Presidentes dos Tribunais de Alçada dos Estados da União
Reitores das Universidades Estaduais e Particulares
Membros do Conselho Nacional de Pesquisas
Membros do Conselho Nacional de Educação
Membros do Conselho Federal de Cultura
Secretários de Estado do Governo do Distrito Federal
Bispos católicos ou equivalentes de outras religiões
Conselheiros estrangeiros
Cônsules-Gerais estrangeiros
Adidos e Adjuntos Militares estrangeiros (Capitães-de-Mar--e-Guerra e Coronéis)

8 – Presidente das Confederações Patronais e de Trabalhadores de âmbito nacional
Consultores Jurídicos dos Ministérios
Membros da Academia Brasileira de Letras
Membros da Academia Brasileira de Ciências
Diretores do Banco Central do Brasil
Diretores do Banco do Brasil
Diretores do Banco Nacional de Desenvolvimento Econômico
Diretores do Banco Nacional de Habitação
Capitães-de-Mar-e-Guerra
Coronéis do Exército
Conselheiros
Coronéis da Aeronáutica

Secretários de Estado dos Governos dos Estados da União
Deputados Estaduais
Chefes das Casas Militares de Governadores
Chefes das Casas Civis de Governadores
Comandantes das Policias Militares
Desembargadores dos Tribunais de Justiça do Distrito Federal e dos Estados da União
Adjuntos dos Gabinetes Militar (Tenentes-Coronéis) e Civil da Presidência da República
Procuradores-Gerais do Distrito Federal e dos Estados da União
Prefeitos das Capitais dos Estados da União e das cidades de mais de quinhentos mil (500 000) habitantes
Primeiros Secretários estrangeiros
Procuradores da República nos Estados da União
Consultores-Gerais do Distrito Federal e dos Estados da União
Juízes do Tribunal Marítimo
Juízes dos Tribunais Regionais Eleitorais
Juízes dos Tribunais Regionais do Trabalho
Presidentes das Câmaras Municipais das cidades de mais de um milhão (1.000.000) de habitantes
Adidos e Adjuntos Militares estrangeiros (Capitães-de-Fragata, e Tenentes-Coronéis)

9 – Juízes dos Tribunais de Contas do Distrito Federal e dos Estados da União.
Juízes dos Tribunais de Alçadas dos Estados da União
Delegados dos Ministérios nos Estados da União
Presidentes dos Institutos e Fundações Regionais e Estaduais
Presidentes das Entidades Autárquicas, Sociedades de Economia Mista e Empresas Públicas de âmbito regional ou estadual.
Monsenhores católicos ou equivalentes de outras religiões.
Capitães-de-Fragata
Tenentes-Coronéis do Exército
Primeiros Secretários
Tenentes-Coronéis da Aeronáutica

Ajudantes-de-Ordens do Presidente da República (Majores)
Adjuntos do Gabinete Militar da Presidência da República (Majores)
Chefes dos Serviços do Gabinete Militar da Presidência da República (Majores)
Adjunto do Serviços do Gabinete Militar da Presidência da República (Majores)
Presidentes das Federações Patronais e de Trabalhadores de âmbito regional ou estadual
Presidentes das Câmaras Municipais das Capitais dos Estados da União e das cidades de mais de quinhentos mil (500.000) habitantes
Juízes de Direito
Procuradores Regionais do Trabalho
Diretores de Repartições Federais
Auditores da Justiça Militar
Auditores do Tribunal de Contas
Promotores Públicos
Procuradores Adjuntos da República
Diretores das Faculdades Estaduais Particulares
Segundos Secretários
Cônsules estrangeiros
Adidos e Adjuntos Militares estrangeiros (Capitães-de-Corveta, e Majores)

10 – Oficiais de Gabinete do Gabinete Civil da Presidência da República
Chefes de Departamento das Universidades Federais
Diretores de Divisão dos Ministérios
Prefeitos das cidades de mais de cem mil (100.000) habitantes
Capitães-de-Corveta
Majores do Exército
Segundos Secretários
Majores da Aeronáutica
Ajudantes-de-Ordens do Presidente da República (Capitães)
Adjuntos dos Serviços do Gabinete Militar da Presidência da República (Capitães)

Secretários-Gerais dos Territórios
Diretores de Departamento das Secretarias do Distrito Federal e dos Estados da União
Presidentes dos Conselhos Estaduais
Chefes de Departamento das Universidades Estaduais e Particulares
Presidentes das Câmaras Municipais das cidades de mais de cem mil (100.000) habitantes
Terceiros Secretários estrangeiros
Adidos e Adjuntos Militares estrangeiros (Capitães-Tenentes e Capitães)

11 – Professores de Universidade
Prefeitos Municipais
Cônegos católicos ou "equivalentes" de outras religiões
Capitães-Tenentes
Capitães do Exército
Terceiros Secretários
Capitães da Aeronáutica
Presidentes das Câmaras Municipais
Diretores de Repartições do Distrito Federal, dos Estados da União e Territórios
Diretores de Escolas de Ensino Secundário
Vereadores Municipais

A ordem de precedência, nas cerimônias oficiais, nos Estados da União, com a presença de autoridades federais, será a seguinte:

1 – Presidente da República

2 – Vice-Presidente da República (*1)
Governador do Estado da União em que se processa a cerimônia
Cardeais
Embaixadores estrangeiros

3 – Presidente do Congresso Nacional
Presidente da Câmara dos Deputados
Presidente do Supremo Tribunal Federal

4 – Ministros de Estado (*2)
Chefe do Gabinete Militar da Presidência da República
Chefe do Gabinete Civil da Presidência da República
Chefe de Serviço Nacional de Informações
Chefe do Estado-Maior das Forças Armadas
Consultor-Geral da República
Vice-Governador do Estado da União em que se processa a cerimônia
Presidente da Assembléia Legislativa do Estado da União em que se processa a cerimônia
Presidente do Tribunal de Justiça do Estado em que se processa a cerimônia
<u>Enviados Extraordinários e Ministros Plenipotenciários estrangeiros</u>
Presidente do Tribunal Superior Eleitoral
Ministros do Supremo Tribunal Federal

....
....
....

(*1) Vide artigo 2º das Normas do Cerimonial Público

(*2) Vide artigo 4º e seus Parágrafos das Normas do Cerimonial Público

Procurador-Geral da República
Governadores dos outros Estados da União e do Distrito Federal (*3)

Senadores
Deputados Federais (*4)
Almirantes
Marechais
Marechais-do-Ar
Chefe do Estado-Maior da Armada
Chefe do Estado-Maior do Exército
Secretário-Geral da Política Exterior (*5)
Chefe do Estado-Maior da Aeronáutica

5 – Almirantes-de-Esquadra
Generais-de-Exército
Embaixadores Extraordinário e Plenipotenciários (Ministros de 1ª classe) (*6)
Tenentes-Brigadeiros
Presidente do Tribunal Federal de Recursos
Presidente do Superior Tribunal Militar
Presidente do Tribunal Superior do Trabalho
Presidente do Tribunal de Contas da União (Incluído pelo Decreto n° 9.338, de 2018)
Ministros do Tribunal Superior Eleitoral
Prefeito da Capital estadual em que se processa a cerimônia
Encarregados de Negócios estrangeiros

6 – Ministros do Tribunal Federal de Recursos
Ministros do Superior Tribunal Militar
Ministros do Tribunal Superior do Trabalho
Ministros do Tribunal de Contas da União (Incluído pelo Decreto n° 9.338, de 2018)
Vice-Almirante (Redação dada pelo Decreto n° 9.338, de 2018)
Generais-de-Divisão
Embaixadores (Ministros de 1ª classe)
Majores-Brigadeiros
Chefes de Igreja sediados no Brasil
Arcebispos católicos ou equivalentes de outras religiões
Presidente do Tribunal Marítimo
Diretores-Gerais das Secretarias do Senado Federal e da Câmara dos Deputados
Substitutos eventuais dos Ministros de Estado
Secretários-Gerais dos Ministérios
Reitores da universidades Federais
Diretor-Geral do Departamento de Polícia Federal
Presidente do Banco Central do Brasil
Presidente do Banco do Brasil
Presidente do Banco Nacional de Desenvolvimento Econômico e Social (Redação dada pelo Decreto n° 9.338, de 2018)

....
....
....

(*3) – Vide artigo 8º, artigo 9º e artigo 10 das Normas do Cerimonial Público

(*4) – Vide artigo 9º das Normas do Cerimonial Público

(*5) – Vide artigo 4º § 1º das Normas ‹do Cerimonial Público

(*6) – Considerem-se apenas os Embaixadores que chefiam ou tenham chefiado Missão diplomática no exterior, tendo apresentação do, nessa condição, Cartas Credenciais a Governo estrangeiro. Quando estiverem presentes diplomatas estrangeiros, os Embaixadores em apreço terão precedência sobre Almirantesde-Esquadra e Generais-de-Exército. Em caso de visita de Chefe de Estado, Chefe do Governo ou Ministro das Relações Exteriores estrangeiro, o Chefe da Missão diplomática brasileira no país do visitante, sendo Ministro de 1ª. classe, terá precedência sobre seus colegas, com exceção do Secretário-Geral de política Exterior.

Juízes do Tribunal Superior do Trabalho
Subprocuradores-Gerais da República
Procuradores-Gerais da Justiça Militar
Procuradores-Gerais da Justiça do Trabalho
Procuradores-Gerais do Tribunal de Contas da União
Vice-Governadores de outros Estados da União
Secretário da Receita Federal
Personalidades inscritas no Livro do Mérito
Prefeitos da cidade em que se processa a cerimônia
Presidente da Câmara Municipal da cidade em que se processa a cerimônia
Juiz de Direito da Comarca em que se processa a cerimônia
Prefeitos das cidades de mais de um milhão (1.000.000) de habitantes
Presidente da Caixa Econômica Federal

Ministros-Conselheiros estrangeiros
Cônsules-Gerais estrangeiros
Adidos Militares estrangeiros (Oficiais-Generais)

7 – Contra-Almirantes
Generais-de-Brigada
Embaixadores Comissionados ou Ministros de 2ª classe
Brigadeiros-do-Ar.
Direito-Geral do Departamento Administrativo do Pessoal Civil
Chefe do Gabinete da Vice-Presidência da República
Subchefes dos Gabinetes Militar e Civil da Presidência da República
Assessor-chefe da Assessoria Especial da Presidência da República
Assessor-Chefe da Assessoria Especial de Relações Públicas da Presidência da República.
Assistente-Secretário do Chefe do Gabinete Militar da Presidência da República
Secretários Particulares do Presidente da República
Chefe do Cerimonial da Presidência da República
Secretários de Imprensa da Presidência da República
Diretor-Geral da Agência Nacional
Presidente da Central de Medicamentos
Chefe do Gabinete da Secretaria Geral do Conselho de Segurança Nacional
Chefe do Gabinete do Serviço Nacional de Informações
Chefe do Gabinete do Estado-Maior das Forças Armadas
Chefe da Agência Central do Serviço Nacional de Informações
Presidente do Tribunal Regional Eleitoral
Governadores dos Territórios
Procurador da República no Estado
Procurador-Geral do Estado
Presidente do Tribunal Regional do Trabalho
Presidente do Tribunal de Contas do Estado
Presidente do Tribunal de Alçada do Estado
Presidente do Conselho Nacional de Pesquisas

Presidente do Conselho Federal de Educação
Presidente do Conselho Federal de Cultura
Chanceler da Ordem Nacional do Mérito
Presidente da Academia Brasileira de Letras
Presidente da Academia Brasileira de Ciências
Presidente da Associação Brasileira de Imprensa
Diretores do Gabinete Civil da Presidência da República
Diretores-Gerais dos Departamentos de Ministérios
Superintendentes de Órgãos Federais
Presidentes dos Institutos e Fundações Nacionais
Presidentes dos Conselhos e Comissões Federais
Presidentes das Entidades Autárquicas, Sociedade de Economia Mista e Empresas Públicas de âmbito nacional
Chefes dos Gabinetes dos Ministros de Estado
Reitores das Universidades Estaduais e Particulares
Membros do Conselho Nacional de Pesquisas
Membros do Conselho Federal de Educação
Membros do Conselhos Federal de Cultura
Secretários do Governo do Estado em que se processa a cerimônia
<u>Bispos católicos ou equivalentes de outras religiões</u>
<u>Conselheiros estrangeiros</u>
<u>Adidos e Adjuntos Militares estrangeiros</u> (Capitães-de--Mar-e-Guerra, Coronéis)

8 – Presidentes das Confederações Patronais e de Trabalhadores de âmbito nacional
Consultores Jurídicos dos Ministérios
Membros da Academia Brasileira de Letras
Membros da Academia Brasileira de Ciências
Diretores do Banco Central do Brasil
Diretores do Banco do Brasil
Diretores do Banco Nacional de Desenvolvimento Econômico
Diretores do Banco Nacional de Habitação
Capitães-de-Mar-e-Guerra
Coronéis do Exército

Conselheiros
Coronéis da Aeronáutica
Deputados do Estado em que se processa a cerimônia
Chefe da Casa Militar do Governo do Estado em que se processa a cerimônia
Chefe da Casa Civil do Governo do Estado em que se processa a cerimônia
Comandante da Polícia Militar do Estado em que se processa a cerimônia
Desembargadores do Tribunal de Justiça do Estado em que se processa a cerimônia
Adjuntos dos Gabinetes Militar e Civil da Presidência da República
Prefeitos das cidades de mais de quinhentos mil (500.000) habitantes
Delegados dos Ministérios no Estado em que se processa a cerimônia
Primeiros Secretários estrangeiros
Cônsules estrangeiros
Consultor-Geral do Estado em que se processa a cerimônia
Juízes do Tribunal Marítimo
Juízes do Tribunal Regional Eleitoral do Estado em que se processa a cerimônia
Juízes do Tribunal Regional do Trabalho do Estado em que se processa a cerimônia
Presidentes das Câmaras Municipais da Capital e das cidades de mais de um milhão (1.000.000) de habitantes.
Adidos e Adjuntos Militares estrangeiros (Capitães-de-Fragata, Tenentes-Coronéis)

9 – Juiz Federal
Juízes do Tribunal de Contas do Estado em que se processa a cerimônia
Juízes do Tribunal de Alçada do Estado em que se processa a cerimônia
Presidentes dos Institutos e Fundações Regionais e Estaduais
Presidentes das Entidades Autárquicas, Sociedades de Economia

Mista e Empresas Públicas de âmbito regional ou estadual
Diretores das Faculdades Federais
Monsenhores católicos ou equivalentes de outras religiões
Capitães-de-Fragata
Tenentes-Coroneis do Exército
Primeiros-Secretários
Tenentes-Coronéis da Aeronáutica
Ajudantes-de-Ordem do Presidente da República (Majores)
Adjuntos do Gabinete Militar da Presidência República (Majores)
Chefes dos Serviços do Gabinete Militar da Presidência.da República (Majores)
Adjuntos dos Serviços do Gabinete Militar da Presidência República (Majores)
Presidentes das Federações Patronais e de Trabalhadores de âmbito regional ou estadual
Presidentes das Câmaras Municipais das Capitais dos Estados da União e das cidades de mais de quinhentos mil (500.000) habitantes
Juízes de Direito
Procuradores Regionais do Trabalho
Diretores de Repartições Federais
Auditores da Justiça Militar
Auditores do Tribunal de Contas
Promotores Públicos
Procuradores Adjuntos da República
Diretores das Faculdades Estaduais e Particulares
Segundos Secretários estrangeiros
Vice-Cônsules estrangeiros
Adidos e Adjuntos Militares Militares estrangeiros (Capitães-de-Corveta e Majores)

10 – Oficiais de Gabinete do Gabinete Civil da Presidência da República
Chefes de Departamento das Universidades Federais
Diretores de Divisão dos Ministérios
Prefeitos das cidades de mais de cem mil (100.000) habitantes

Capitães-de-Corveta
Majores
Segundos Secretários
Majores da Aeronáutica
Ajudantes-de-Ordens do Presidente da República (Capitães)
Adjuntos dos Serviços do Gabinete Militar da Presidência. da República (Capitães)
Secretários-Gerais dos Territórios
Diretores de Departamento das Secretarias do Estado em que se processa a cerimônia
Presidentes dos Conselhos Estaduais
Chefes de Departamento das Universidades Estaduais e Particulares
Presidentes das Câmaras Municipais das cidades de mais de cem mil (100.000) habitantes
Terceiros Secretários estrangeiros
Adidos e Adjuntos Militares estrangeiros (Capitães-Tenentes e Capitães)

11 – Professores de Universidade
Demais Prefeitos Municipais
Cônegos católicos ou equivalentes de outras religiões
Capitães-Tenentes
Capitães do Exército
Terceiros Secretários
Capitães da Aeronáutica
Presidentes das demais Câmaras Municipais
Diretores de Repartições dos Estados da União em que processa a cerimônia
Diretores de Escolas de Ensino Secundário
Vereadores Municipais

A ordem de precedência nas cerimônias oficiais, de caráter estadual, será a seguinte:

1 – Governador
Cardeais

2 – Vice-Governador

3 – Presidente da Assembleia Legislativa
Presidente do Tribunal de Justiça

4 – Almirante-de-Esquadra
Generais-de-Exército
Tententes-Brigadeiros
Prefeito da Capital estadual em que se processa a cerimônia

5 – Vice-Almirantes
Generais-de-Divisão
Majores-Brigadeiros
Chefes de Igreja sediados no Brasil
Arcebispos católicos ou equivalentes em outras religiões
Reitores das Universidades Federais
Personalidades inscritas no Livro do Mérito
Prefeito da cidade em que se processa a cerimônia
Presidente da Câmara Municipal da cidade em que se processa a cerimônia
Juiz de Direito da Comarca em que se processa a cerimônia
Prefeitos das cidades de mais de um milhão (1.000.000) de habitantes

6 – Contra-Almirantes
Generais-de-Brigada
Brigadeiros-do-Ar
Presidente do Tribunal Regional Eleitoral
Procurador Regional da República no Estado
Procurador-Geral do Estado
Presidente do Tribunal Regional do Trabalho
Presidente do Tribunal de Contas
Presidente do Tribunal de Alçada
Chefe da Agência do Serviço Nacional de Informações
Superintendentes de Órgãos Federais
Presidentes dos Institutos e Fundações Nacionais
Presidentes dos Conselhos e Comissões Federais

Presidentes das Entidades Autárquicas, Sociedades de Economia Mista e Empresas Públicas de âmbito nacional
Reitores das Universidades Estaduais e Particulares
Membros do Conselho Nacional de Pesquisas
Membros do Conselho Federal de Educação
Membros do Conselho Federal de Cultura
Secretários de Estado
Bispo católicos ou equivalentes de outras religiões

7 - Presidentes das Confederações Patronais e de Trabalhadores de âmbito nacional
Membros da Academia Brasileira de Letras
Membros da Academia Brasileira de Ciências
Diretores do Banco Central do Brasil
Diretores do Banco do Brasil
Diretores do Banco Nacional de Desenvolvimento Econômico
Diretores do Banco Nacional de Habitação
Capitães-de-Mar-e-Guerra
Coronéis do Exército
Coronéis da Aeronáutica
Deputados Estaduais
Chefe da Casa Militar do Governador
Chefe da Casa Civil do Governador
Comandante da Polícia Militar do Estado
Desembargadores do Tribunal de Justiça
Prefeitos das cidades de mais de quinhentos mil (500.000) habitantes
Delegados dos Ministérios
Cônsules estrangeiros
Consultor-Geral do Estado
Juízes do Tribunal Regional Eleitoral
Juízes do Tribunal Regional do Trabalho
Presidentes das Câmaras Municipais da Capital e das cidades de mais de um milhão (1.000.000) habitantes

8 – Juiz Federal
Juízes do Tribunal de Contas
Juízes do Tribunal de Alçada
Presidentes dos Institutos e Fundações Regionais e Estaduais
Presidentes das Entidades Autarquicas, Sociedades de Economia Mista e Empresas Públicas de âmbito regional ou estadual
Diretores das Faculdades Federais
<u>Monsenhores católicos ou equivalentes de outras religiões</u>
Capitães-de-Fragata
Tenentes-Coronéis do Exército
Tenentes-Coronéis da Aeronáutica
Presidentes das Federações Patronais e de Trabalhadores de âmbito regional ou estadual
Presidentes das Câmaras Municipais das cidades de mais de quinhentos mil (500.000) habitantes
Juízes de Direito
Procurador Regional do Trabalho
Auditores da Justiça Militar
Auditores do Tribunal de Contas
Promotores Públicos
Diretores das Faculdades Estaduais e Particulares
<u>Vice-Cônsules estrangeiros</u>

9 – Chefes de Departamento das Universidades Federais
Prefeitos das cidades de mais de cem mil (100.000) habitantes
Capitães-de-Coverta
Majores do Exército
Majores da Aeronáutica
Diretores de Departamento das Secretarias
Presidentes dos Conselhos Estaduais
Chefes de Departamento das Universidades Estaduais e Particulares
Presidentes das Câmaras Municipais das cidades de mais de cem mil (100.000) habitantes

10 – Professores de Universidade
Demais Prefeitos Municipais
Cônegos católicos ou equivalentes de outras religiões
Capitães-Tenentes
Capitães do Exército
Capitães da Aeronáutica
Presidentes das demais Câmaras Municipais
Diretores de Repartição
Diretores de Escolas de Ensino Secundário
Vereadores Municipais

Fonte: Brasil, 1972, grifos do original.

Com base em Jesus (2001), cabe aqui nos atentarmos para algumas considerações relevantes sobre o Decreto n. 70.274/1972:

» O governador do Estado e o prefeito municipal, respectivamente, sempre terão a precedência sobre as autoridades federais, estaduais e municipais, salvo o disposto no *caput* dos arts. 1º e 2º do Decreto n. 70.274/1972.

» O governador do Estado e o prefeito municipal, respectivamente, sempre presidirão as cerimônias em que comparecerem, exceto se houver a presença de autoridades maiores.

» Na realização das cerimônias dos Poderes Judiciário e Legislativo, deve-se observar as normativas próprias, baseadas no Decreto n. 70.274/1972.

» Nas cerimônias militares, deve-se observar as determinações do Decreto n. 88.513, de 13 de julho de 1983, que estabelece a ordem de precedência nas Forças Armadas (substituído pela Portaria Normativa n. 660/MD, de 19 de maio de 2009), cabendo ao governador do estado e ao prefeito municipal o lugar de honra.

- » No âmbito dos municípios, a precedência será do prefeito municipal, seguido pelo presidente da Câmara Municipal e, depois, pelo juiz diretor do fórum.
- » Na ausência do governador do Estado e do prefeito municipal, a cerimônia será presidida, respectivamente, pelo vice-governador e pelo vice-prefeito. Essa precedência será sempre anterior à dos secretários estaduais e municipais.
- » Devemos dar a mesma precedência às esposas das autoridades nas cerimônias públicas.
- » Na impossibilidade de comparecimento do governador do Estado e do prefeito municipal em uma cerimônia pública, o seu representante ocupará o lugar imediatamente à direita da autoridade que a presidir.
- » Os representantes dos chefes dos poderes Judiciário e Legislativo ocuparão as mesmas posições que os presidentes desses poderes.
- » Deve-se conceder a precedência aos representantes das autoridades militares e civis de acordo com seus postos e funções.

4.3 Decreto n. 6.806, de 25/03/2009

O Decreto n. 6.806, de 25 de março de 2009 (Brasil, 2009a) – alterado pelo Decreto n. 7.960, de 14 de março de 2013 (Brasil, 2013a) –, delega competência ao ministro de Estado da Defesa para aprovar o regulamento de contingências, honras, sinais de respeito e cerimonial militar das Forças Armadas. Na sequência, apresentamos o texto do referido decreto.

Presidência da República
Casa Civil
Subchefia para Assuntos Jurídicos

DECRETO Nº 6.806, DE 25 DE MARÇO DE 2009.

> Delega competência ao Ministro de Estado da Defesa para aprovar o Regulamento de Continências, Honras, Sinais de Respeito e Cerimonial Militar das Forças Armadas.

O PRESIDENTE DA REPÚBLICA, no uso da atribuição que lhe confere o art. 84, inciso VI, alínea "a", e parágrafo único, da Constituição, e tendo em vista o disposto no art. 12 da Lei no 9.784, de 29 de janeiro de 1999,

DECRETA:

Art. 1º É delegada competência ao Ministro de Estado da Defesa, vedada a subdelegação, para aprovar o Regulamento de Continências, Honras, Sinais de Respeito e Cerimonial Militar das Forças Armadas.

Art. 2º O Regulamento de Continências, Honras, Sinais de Respeito e Cerimonial Militar das Forças Armadas, cujas prescrições serão aplicáveis às situações diárias da vida castrense, estando o militar de serviço ou não, em área militar ou em sociedade, nas cerimônias e solenidades de natureza militar ou cívica, terá por finalidade:

I – estabelecer as honras, as continências e os sinais de respeito que os militares prestam a determinados símbolos nacionais e às autoridades civis e militares;

II – regular as normas de apresentação e de procedimento dos militares, bem como as formas de tratamento e a precedência; e

III – fixar as honras que constituem o Cerimonial Militar no que for comum às Forças Armadas.

Art. 3º O Regulamento de Continências, Honras, Sinais de Respeito e Cerimonial Militar das Forças Armadas observará os seguintes preceitos:

I – terão continências:

a) a Bandeira Nacional:

1. ao ser hasteada ou arriada diariamente em cerimônia militar ou cívica;

2. por ocasião da cerimônia de incorporação ou desincorporação nas formaturas;

3. quando conduzida por tropa ou por contingente de Organização Militar;

4. quando conduzida em marcha, desfile ou cortejo, acompanhada por guarda ou por organização civil em cerimônia cívica; e

5. quando, no período compreendido entre oito horas e o pôr-do-sol, um militar entra a bordo de navio de guerra ou dele sai ou quando, na situação de "embarcado", avista-a ao entrar a bordo pela primeira vez ou ao sair pela última vez;

b) o Hino Nacional, quando executado em solenidade militar ou cívica;

c) o Presidente da República;

d) o Vice-Presidente da República;

e) os Presidentes do Senado Federal, da Câmara dos Deputados e do Supremo Tribunal Federal;

f) o Ministro de Estado da Defesa;

g) os demais Ministros de Estado quando em visita de caráter oficial;

h) os Governadores de Estado, de Territórios Federais e do Distrito Federal nos respectivos territórios ou, quando reconhecidos ou identificados, em qualquer parte do País em visita de caráter oficial;

i) os Ministros do Superior Tribunal Militar quando reconhecidos ou identificados;

j) os militares da ativa das Forças Armadas, mesmo em traje civil; nesse último caso, quando for obrigatório o seu reconhecimento em função do cargo que exerce ou, para os demais militares, quando reconhecidos ou identificados;

l) os militares da reserva ou reformados quando reconhecidos ou identificados;

m) a tropa quando formada;

n) as Bandeiras e os Hinos das Nações Estrangeiras, nos casos das alíneas "a" e "b" deste inciso;

o) as autoridades civis estrangeiras correspondentes às constantes das alíneas "c" a "h" deste inciso quando em visita de caráter oficial;

p) os militares das Forças Armadas estrangeiras quando uniformizados e, se em trajes civis, quando reconhecidos ou identificados; e

q) os integrantes das Polícias Militares e dos Corpos de Bombeiros Militares, corporações consideradas forças auxiliares e reserva do Exército;

II – terão continência da tropa os símbolos e as autoridades relacionadas nas alíneas "a" a "j", "m" a "o" e "q" do inciso I deste artigo e, ainda:

a) os militares da reserva ou reformados quando uniformizados; e

b) os militares das Forças Armadas estrangeiras quando uniformizados;

III – terão direito a honras militares:

a) o Presidente da República;

b) o Vice-Presidente da República;

c) o Congresso Nacional e o Supremo Tribunal Federal quando incorporados;

d) o Ministro de Estado da Defesa;

e) os demais Ministros de Estado quando em visita de caráter oficial a organização militar;

f) os Comandantes da Marinha, do Exército e da Aeronáutica e o Chefe do Estado-Maior Conjunto das Forças Armadas; (Redação dada pelo Decreto nº 7.960, de 2013)

g) o Superior Tribunal Militar quando incorporado;

h) os militares das Forças Armadas;

i) os Governadores dos Estados, dos Territórios Federais e do Distrito Federal quando em visita de caráter oficial a organização militar;

j) os Chefes de Missão Diplomática;

l) os Ministros Plenipotenciários de Nações Estrangeiras e os Enviados Especiais; e

m) outras autoridades, desde que expressa e excepcionalmente determinado pelo Presidente da República, pelo Ministro de Estado da Defesa ou pelo Comandante da Força Singular que prestará a homenagem; e

IV – às autoridades estrangeiras, civis e militares, serão prestadas as continências conferidas às autoridades brasileiras equivalentes.

Art. 4º As bandeiras-insígnias ou os distintivos de Presidente da República, de Vice-Presidente da República e de Ministro de Estado da Defesa serão instituídos em ato do Presidente da República.

Parágrafo único. As bandeiras-insígnias ou os distintivos de Comandante da Marinha, do Exército, da Aeronáutica e de Chefe do Estado-Maior Conjunto das Forças Armadas serão instituídos em ato do Ministro de Estado da Defesa. (Redação dada pelo Decreto nº 7.960, de 2013)

Art. 5º O Ministro de Estado da Defesa proporá, no prazo de trinta dias a contar da data da publicação deste Decreto, ato de aprovação da bandeira-insígnia correspondente ao seu cargo.

Art. 6º O cerimonial específico de cada Força Singular será aprovado por ato do Ministro de Estado da Defesa ou, por subdelegação deste, do respectivo Comandante.

Art. 7º O Regulamento de Continências, Honras, Sinais de Respeito e Cerimonial Militar das Forças Armadas deverá ser aprovado pelo Ministro de Estado da Defesa no prazo de sessenta dias a contar da data de publicação deste Decreto.

Art. 8º Este Decreto entra em vigor na data de sua publicação.

Art. 9º Ficam revogados, no prazo de sessenta dias a contar da data de publicação deste Decreto, os Decretos nºs:

I – 2.243, de 3 de junho de 1997; e

II – 4.447, de 29 de outubro de 2002.

Brasília, 25 de março de 2009; 188º da Independência e 121º da República.

LUIZ INÁCIO LULA DA SILVA
Nelson Jobim

Este texto não substitui o publicado no DOU de 26.3.200

Fonte: Brasil, 2009a, grifos do original.

Para as cerimônias oficiais a serem realizadas no âmbito das Forças Armadas, o chefe do cerimonial e a equipe organizadora devem observar as normas contidas na Portaria Normativa n. 660, de 19 de maio de 2009 (Brasil, 2009d). A regra geral considera que, havendo a presença de representantes das três organizações militares na mesma cerimônia, a precedência será pela ordem de criação, ou seja: Marinha, Exército e Aeronáutica.

4.4 Portaria Normativa n. 660, de 19/05/2009

Em atendimento ao que determinou o art. 7° do Decreto n. 6.806/2009 (alterado pelo Decreto n. 7.960/2013), foi publicada a Portaria Normativa n. 660, de 19 de maio de 2009 (Brasil, 2009d) – modificada pela Portaria Normativa n. 849, de 4 de abril de 2013 (Brasil, 2013b) –, pelo ministro de Estado da Defesa, aprovando o Regulamento de Continências, Honras, Sinais de Respeito e Cerimonial Militar das Forças Armadas. Na sequência, apresentaremos a íntegra do texto da referida portaria normativa.

MINISTÉRIO DA DEFESA
GABINETE DO MINISTRO

PORTARIA NORMATIVA N° 660, DE 19 DE MAIO DE 2009

Aprova o Regulamento de Continências, Honras, Sinais de Respeito e Cerimonial Militar das Forças Armadas.

O **MINISTRO DE ESTADO DA DEFESA**, no uso da atribuição que lhe confere o inciso II do parágrafo único do art. 87 da Constituição, e considerando a competência delegada pelo Decreto n° 6.806, de 25 de março de 2009, resolve:

Art. 1° Aprovar o Regulamento de Continências, Honras, Sinais de Respeito e Cerimonial Militar das Forças Armadas, na forma dos Anexos I e II a esta Portaria Normativa.

Art. 2° Esta Portaria Normativa entra em vigor no dia 25 de maio de 2009.

NELSON A. JOBIM

ANEXO I

REGULAMENTO DE CONTINÊNCIAS, HONRAS, SINAIS DE RESPEITO E CERIMONIAL MILITAR DAS FORÇAS ARMADAS

TÍTULO I

DA FINALIDADE

Art. 1° Este Regulamento tem por finalidade:

I – estabelecer as honras, as continências e os sinais de respeito que os militares prestam a determinados símbolos nacionais e às autoridades civis e militares;

II – regular as normas de apresentação e de procedimento dos militares, bem como as formas de tratamento e a precedência;

III – fixar as honras que constituem o Cerimonial Militar no que for comum às Forças Armadas.

Parágrafo único. As prescrições deste Regulamento aplicam-se às situações diárias da vida castrense, estando o militar de serviço ou não, em área militar ou em sociedade, nas cerimônias e solenidades de natureza militar ou cívica.

TÍTULO II

DOS SINAIS DE RESPEITO E DA CONTINÊNCIA

CAPITULO I

GENERALIDADES

Art. 2º Todo militar, em decorrência de sua condição, obrigações, deveres, direitos e prerrogativas, estabelecidos em toda a legislação militar, deve tratar sempre:

I – com respeito e consideração os seus superiores hierárquicos, como tributo à autoridade de que se acham investidos por lei;

II – com afeição e camaradagem os seus pares;

III – com bondade, dignidade e urbanidade os seus subordinados.

§ 1º Todas as formas de saudação militar, os sinais de respeito e a correção de atitudes caracterizam, em todas as circunstâncias de tempo e lugar, o espírito de disciplina e de apreço existentes entre os integrantes das Forças Armadas.

§ 2º As demonstrações de respeito, cordialidade e consideração, devidas entre os membros das Forças Armadas, também o são aos integrantes das Polícias Militares, dos Corpos de Bombeiros Militares e aos Militares das Nações Estrangeiras.

Art. 3º O militar manifesta respeito e apreço aos seus superiores, pares e subordinados:

I – pela continência;

II – dirigindo-se a eles ou atendendo-os, de modo disciplinado;

III – observando a precedência hierárquica; e

IV – por outras demonstrações de deferência.

§ 1º Os sinais regulamentares de respeito e de apreço entre os militares constituem reflexos adquiridos mediante cuidadosa instrução e continuada exigência.

§ 2º A espontaneidade e a correção dos sinais de respeito são índices seguros do grau de disciplina das corporações militares e da educação moral e profissional dos seus componentes.

§ 3º Os sinais de respeito e apreço são obrigatórios em todas as situações, inclusive nos exercícios no terreno e em campanha.

CAPÍTULO II

DOS SINAIS DE RESPEITO

Art. 4º Quando dois militares se deslocam juntos, o de menor antigüidade dá a direita ao superior.

Parágrafo único. Se o deslocamento se fizer em via que tenha lado interno e lado externo, o de menor antigüidade dá o lado interno ao superior.

Art. 5º – Quando os militares se deslocam em grupo, o mais antigo fica no centro, distribuindo-se os demais, segundo suas precedências, alternadamente à direita e à esquerda do mais antigo.

Art. 6º Quando encontrar um superior num local de circulação, o militar saúda-o e cede-lhe o melhor lugar.

§ 1º Se o local de circulação for estreito e o militar for praça, franqueia a passagem ao superior, faz alto e permanece de frente para ele.

§ 2º Na entrada de uma porta, o militar franqueia-a ao superior; se estiver fechada, abre-a, dando passagem ao superior e torna a fechá-la depois.

Art. 7º Em local público onde não estiver sendo realizada solenidade cívico-militar, bem como em reuniões sociais, o militar cumprimenta, tão logo lhe seja possível, seus superiores hierárquicos.

Parágrafo único. Havendo dificuldade para aproximar-se dos superiores hierárquicos, o cumprimento deve ser feito mediante um movimento de cabeça.

Art. 8º Para falar a um superior, o militar emprega sempre o tratamento "Senhor" ou "Senhora".

§ 1º Para falar, formalmente, ao Ministro de Estado da Defesa, o tratamento é "Vossa Excelência" ou "Senhor Ministro"; nas relações correntes de serviço, no entanto, é admitido o tratamento de "Ministro" ou "Senhor".

§ 2º Para falar, formalmente, a um oficial-general, o tratamento é "Vossa Excelência", "Senhor Almirante", "Senhor General" ou "Senhor Brigadeiro", conforme o caso; nas relações correntes de serviço, no entanto, é admitido o tratamento de "Almirante", "General" ou "Brigadeiro", conforme o caso, ou ainda, de "Senhor".

§ 3º Para falar, formalmente, ao Comandante, Diretor ou Chefe de Organização Militar, o tratamento é "Senhor Comandante", "Senhor Diretor", "Senhor Chefe", conforme o caso; nas relações correntes de serviço, é admitido o tratamento de "Comandante", "Diretor" ou "Chefe".

§ 4º No mesmo posto ou graduação, poderá ser empregado o tratamento "você", respeitadas as tradições e peculiaridades de cada Força Armada.

Art. 9º Para falar a um mais moderno, o superior emprega o tratamento "você".

Art. 10. Todo militar, quando for chamado por um superior, deve atendê-lo o mais rápido possível, apressando o passo quando em deslocamento.

Art. 11. Nos refeitórios, os oficiais observam, em princípio, as seguintes prescrições:

I – aguardam, para se sentarem à mesa, a chegada do Comandante, Diretor ou Chefe, ou da mais alta autoridade prevista para a refeição;

II – caso a referida autoridade não possa comparecer à hora marcada para o início da refeição, esta é iniciada sem a sua presença; à sua chegada, a refeição não é interrompida, levantando-se apenas os oficiais que tenham assento à mesa daquela autoridade;

III – ao terminar a refeição, cada oficial levanta-se e pede permissão ao mais antigo para retirar-se do recinto, podendo ser delegada ao mais antigo de cada mesa a autorização para concedê-la;

IV – o oficial que se atrasar para a refeição deve apresentar-se à maior autoridade presente e pedir permissão para sentar-se; e

V – caso a maior autoridade presente se retire antes que os demais oficiais tenham terminado a refeição, apenas se levantam os que tenham assento à sua mesa.

§ 1º Os refeitórios de grande frequência e os utilizados por oficiais de diversas Organizações Militares podem ser regidos por disposições específicas.

§ 2º Nos refeitórios de suboficiais, subtenentes e sargentos deve ser observado procedimento análogo ao dos oficiais.

Art. 12. Nos ranchos de praças, ao neles entrar o Comandante, Diretor ou Chefe da Organização Militar ou outra autoridade superior, a praça de serviço, o militar mais antigo presente ou o que primeiro avistar aquela autoridade comanda: "Rancho, Atenção!" e anuncia a função de quem chega; as praças, sem se levantarem e sem interromperem a refeição, suspendem toda a conversação, até que seja dado o comando de "À vontade".

Art. 13. Sempre que um militar precisar sentar-se ao lado de um superior, deve solicitar-lhe a permissão.

CAPÍTULO III

DA CONTINÊNCIA

Art. 14. A continência é a saudação prestada pelo militar e pode ser individual ou da tropa.

§ 1º A continência é impessoal; visa à autoridade e não à pessoa.

§ 2º A continência parte sempre do militar de menor precedência hierárquica; em igualdade de posto ou graduação, quando ocorrer dúvida sobre qual seja o de menor precedência, deve ser executada simultaneamente.

§ 3º Todo militar deve, obrigatoriamente, retribuir a continência que lhe é prestada; se uniformizado, presta a continência individual; se em trajes civis, responde-a com um movimento de cabeça, com um cumprimento verbal ou descobrindo-se, caso esteja de chapéu.

Art. 15. Têm direito à continência:

I – a Bandeira Nacional:

a) ao ser hasteada ou arriada diariamente, em cerimônia militar ou cívica;

b) por ocasião da cerimônia de incorporação ou desincorporarão, nas formaturas;

c) quando conduzida por tropa ou por contingente de Organização Militar;

d) quando conduzida em marcha, desfile ou cortejo, acompanhada por guarda ou por organização civil, em cerimônia cívica;

e) quando, no período compreendido entre oito horas e o pôr-do-sol, um militar entra a bordo de um navio de guerra ou dele sai, ou, quando na situação de "embarcado", avista-a ao entrar a bordo pela primeira vez, ou ao sair pela última vez;

II – o Hino Nacional, quando executado em solenidade militar ou cívica;

III – o Presidente da República;

IV – o Vice-Presidente da República;

V – os Presidentes do Senado Federal, da Câmara dos Deputados e do Supremo Tribunal Federal;

VI – o Ministro de Estado da Defesa;

VII – os demais Ministros de Estado, quando em visita de caráter oficial;

VIII – os Governadores de Estado, de Territórios Federais e do Distrito Federal, nos respectivos territórios, ou, quando reconhecidos ou identificados, em qualquer parte do País em visita de caráter oficial;

IX – o Ministro-Presidente e os Ministros Militares do Superior Tribunal Militar, quando reconhecidos ou identificados;

X – os militares da ativa das Forças Armadas, mesmo em traje civil; neste último caso, quando for obrigatório o seu reconhecimento em função do cargo que exerce ou, para os demais militares, quando reconhecidos ou identificados;

XI – os militares da reserva ou reformados, quando reconhecidos ou identificados;

XII – a tropa quando formada;

XIII – as Bandeiras e os Hinos das Nações Estrangeiras, nos casos dos incisos I e II deste artigo;

XIV – as autoridades civis estrangeiras, correspondentes às constantes dos incisos III a VIII deste artigo, quando em visita de caráter oficial;

XV – os militares das Forças Armadas estrangeiras, quando uniformizados e, se em trajes civis, quando reconhecidos ou identificados;

XVI – os integrantes das Polícias Militares e dos Corpos de Bombeiros Militares, Corporações consideradas forças auxiliares e reserva do Exército.

Art. 16. O aperto de mão é uma forma de cumprimento que o superior pode conceder ao mais moderno.

Parágrafo único. O militar não deve tomar a iniciativa de estender a mão para cumprimentar o superior, mas, se este o fizer, não pode se recusar ao cumprimento.

Art. 17. O militar deve responder com saudação análoga quando, ao cumprimentar o superior, este, além de retribuir a continência, fizer uma saudação verbal.

Seção I

Do Procedimento Normal

Art. 18. A continência individual é a forma de saudação que o militar isolado, quando uniformizado, com ou sem cobertura, deve aos símbolos, às autoridades e à tropa formada, conforme estabelecido no art. 15 deste Regulamento.

§ 1º A continência individual é, ainda, a forma pela qual os militares se saúdam mutuamente, ou pela qual o superior responde à saudação de um mais moderno.

§ 2º A continência individual é devida a qualquer hora do dia ou da noite, só podendo ser dispensada nas situações especiais conforme regulamento de cada Força Armada.

§ 3º Quando em trajes civis, o militar assume as seguintes atitudes:

I – nas cerimônias de hasteamento ou arriação da Bandeira, nas ocasiões em que esta se apresentar em marcha ou cortejo, assim como durante a execução do Hino Nacional, o militar deve tomar atitude de respeito, de pé e em silêncio, com a cabeça descoberta;

II – nas demais situações, se estiver de cobertura, descobre-se e assume atitude respeitosa; e

III – ao encontrar um superior fora de Organização Militar, o subordinado faz a saudação com um cumprimento verbal, de acordo com as convenções sociais.

Art. 19. A atitude, o gesto e a duração são elementos essenciais da continência individual, variáveis conforme a situação dos executantes:

I – atitude: postura marcial e comportamento respeitoso e adequado às circunstâncias e ao ambiente;

II – gesto: conjunto de movimento do corpo, braços e mãos, com ou sem armas; e

III – duração: o tempo durante o qual o militar assume a atitude e executa o gesto referido no inciso II deste artigo.

Art. 20. O militar, desarmado, ou armado de revólver ou pistola, de sabre-baioneta ou espada embainhada, faz a continência individual de acordo com as seguintes regras:

I – mais moderno parado e superior deslocando-se:

a) posição de sentido, frente voltada para a direção perpendicular à do deslocamento do superior;

b) com cobertura: em movimento enérgico, leva a mão direita ao lado da cobertura, tocando com a falangeta do indicador a borda da pala, um pouco adiante do botão da jugular, ou lugar correspondente, se a cobertura não tiver pala ou jugular; a mão no prolongamento do antebraço, com a palma voltada para o rosto e com os dedos unidos e distendidos; o braço sensivelmente horizontal, formando um ângulo de 45° com a linha dos ombros; olhar franco e naturalmente voltado para o superior e, para desfazer a continência, baixa a mão em movimento enérgico, voltando à posição de sentido;

c) sem cobertura: em movimento enérgico, leva a mão direita ao lado direito da fronte, procedendo similarmente ao descrito na alínea "b" deste inciso, no que couber; e

d) a continência: é feita quando o superior atinge a distância de três passos do mais moderno e desfeita quando o superior ultrapassa o mais moderno de um passo;

II – mais moderno deslocando-se e superior parado, ou deslocando-se em sentido contrário:

a) se está se deslocando em passo normal, o mais moderno mantém o passo e a direção do deslocamento; se em acelerado ou correndo, toma o passo normal, não cessa o movimento normal do braço esquerdo; a continência é feita a três passos do superior, como descrito nas alíneas "b" e "c" do inciso I deste artigo, encarando-o com movimento vivo de cabeça; ao passar por este, o mais moderno volta a olhar em frente e desfaz a continência;

III – mais moderno e superior deslocando-se em direções convergentes:

a) o mais moderno dá precedência de passagem ao superior e faz a continência como descrito nas alíneas "b" e "c" do inciso I deste artigo, sem tomar a posição de sentido;

IV – mais moderno, deslocando-se, alcança e ultrapassa o superior que se desloca no mesmo sentido:

a) o mais moderno, ao chegar ao lado do superior, faz-lhe a continência como descrito nas alíneas "b" e "c" do inciso I deste artigo, e o encara com vivo movimento de cabeça; após três passos, volta a olhar em frente e desfaz a continência;

V – mais moderno deslocando-se, é alcançado e ultrapassado por superior que se desloca no mesmo sentido:

a) o mais moderno, ao ser alcançado pelo superior, faz-lhe a continência, como nas alíneas "b" e "c" do inciso I deste artigo, desfazendo-a depois que o superior tiver se afastado um passo;

VI – em igualdade de posto ou graduação, a continência é feita no momento em que os militares passam um pelo outro ou se defrontam.

Art. 21. O militar armado de espada desembainhada faz a continência individual tomando a posição de sentido e, em seguida, perfilando a espada.

Parágrafo único. Na continência aos símbolos e às autoridades mencionadas nos incisos I a VIII e XII do art. 15 deste Regulamento e a oficiais-generais, abate a espada.

Art. 22. O militar, quando tiver as duas mãos ocupadas, faz a continência individual tomando a posição de sentido, frente voltada para a direção perpendicular à do deslocamento do superior.

§ 1º Quando apenas uma das mãos estiver ocupada, a mão direita deve estar livre para executar a continência.

§ 2º O militar em deslocamento, quando não puder prestar continência por estar com as mãos ocupadas, faz vivo movimento de cabeça.

Art. 23. O militar, isolado, armado de metralhadora de mão, fuzil ou arma semelhante faz continência da seguinte forma:

I – quando estiver se deslocando:

a) leva a arma à posição de "Ombro Arma", à passagem do superior hierárquico;

b) à passagem de tropa formada, faz alto, volta-se para a tropa e leva a arma à posição de "Ombro Arma"; e

c) com a arma a tiracolo ou em bandoleira, toma a posição de sentido, com sua frente voltada para a direção perpendicular à do deslocamento do superior.

II – quando estiver parado:

a) na continência aos símbolos e às autoridades mencionadas nos incisos I a VIII do art. 15 deste Regulamento e a oficiais-generais, faz "Apresentar Arma";

b) para os demais militares, faz "Ombro Arma";

c) à passagem da tropa formada, leva a arma à posição de "Ombro Arma"; e

d) com a arma a tiracolo ou em bandoleira, toma apenas a posição de sentido.

Art. 24. Todo militar faz alto para a continência à Bandeira Nacional, ao Hino Nacional e ao Presidente da República.

§ 1º Quando o Hino Nacional for tocado em cerimônia religiosa, o militar participante da cerimônia não faz a continência individual, permanecendo em atitude de respeito.

§ 2º Quando o Hino Nacional for cantado, a tropa ou militar presente não faz a continência, nem durante a sua introdução, permanecendo na posição de "Sentido" até o final de sua execução.

Art. 25. Ao fazer a continência ao Hino Nacional, o militar volta-se para a direção de onde vem a música, conservando-se nessa atitude enquanto durar sua execução.

§ 1º Quando o Hino Nacional for tocado em cerimônia à Bandeira ou ao Presidente da República, o militar volta-se para a Bandeira ou para o Presidente da República.

§ 2º Quando o Hino Nacional for tocado em cerimônia militar ou cívica, realizada em ambiente fechado, o militar volta-se para o principal local da cerimônia e faz a continência como estipulado no inciso I do art. 20 ou nos arts. 21, 22 ou 23 desta deste Regulamento, conforme o caso.

Art. 26. Ao fazer a continência para a Bandeira Nacional integrante de tropa formada e parada, todo militar que se desloca, faz alto, vira-se para ela e faz a continência individual, retomando, em seguida, o seu deslocamento; a autoridade passando em revista à tropa observa o mesmo procedimento.

Art. 27. Na sede do Ministério da Defesa e nas Organizações Militares, a praça faz alto para a continência às autoridades enumeradas nos incisos III a IX, inclusive, do art. 15 deste Regulamento e a oficial-general.

Art. 28. O Comandante, Chefe ou Diretor de Organização Militar tem, diariamente, direito à continência prevista no art. 27 deste Regulamento, na primeira vez que for encontrado pelas suas praças subordinadas, no interior de sua organização.

Art. 29. Os militares em serviço policial ou de segurança poderão ser dispensados dos procedimentos sobre continência individual constantes deste Regulamento.

Seção II

Do Procedimento em Outras Situações

Art. 30. O militar em um veículo, exceto bicicleta, motocicleta ou similar, procede da seguinte forma:

I – com o veículo parado, tanto o condutor como o passageiro fazem a continência individual sem se levantarem; e

II – com o veículo em movimento, somente o passageiro faz a continência individual.

§ 1º Por ocasião da cerimônia da Bandeira ou da execução do Hino Nacional, se no interior de uma Organização Militar, tanto o condutor como o passageiro saltam do veículo e fazem a continência individual; se em via pública, procedem do mesmo modo, sempre que viável.

§ 2º Nos deslocamentos de elementos transportados por viaturas, só o Comandante e o Chefe de cada viatura fazem a continência individual. Os militares transportados tomam postura correta e imóvel enquanto durar a continência do Chefe da viatura.

Art. 31. O militar isolado presta continência à tropa da seguinte forma:

I – tropa em deslocamento e militar parado:

a) militar a pé: qualquer que seja seu posto ou graduação, volta-se para a tropa, toma posição de "Sentido" e permanece nessa atitude durante a passagem da tropa, fazendo a continência individual para a Bandeira Nacional e, se for mais antigo do que o Comandante da tropa, corresponde à continência que lhe é prestada; caso contrário, faz a continência individual ao Comandante da tropa e a todos os militares em comando de frações constituídas que lhe sejam hierarquicamente iguais ou superiores; e

b) militar em viatura estacionada: desembarca e procede de acordo com o estipulado na alínea "a" do inciso I do art. 31 deste Regulamento;

II – tropa em deslocamento e militar em movimento, a pé ou em veículo:

a) o militar, sendo superior hierárquico ao Comandante da tropa, para, volta-se para esta e responde à continência que lhe é prestada; caso contrário, para, volta-se para aquela e faz a continência individual ao Comandante da tropa e a todos os militares em comando de frações constituídas que lhe sejam hierarquicamente iguais ou superiores; para o cumprimento à Bandeira Nacional, o militar a pé para e faz a continência individual; se no interior de veículo, faz a continência individual sem desembarcar;

III – tropa em forma e parada, e militar em movimento:

a) procede como descrito no inciso II deste artigo, parando apenas para a cumprimento à Bandeira Nacional.

Art. 32. Ao entrar em uma Organização Militar, o oficial, em princípio, deve ser conduzido ao seu Comandante, Chefe ou Diretor, ou, conforme as peculiaridades e os procedimentos específicos de cada Força Armada, à autoridade militar da Organização para isso designada, a fim de participar os motivos de sua ida àquele estabelecimento e, terminada a missão ou o fim que ali o levou, deve, antes de se retirar, despedir-se daquela autoridade.

§ 1º Nos estabelecimentos ou repartições militares onde essa apresentação não seja possível, deve o militar apresentar-se ou dirigir-se ao de maior posto ou graduação presente, ao qual participará o motivo de sua presença.

§ 2º Quando o visitante for do mesmo posto ou de posto superior ao do Comandante, Diretor ou Chefe, é conduzido ao Gabinete ou Câmara deste, que o recebe e o ouve sobre o motivo de sua presença.

§ 3º A praça, em situação idêntica, apresenta-se ao Oficial-de-Dia ou de Serviço, ou a quem lhe corresponder, tanto na chegada quanto na saída.

§ 4º O disposto neste artigo e seus parágrafos não se aplica às organizações médico-militares, exceto se o militar estiver em visita de serviço.

Art. 33. Procedimento do militar em outras situações:

I – o mais moderno, quando a cavalo, se o superior estiver a pé, deve passar por este ao passo; se ambos estiverem a cavalo, não pode cruzar com aquele em andadura superior; marchando no mesmo sentido, ultrapassa o superior depois de lhe pedir autorização; em todos os casos, a continência é feita como descrito no inciso II do art. 20 deste Regulamento;

II – o militar a cavalo apeia para falar com o superior a pé, salvo se este estiver em nível mais elevado (palanque, arquibancada, picadeiro, ou similar) ou ordem em contrário;

III – se o militar está em bicicleta ou motocicleta, deve passar pelo superior em marcha moderada, concentrando a atenção na condução do veículo;

IV – o portador de uma mensagem, qualquer que seja o meio de transporte empregado, não modifica a sua velocidade de marcha ao cruzar ou passar por um superior e informa em voz alta: "serviço urgente";

V – a pé, conduzindo ou segurando cavalo, o militar faz a continência como descrito no art. 22 deste Regulamento;

VI – quando um militar entra em um recinto público, percorre com o olhar o local para verificar se há algum superior presente; se houver, o militar faz-lhe a continência, do lugar em que está;

VII – quando um militar entra em um recinto público, os militares mais modernos que aí estão levantam-se ao avistá-lo e fazem-lhe a continência;

VIII – quando militares se encontrarem em reuniões sociais, festas militares, competições desportivas ou em viagens, devem apresentar-se mutuamente, declinando posto e nome, partindo essa apresentação daquele de menor hierarquia;

IX – seja qual for o caráter – oficial ou particular da solenidade ou reunião, deve o militar, obrigatoriamente, apresentar-se ao superior de maior hierarquia presente, e ao de maior posto entre os oficiais presentes de sua Organização Militar; e

X – quando dois ou mais militares, em grupo, encontram-se com outros militares, todos fazem a continência individual como se estivessem isolados.

Art. 34. Todo militar é obrigado a reconhecer o Presidente e o Vice-Presidente da República, o Ministro de Estado da Defesa, o Comandante da sua Força, os Comandantes, os Chefes ou os Diretores da cadeia de comando e os oficiais de sua Organização Militar.

§ 1º Os oficiais são obrigados a reconhecer também os Comandantes das demais Forças, assim como o Chefe do Estado-Maior de sua respectiva Força.

§ 2º Todo militar deve saber identificar as insígnias dos postos e graduações das Forças Armadas.

Art. 35. O militar fardado descobre-se ao entrar em um recinto coberto.

§ 1º O militar fardado descobre-se, ainda, nas reuniões sociais, nos funerais, nos cultos religiosos e ao entrar em templos ou participar de atos em que este procedimento seja pertinente, sendo-lhe dispensada, nestes casos, a obrigatoriedade da prestação da continência.

§ 2º O estabelecido no *caput* deste artigo não se aplica aos militares armados de metralhadora de mão, fuzil ou arma semelhante ou aos militares em serviço de policiamento, escolta ou guarda.

Art. 36. Para saudar os civis de suas relações, o militar fardado não se descobre, cumprimentando-os pela continência, pelo aperto de mão ou com aceno de cabeça.

Parágrafo único. Estando fardado, o militar do sexo masculino que se dirigir a uma senhora para cumprimentá-la, descobre-se, colocando a cobertura sob o braço esquerdo; se estiver desarmado e de luvas, descalça a luva da mão direita e aguarda que a senhora lhe estenda a mão.

Art. 37. O militar armado de espada, durante solenidade militar, não descalça as luvas, salvo ordem em contrário.

Art. 38. Nos refeitórios das Organizações Militares, a maior autoridade presente ocupa o lugar de honra.

Art. 39. Nos banquetes, o lugar de honra situa-se, geralmente, no centro, do lado maior da mesa principal.

§ 1º A ocupação dos lugares nos banquetes é feita de acordo com a Ordem Geral de Precedência.

§ 2º A autoridade que oferece banquete deve sentar-se na posição de maior precedência depois do lugar ocupado pelo homenageado; os outros lugares são ocupados pelos demais participantes, segundo esquema que lhes é previamente dado a conhecer.

§ 3º Em banquetes onde haja mesa plena, o homenageante deve sentar-se em frente ao homenageado.

Art. 40. Em embarcação, viatura ou aeronave militar, o mais antigo é o último a embarcar e o primeiro a desembarcar.

§ 1º Em se tratando de transporte de pessoal, a licença para início do deslocamento é prerrogativa do mais antigo presente.

§ 2º Tais disposições não se aplicam a situações operacionais, quando devem ser obedecidos os Planos e Ordens a elas ligados.

CAPÍTULO IV

DA APRESENTAÇÃO

Art. 41. O militar, para se apresentar a um superior, aproxima-se deste até a distância do aperto de mão; toma a posição de "Sentido", faz a continência individual como descrita neste Regulamento e diz, em voz claramente audível, seu grau hierárquico, nome de guerra e Organização Militar a que pertence, ou função que exerce, se estiver no interior da sua Organização Militar; desfaz a continência e diz o motivo da apresentação, permanecendo na posição de "Sentido" até que lhe seja autorizado tomar a posição de "Descansar" ou de "À Vontade".

§ 1º Se o superior estiver em seu Gabinete de trabalho ou outro local coberto, o militar sem arma ou armado de revólver, pistola ou espada embainhada tira a cobertura com a mão direita; em se tratando de boné ou capacete, coloca-o debaixo do braço esquerdo com o interior voltado para o corpo e a jugular para a frente; se de boina ou gorro com pala, empunha-o com a mão esquerda, de tal modo que sua copa fique para fora e a sua parte anterior voltada para a frente e, em seguida, faz a continência individual e procede à apresentação.

§ 2º Caso esteja armado de espada desembainhada, fuzil ou metralhadora de mão, o militar faz alto à distância de dois passos do superior e executa o "Perfilar Espada" ou "Ombro Arma", conforme o caso, permanecendo nessa posição mesmo depois de correspondida a saudação; se o superior for oficial-general ou autoridade superior, o militar executa o manejo de "Apresentar Arma", passando, em seguida, à posição de "Perfilar Espada" ou "Ombro Arma", conforme o caso, logo depois de correspondida a saudação.

§ 3º Em locais cobertos, o militar armado nas condições previstas no § 2º deste artigo, para se apresentar ao superior, apenas toma a posição de "Sentido".

Art. 42. Para se retirar da presença de um superior, o militar faz-lhe a continência individual, idêntica à da apresentação, e pede permissão para se retirar; concedida a permissão, o oficial retira-se normalmente, e a praça, depois de fazer "Meia Volta", rompe a marcha com o pé esquerdo.

CAPITULO V

DA CONTINÊNCIA DA TROPA

Seção I

Generalidades

Art. 43. Têm direito à continência da tropa os símbolos e as autoridades relacionadas nos incisos I a X e XII a XVI do art. 15 deste Regulamento.

§ 1º Os oficiais da reserva ou reformados e os militares estrangeiros só têm direito à continência da tropa quando uniformizados.

§ 2º Às autoridades estrangeiras, civis e militares, são prestadas as continências conferidas às autoridades brasileiras equivalentes.

Art. 44. Para efeito de continência, considera-se tropa a reunião de dois ou mais militares devidamente comandados.

Art. 45. Aos Ministros de Estado, aos Governadores de Estado e do Distrito Federal, ao Ministro-Presidente e aos Ministros militares do Superior Tribunal Militar, são prestadas as continências previstas para Almirante-de-Esquadra, General-de-Exército ou Tenente- Brigadeiro.

Parágrafo único. O Ministro de Estado da Defesa, os Comandantes da Marinha, do Exército e da Aeronáutica e o Chefe do Estado-Maior Conjunto das Forças Armadas ocupam lugar de destaque nas solenidades cívico-militares, observada, no que couber, a Ordem Geral de Precedência.

Art. 46. Aos Governadores de Territórios Federais são prestadas as continências previstas para Contra-Almirante, General-de-Brigada ou Brigadeiro.

Art. 47. O Oficial que exerce função do posto superior ao seu tem direito à continência desse posto apenas na Organização Militar onde a exerce e nas que lhe são subordinadas.

Art. 48. Nos exercícios de marcha, inclusive nos altos, a tropa não presta continência; nos exercícios de estacionamento, procede de acordo com o estipulado nas Seções II e III deste Capítulo.

Art. 49. A partir do escalão subunidade, inclusive, toda tropa armada que não conduzir Bandeira, ao regressar ao Quartel, de volta de exercício externo de duração igual ou superior a 8 (oito) horas e após as marchas, presta continência ao terreno antes de sair de forma.

§ 1º A voz de comando para essa continência é "Em continência ao terreno – Apresentar Arma!".

§ 2º Os militares que não integram a formatura fazem a continência individual.

§ 3º Por ocasião da Parada Diária, a tropa e os militares presentes que não integram a formatura prestam a "Continência ao Terreno", na forma estipulada pelos §§ 1º e 2º deste artigo.

§ 4º Estas disposições poderão ser ajustadas às peculiaridades de cada Força Armada.

Art. 50. A continência de uma tropa para outra está relacionada à situação de conduzirem ou não a Bandeira Nacional ou ao grau hierárquico dos respectivos Comandantes.

Parágrafo único. Na continência, toma-se como ponto de referência, para início da saudação, a Bandeira Nacional ou a testa da formatura, caso a tropa não conduza Bandeira.

Art. 51. No período compreendido entre o arriar da Bandeira e o toque de alvorada no dia seguinte, a tropa apenas presta continência à Bandeira Nacional, ao Hino Nacional, ao Presidente da República, às bandeiras e hinos de outras nações e a outra tropa.

Parágrafo único. Excetuam-se as guardas de honra, que prestam continência à autoridade a que a homenagem se destina.

Seção II

Da Continência da Tropa a Pé Firme

Art. 52. À passagem de outra tropa, a tropa em forma e parada volta-se para ela e toma a posição de sentido.

Parágrafo único. Se a tropa que passa conduz a Bandeira Nacional, ou se seu Comandante for de posto ou graduação superior ao do Comandante da tropa em forma e parada, esta lhe presta a continência indicada no art. 53 deste Regulamento; quando os Comandantes forem do mesmo posto ou graduação e se a tropa que passa não conduz Bandeira Nacional, apenas os Comandantes fazem a continência.

Art. 53. Uma tropa a pé firme presta continência aos símbolos, às autoridades e a outra tropa formada, nas condições mencionadas no art. 15 deste Regulamento, executando os seguintes comandos:

I – na continência a oficial subalterno e intermediário:

a) "Sentido!";

II – na continência a oficial-superior:

a) "Sentido! Ombro Arma!";

III – na continência aos símbolos e às autoridades mencionadas nos incisos I a VIII do art. 15 deste Regulamento, a Oficiais-Generais ou autoridades equivalentes: "Sentido! Ombro Arma! Apresentar Arma! Olhar à Direita (Esquerda)!".

§ 1º Para oficial-general estrangeiro, só é prestada a continência em caso de visita oficial.

§ 2º No caso de tropa desarmada, ao comando de "Apresentar Arma!" todos os seus integrantes fazem continência individual e a desfazem ao Comando de "Descansar Arma!".

§ 3º Os Comandos são dados a toque de corneta ou clarim nos escalões unidade e superiores, e à viva voz, no escalão subunidades; os comandantes de pelotão (seção) ou de elementos inferiores só comandam a continência quando sua tropa não estiver enquadrada em subunidades; nas formações emassadas, não são dados comandos nos escalões inferiores a unidade.

§ 4º Em formação não emassada, os comandos a toque de corneta ou clarim são dados sem a nota de execução, sendo desde logo executados pelo Comandante e pelo porta-símbolo da Unidade; a banda é comandada à viva voz pelo respectivo mestre; o Estado-Maior, pelo oficial mais antigo; a Guarda-Bandeira, pelo oficial Porta-Bandeira.

§ 5º Os comandos são dados de forma a serem executados quando a autoridade ou a Bandeira atingir a distância de dez passos da tropa que presta a continência.

§ 6º A continência é desfeita aos comandos de "Olhar em Frente!", "Ombro Arma!" e "Descansar!", conforme o caso, dados pelos mesmos militares que comandaram sua execução e logo que a autoridade ou a Bandeira tenha ultrapassado de cinco passos a tropa que presta a continência.

§ 7º As Bandas de Música ou de Corneteiros ou Clarins e Tambores permanecem em silêncio, a menos que se trate de honras militares.prestadas pela tropa, ou de cerimônia militar de que a tropa participe.

Art. 54. A tropa mecanizada, motorizada ou blindada presta continência da seguinte forma:

I – estando o pessoal embarcado, o comandante e os oficiais que exercem comando até o escalão pelotão, inclusive, levantam-se e fazem a continência; se não for possível tomarem a posição em pé no veículo, fazem a continência na posição em que se encontram; os demais oficiais fazem, sentados, a continência individual, e as praças conservam-se sentadas, olhando à frente, sem prestar continência; e

II – estando o pessoal desembarcado, procede da mesma maneira como na tropa a pé firme, formando à frente das viaturas.

Parágrafo único. Quando o pessoal estiver embarcado e os motores das viaturas desligados, o comandante desembarca para prestar a continência; os demais militares procedem como no inciso I deste artigo.

Art. 55. À autoridade estrangeira, civil ou militar, que passar revista à tropa postada em sua honra, são prestados esclarecimentos relativos ao modo de proceder.

Seção III

Da Continência da Tropa em Deslocamento

Art. 56. A tropa em deslocamento faz continência à Bandeira Nacional, às Bandeiras das Nações Estrangeiras, às autoridades relacionadas nos incisos III a IX e XIII a XV do art. 15 deste Regulamento, e a outra tropa formada, executando os seguintes comandos:

I – "Sentido! – Em Continência à Direita (Esquerda)!", repetido por todas as unidades, nos escalões batalhão e superiores;

II – os comandantes de subunidades, ao atingirem a distância de vinte passos da autoridade ou da Bandeira, dão a voz de: "Companhia Sentido! Em Continência à Direita (Esquerda)!"; e

III – os Comandantes de pelotão (seção), à distância de dez passos da autoridade ou da Bandeira, dão a voz de: "Pelotão (Seção) Sentido! Olhar à Direita (Esquerda)!"; logo que a testa do pelotão (seção) tenha ultrapassado de dez passos a autoridade ou a Bandeira, seu Comandante, independente de ordem superior, comanda "Pelotão (seção) Olhar em Frente!".

§ 1º Nas formações emassadas de batalhão e de companhia, só é dado o comando de execução da continência – "Batalhão (Companhia) Sentido! – Olhar à Direita (Esquerda)!", por toque de corneta ou à viva voz dos respectivos comandantes.

§ 2º Durante a execução da continência, são observadas as seguintes determinações:

I – a Bandeira não é desfraldada, exceto para outra Bandeira; a Guarda-Bandeira não olha para a direita (esquerda);

II – o estandarte não é abatido, exceto para a Bandeira Nacional, o Hino Nacional ou o Presidente da República;

III – os oficiais de espada desembainhada, no comando de pelotão (seção), perfilam espada e não olham para a direita (esquerda);

IV – os oficiais sem espada ou com ela embainhada fazem a continência individual sem olhar para a direita (esquerda), exceto o Comandante da fração;

V – o Porta-Bandeira, quando em viatura, levanta-se, e a Guarda permanece sentada;

VI – os oficiais em viaturas, inclusive comandantes de unidades e subunidades, fazem a continência sentados sem olhar para a direita (esquerda); e

VII – os músicos, corneteiros e tamboreiros, condutores, porta-símbolos e porta-flâmulas, os homens da coluna da direita (esquerda) e os da fileira da frente, não olham para a direita (esquerda), e, se sentados não se levantam.

Art. 57. Na continência a outra tropa, procede-se da seguinte forma:

I – se as duas tropas não conduzem a Bandeira Nacional, a continência é iniciada pela tropa cujo Comandante for de menor hierarquia; caso sejam de igual hierarquia, a continência deverá ser feita por ambas as tropas;

II – se apenas uma tropa conduz a Bandeira Nacional, a continência é prestada à Bandeira, independente da hierarquia dos Comandantes das tropas; e

III – se as duas tropas conduzem a Bandeira Nacional, a continência é prestada por ambas, independente da hierarquia de seus comandantes.

Art. 58. A tropa em deslocamento faz alto para a continência ao Hino Nacional e aos Hinos das Nações Estrangeiras, quando executados em solenidade militar ou cívica.

Art. 59. A tropa em deslocamento no passo acelerado ou sem cadência faz continência às autoridades relacionadas nos incisos III a IX e XIII a XV do art. 15 deste Regulamento, e a outra tropa formada, ao comando de "Batalhão (Companhia, Pelotão, Seção) Atenção!", dado pelos respectivos comandantes.

Parágrafo único. Para a continência à Bandeira Nacional e às Bandeiras das Nações Estrangeiras, a tropa em deslocamento no passo acelerado ou sem cadência retoma o passo ordinário e procede como descrito no art. 55 deste Regulamento.

Seção IV

Da Continência da Tropa em Desfile

Art. 60. Desfile é a passagem da tropa diante da Bandeira Nacional ou da maior autoridade presente a uma cerimônia a fim de lhe prestar homenagem.

Art. 61. A tropa em desfile faz continência à Bandeira ou à maior autoridade presente à cerimônia, obedecendo às seguintes determinações:

I – a trinta passos, aquém do homenageado, é dado o toque de "Sentido! – Em Continência à Direita (Esquerda)!", sendo repetido até o escalão batalhão, inclusive (esse toque serve apenas para alertar a tropa);

II – a vinte passos, aquém do homenageado:

a) os comandantes de unidade e subunidade, em viaturas, levantam-se;

b) os comandantes de subunidades comandam à viva voz: – "Companhia – Sentido! – Em Continência à Direita (Esquerda)!"; e

c) os oficiais com espada desembainhada perfilam espada, sem olhar para a direita (esquerda);

III – a dez passos, aquém do homenageado:

a) os Comandantes de pelotão (seção) comandam: "Pelotão (seção) – Sentido! – Olhar à Direita (Esquerda)!";

b) a Bandeira é desfraldada e o estandarte é abatido;

c) os comandantes de unidade e subunidade, em viatura, fazem a continência individual e olham para a Bandeira ou encaram a autoridade;

d) os comandantes de unidade e subunidade abatem espada e olham para a Bandeira ou encaram a autoridade; quando estiverem sem espada ou com ela embainhada, fazem a continência individual e olham a Bandeira ou encaram a autoridade; os demais oficiais com espada desembainhada perfilam espada;

e) os oficiais sem espada ou com ela embainhada ou portando outra arma fazem a continência individual e não encaram a autoridade; e

f) os componentes da Guarda-Bandeira, músicos, corneteiros e tamboreiros, condutores e porta-símbolos não fazem continência nem olham para o lado;

IV – a dez passos, depois do homenageado:

a) os mesmos militares que comandaram "Olhar à Direita (Esquerda)!" comandam: "Pelotão (seção) – olhar em Frente!";

b) a Bandeira e o estandarte voltam à posição de "Ombro Arma";

c) os comandantes de unidade e subunidade, em viaturas, desfazem a continência individual;

d) os comandantes de unidade e subunidade perfilam espada; e

e) os oficiais sem espada, com ela embainhada ou portando outra arma, desfazem a continência;

V – a quinze passos depois do homenageado, independente de qualquer comando:

a) os comandantes de unidade e subunidade, em viaturas, sentam-se; e

b) os oficiais a pé, com espada desembainhada, trazem a espada à posição de marcha.

§ 1º Os comandos mencionados nos incisos II, III e IV deste artigo são dados à viva voz ou por apito.

§ 2º Quando a tropa desfilar em linha de companhia, ou formação emassada de batalhão, o primeiro comando de "Sentido! Em Continência à Direita (Esquerda)!" é dado vinte passos aquém do homenageado pelo comandante superior, e o comando de "Olhar à Direita (Esquerda)!" pelo comandante de batalhão, a dez passos aquém do homenageado.

§ 3º Quando a tropa desfilar em linha de pelotões ou formação emassada de companhia, o comando de "Olhar à Direita (Esquerda)!" é dado pelo comandante de subunidade dez passos aquém do homenageado.

§ 4º Nas formações emassadas de batalhão ou companhia, o comando de "Olhar em Frente!" é dado pelos mesmos comandantes que comandaram "Olhar à Direita (Esquerda)!", quando a cauda de sua tropa ultrapassar de dez passos o homenageado.

Art. 62. A tropa a pé desfila em "Ombro Arma", com a arma cruzada ou em bandoleira; nos dois primeiros casos, de baioneta armada.

Art. 63. A autoridade em homenagem à qual é realizado o desfile responde às continências prestadas pelos oficiais da tropa que desfila; os demais oficiais que assistem ao desfile fazem continência apenas à passagem da Bandeira.

Seção V

Do Procedimento da Tropa em Situações Diversas

Art. 64. Nenhuma tropa deve iniciar marcha, embarcar, desembarcar, montar, apear, tomar a posição à vontade ou sair de forma sem licença do mais antigo presente.

Art. 65. Se uma tropa em marcha cruzar com outra, a que for comandada pelo mais antigo passa em primeiro lugar.

Art. 66. Se uma tropa em marcha alcançar outra que se desloca no mesmo sentido, pode passar-lhe à frente, em princípio pela esquerda, mediante licença ou aviso do mais antigo que a comanda.

Art. 67. Quando uma tropa não estiver em formatura e se encontrar em instrução, serviço de faxina ou faina, as continências de tropa são dispensáveis, cabendo, entretanto, ao seu comandante, instrutor ou encarregado, prestar a continência a todo o superior que se dirija ao local onde se encontra essa tropa, dando-lhe as informações que se fizerem necessárias.

Parágrafo único. No caso do superior dirigir-se pessoalmente a um dos integrantes dessa tropa, este lhe presta a continência regulamentar.

Art. 68. Quando uma tropa estiver reunida para instrução, conferência, preleção ou atividade semelhante, e chegar o seu comandante ou outra autoridade de posto superior ao mais antigo presente, este comanda "Companhia (Escola, Turma, etc.) – Sentido! – Comandante da Companhia (ou função de quem chega)!" e, a esse Comando, levantam-se todos energicamente e tomam a posição ordenada; correspondido o sinal de respeito pelo superior, volta a tropa à posição anterior, ao comando de "Companhia (Escola, Turma, etc.) – À vontade!"; o procedimento é idêntico quando se retirar o comandante ou a autoridade em causa.

§ 1º Nas reuniões de oficiais, o procedimento é o mesmo, usando-se os comandos: "Atenção! Comandante de Batalhão (ou Exmo. Sr. Almirante, General, Brigadeiro Comandante de...)!" e "À vontade!", dados pelos instrutor ou oficial mais antigo presente.

§ 2º Nas Organizações Militares de ensino, os alunos de quaisquer postos ou graduações aguardam nas salas de aula, anfiteatros ou laboratórios a chegada dos respectivos professores ou instrutores e as instruções internas estabelecem, em minúcias, o procedimento a ser seguido.

Art. 69. Quando um oficial entra em um alojamento ou vestiário ocupado por tropa, o militar de serviço ou o que primeiro avistar aquela autoridade comanda "Alojamento (Vestiário) – Atenção! Comandante da Companhia (ou função de quem chega)!" e as praças, sem interromperem suas atividades, no mesmo local em que se encontram, suspendem toda a conversação e assim se conservam até ser comandado "À vontade!".

Seção VI

Da Continência da Guarda

Art. 70. a Guarda Formada Presta Continência:

I – aos símbolos, às autoridades e à tropa formada, referidos nos incisos I a X, XII e XIII do art. 15 deste Regulamento;

II – aos Almirantes-de-Esquadra, Generais-de-Exército e Tenentes- Brigadeiros, nas sedes dos Comandos da Marinha, do Exército e da Aeronáutica, respectivamente;

III – aos oficiais-generais, nas sedes de Comando, Chefia ou Direção privativos dos postos de oficial-general;

IV – aos oficiais-generais, aos oficiais superiores e ao comandante, chefe ou diretor, qualquer que seja o seu posto, nas Organizações Militares;

V – aos oficiais-generais e aos oficiais superiores das Forças Armadas das Nações Estrangeiras, quando uniformizados, nas condições estabelecidas nos incisos I a IV deste artigo; e

VI – à guarda que venha rendê-la.

§ 1º As normas para a prestação de continência, pela guarda formada, a oficiais de qualquer posto, serão reguladas pelo Cerimonial de cada Força.

§ 2º A continência é prestada por ocasião da entrada e saída da autoridade.

Art. 71. Para a continência à Bandeira Nacional e ao Presidente da República, a guarda forma na parte externa do edifício, à esquerda da sentinela do portão das armas (sentinela da entrada principal), caso o local permita, o corneteiro da guarda ou de serviço dá o sinal correspondente ("Bandeira" ou "Presidente da República"), e o Comandante da guarda procede como estabelecido no inciso III do art. 53 deste Regulamento.

Art. 72. A guarda forma para prestar continência a tropa de efetivo igual ou superior a subunidade, sem Bandeira, que saia ou regresse ao quartel.

Art. 73. Quando em uma Organização Militar entra ou sai seu comandante, chefe ou diretor, acompanhado de oficiais, a continência da guarda formada é prestada apenas ao oficial de maior posto, ou ao comandante, se de posto igual ou superior ao dos que o acompanham.

Parágrafo único. A autoridade a quem é prestada a continência destaca-se das demais para corresponder à continência da guarda; os acompanhantes fazem a continência individual, voltados para aquela autoridade.

Art. 74. Quando a continência da guarda é acompanhada do Hino Nacional ou da marcha batida, os militares presentes voltam à frente para a autoridade, ou à Bandeira, a que se presta a continência, fazendo a continência individual no início do Hino Nacional ou marcha batida e desfazendo-a ao término.

Art. 75. Uma vez presente, em uma Organização Militar, autoridade cuja insígnia esteja hasteada no mastro principal, apenas o comandante, diretor ou chefe da organização e os que forem hierarquicamente superiores à referida autoridade têm direito à continência da guarda formada.

Seção VII

Da Continência da Sentinela

Art. 76. a Sentinela de Posto Fixo, Armada, Presta Continência:

I – apresentando arma, aos símbolos e autoridades referidos no art. 15 deste Regulamento;

II – tomando a posição de sentido, aos graduados e praças especiais das Forças Armadas nacionais e estrangeiras; e

III – tomando a posição de sentido e, em seguida, fazendo "Ombro Arma", à tropa não comandada por oficial.

§ 1º O militar que recebe uma continência de uma sentinela faz a continência individual para respondê-la.

§ 2º A sentinela móvel presta continência aos símbolos, autoridades e militares constantes do art. 15 deste Regulamento, tomando apenas a posição de "Sentido".

Art. 77. Os marinheiros e soldados, quando passarem por uma sentinela, fazem a continência individual, à qual a sentinela responde tomando a posição de "Sentido".

Art. 78. No período compreendido entre o arriar da Bandeira Nacional e o toque de alvorada do dia seguinte, a sentinela só apresenta armas à Bandeira Nacional, ao Hino Nacional, ao Presidente da República, às bandeiras e hinos de outras nações e a tropa formada, quando comandada por oficial.

Parágrafo único. No mesmo período, a sentinela toma a posição de "Sentido" à passagem de um superior pelo seu posto ou para corresponder à saudação militar de marinheiros e soldados.

Art. 79. Para prestar continência a uma tropa comandada por oficial, a sentinela toma a posição de "Sentido", executando o "Apresentar Arma" quando a testa da tropa estiver a dez passos, assim permanecendo até a passagem do Comandante e da Bandeira; a seguir faz "Ombro Arma" até o escoamento completo da tropa, quando volta às posições de "Descansar Arma" e "Descansar".

Seção VIII

Dos Toques de Corneta, Clarim e Apito

Art. 80. O toque de corneta, clarim ou apito é o meio usado para anunciar a chegada, a saída ou a presença de uma autoridade, não só em uma Organização Militar, como também por ocasião de sua aproximação de uma tropa.

Parágrafo único. O toque mencionado neste artigo será executado nos períodos estabelecidos pelos cerimoniais de cada Força Armada.

Art. 81. Os toques para anunciar a presença dos símbolos e das autoridades abaixo estão previstos no "Manual de Toques, Marchas e Hinos das Forças Armadas" – FA-M-13:

I – a Bandeira Nacional;

II – o Presidente da República;

III – o Vice-Presidente da República;

IV – o Supremo Tribunal Federal e o Congresso Nacional, quando incorporados;

V – o Ministro de Estado da Defesa;

VI – os demais Ministros de Estado;

VII – os Comandantes da Marinha, do Exército e da Aeronáutica e o Chefe do Estado-Maior Conjunto das Forças Armadas;

VIII – os Governadores de Estados e Territórios Federais e do Distrito Federal, quando em visita oficial;

IX – o Superior Tribunal Militar, quando incorporado;

X – os oficiais-generais;

XI – os oficiais superiores; e

XII – os comandantes, chefes ou diretores de Organizações Militares.

Parágrafo único. Só é dado toque para anunciar a chegada ou saída de autoridade superior à mais alta presente, quando esta entrar ou sair de quartel ou estabelecimento cujo comandante for de posto inferior ao seu.

Art. 82. Quando, em um mesmo quartel, estabelecimento ou fortificação, tiverem sede duas ou mais Organizações Militares e seus comandantes, chefes ou diretores entrarem ou saírem juntos do quartel, o toque corresponderá ao de maior precedência hierárquica.

Seção IX

Das Bandas de Músicas, de Corneteiros ou Clarins e Tambores

Art. 83. As Bandas de Música, na continência prestada pela tropa, executam:

I – o Hino Nacional, para a Bandeira Nacional, para o Presidente da República e, quando incorporados, para o Congresso Nacional e o Supremo Tribunal Federal;

II – o toque correspondente, seguido do exórdio de uma marcha grave, para o Vice-Presidente da República;

III – o exórdio de uma marcha grave, para o Ministro de Estado da Defesa, para os Comandantes da Marinha, do Exército e da Aeronáutica e para o Chefe do Estado-Maior Conjunto das Forças Armadas;

IV – o Hino de Nação Estrangeira seguido do Hino Nacional, para a Bandeira ou para autoridade dessa nação; e

V – o exórdio de uma marcha grave, para os oficiais-generais.

§ 1º As bandas de corneteiros ou clarins e tambores, quando reunidas às bandas de música, acompanham-nas nesse cerimonial, como previsto no "Manual de Toques, Marchas e Hinos das Forças Armadas" – FA-M-13.

§ 2º Os corneteiros, quando isolados, executam o correspondente, como previsto no "Manual de Toques, Marchas e Hinos das Forças Armadas" – FA-M-13.

Art. 84. Quando na continência prestada pela tropa houver banda de corneteiros ou clarins e tambores, esta procede segundo o previsto no "Manual de toques, Marchas e Hinos das Forças Armadas" – FA-M-13.

Art. 85. A execução do Hino Nacional ou da marcha batida só tem início depois que a autoridade que preside a cerimônia houver ocupado o lugar que lhe for reservado para a continência.

Art. 86. As bandas de música, nas revistas passadas por autoridades, executam marchas ou dobrados, de acordo com o previsto no "Manual de Toques, Marchas e Hinos das Forças Armadas" – FA-M-13.

CAPÍTULO VI

DOS HINOS

Art. 87. O Hino Nacional é executado por banda de música militar nas seguintes ocasiões:

I – nas continências à Bandeira Nacional e ao Presidente da República;

II – nas continências ao Congresso Nacional e ao Supremo Tribunal Federal, quando incorporados;

III – nos dias que o Governo considerar de Festa Nacional;

IV – nas cerimônias em que se tenha de executar Hino de Nação Estrangeira, devendo este, por cortesia, anteceder o Hino Nacional; e

V – nas solenidades, sempre que cabível, de acordo com o cerimonial de cada Força Armada.

§ 1º É vedado substituir a partitura do Hino Nacional por qualquer arranjo instrumental.

§ 2º A execução do Hino Nacional não pode ser interrompida.

§ 3º Na continência prestada ao Presidente da República na qualidade de Comandante Supremo das Forças Armadas, por ocasião de visita a Organização Militar, quando for dispensada a Guarda de Honra, ou nas honras de chegada ou saída em viagem oficial ou de serviço, executam-se apenas a introdução e os acordes finais do Hino Nacional, de acordo com partitura específica.

Art. 88. Havendo Guarda de Honra no recinto onde se procede uma solenidade, a execução do Hino Nacional cabe à banda de música dessa guarda, mesmo que esteja presente outra de maior conjunto.

Art. 89. Quando em uma solenidade houver mais de uma banda, cabe a execução do Hino Nacional à que estiver mais próxima do local onde chega a autoridade.

Art. 90. O Hino Nacional pode ser cantado em solenidades oficiais.

§ 1º Neste caso, cantam-se sempre as duas partes do poema, sendo que a banda de música deverá repetir a introdução do Hino após o canto da primeira parte.

§ 2º É vedado substituir a partitura para canto do Hino Nacional por qualquer arranjo vocal, exceto o de Alberto Nepomuceno.

§ 3º Nas solenidades em que seja previsto o canto do Hino Nacional após o hasteamento da Bandeira Nacional, esta poderá ser hasteada ao toque de Marcha Batida.

Art. 91. No dia 7 de setembro, por ocasião da alvorada e nas retretas, as bandas de música militares executam o Hino da Independência; no dia 15 de novembro, o Hino da Proclamação da República e no dia 19 de novembro, o Hino à Bandeira.

Parágrafo único. Por ocasião das solenidades de culto à Bandeira, canta-se o Hino à Bandeira.

CAPÍTULO VII

DAS BANDEIRAS-INSÍGNIAS, DISTINTIVOS A ESTANDARTES

Art. 92. A presença de determinadas autoridades civis e militares em uma Organização Militar é indicada por suas bandeira-sinsígnias ou seus distintivos hasteados em mastro próprio, na área da organização.

§ 1º As bandeiras-insígnias ou distintivos de Presidente da República, de Vice-Presidente da República e de Ministro de Estado da Defesa são instituídas em atos do Presidente da República.

§ 2º As bandeiras-insígnias ou os distintivos de Comandante da Marinha, do Exército, da Aeronáutica e de Chefe do Estado-Maior Conjunto das Forças Armadas são instituídos em atos do Ministro de Estado da Defesa.

§ 3º Nas Organizações Militares que possuem estandarte, este é conduzido nas condições estabelecidas para a Bandeira Nacional, sempre a sua esquerda, de acordo com o cerimonial específico de cada Força Armada.

Art. 93. A bandeira-insígnia ou distintivo é hasteado quando a autoridade entra na Organização Militar, e arriado logo após a sua saída.

§ 1º O ato de hastear ou arriar a bandeira-insígnia ou o distintivo é executado sem cerimônia militar por militar para isso designado.

§ 2º Por ocasião da solenidade de hasteamento ou de arriação da Bandeira Nacional, a bandeira-insígnia ou distintivo deve ser arriado, devendo ser hasteado novamente após o término daquelas solenidades.

Art. 94. No mastro em que estiver hasteada a Bandeira Nacional, nenhuma bandeira-insígnia ou distintivo deve ser posicionado acima dela, mesmo que nas adriças da verga de sinais.

Parágrafo único. Excetuam-se do disposto neste artigo os navios e os estabelecimentos da Marinha do Brasil que possuem mastro com carangueja, cujo penol, por ser local de destaque e de honra, é privativo da Bandeira Nacional.

Art. 95. A disposição das bandeiras-insígnias ou distintivos referentes a autoridades presentes a uma Organização Militar será regulamentada em cerimonial específico do Ministério da Defesa e de cada Força Armada.

Art. 96. Se várias Organizações Militares tiverem sede em um mesmo edifício, no mastro desse edifício só é hasteada a bandeira-insígnia ou distintivo da mais alta autoridade presente.

Art. 97. Todas as Organizações Militares devem ter, disponíveis para uso, as bandeiras-insígnias do Presidente da República, do Vice-Presidente da República, do Ministro de Estado da Defesa, do Comandante da respectiva Força e das autoridades da cadeia de comando a que estiverem subordinadas.

Art. 98. O Ministro de Estado da Defesa e o oficial com direito a bandeira-insígnia ou distintivo, este quando uniformizado e nos termos da regulamentação específica de cada Força Armada, podem fazer uso, na viatura oficial que os transporta, de uma miniatura da respectiva bandeira-insígnia ou distintivo, presa em haste apropriada fixada no pára-lama dianteiro direito.

TÍTULO III

DAS HONRAS MILITARES

CAPÍTULO I

GENERALIDADES

Art. 99. Honras Militares são homenagens coletivas que se tributam aos militares das Forças Armadas, de acordo com sua hierarquia, e às altas autoridades civis, segundo o estabelecido neste Regulamento e traduzidas por meio de:

I – Honras de Recepção e Despedida;

II – Comissão de Cumprimentos e de Pêsames; e

III – Preito da Tropa.

Art. 100. Têm direito a honras militares:

I – o Presidente da República;

II – o Vice-Presidente da República;

III – o Congresso Nacional e o Supremo Tribunal Federal, quando incorporados;

IV – o Ministro de Estado da Defesa;

V – os demais Ministros de Estado, quando em visita de caráter oficial à organização militar;

VI – os Comandantes da Marinha, do Exército e da Aeronáutica e o Chefe do EstadoMaior Conjunto das Forças Armadas;

VII – o Superior Tribunal Militar, quando incorporado;

VIII – os militares das Forças Armadas;

IX – os Governadores dos Estados, dos Territórios Federais edo Distrito Federal, quando em visita de caráter oficial à organização militar; e

X – os Chefes de Missão Diplomática.

§ 1º Excepcionalmente, por determinação do Presidente daRepública, do Ministro de Estado da Defesa, dos Comandantes daMarinha, do Exército e da Aeronáutica ou do Chefe do Estado-MaiorConjunto das Forças Armadas serão prestadas honras militares aoutras autoridades não especificadas neste artigo.

§ 2º Exceto para o Ministro de Estado da Defesa, não seconstitui visita de caráter oficial o comparecimento dos demais Ministrosde Estado, dos Governadores dos Estados, dos TerritóriosFederais e do Distrito Federal a solenidades no âmbito de cada Força Singular." (NR)

CAPÍTULO II

DAS HONRAS DE RECEPÇÃO E DESPEDIDA

Art. 101. São denominadas Honras de Recepção e Despedida as honras prestadas às autoridades definidas no art. 100 deste Regulamento, ao chegarem ou saírem de navio ou outra organização militar, e por ocasião de visitas e inspeções.

Art. 102. As visitas ou inspeções, sem aviso prévio da autoridade, à Organização Militar, não implicam a alteração da sua rotina de trabalho; ao ser informado da presença da autoridade na Organização, o comandante, chefe ou diretor vai ao seu encontro, apresenta-se e a acompanha durante a sua permanência.

§ 1º Em cada local de serviço ou instrução, o competente responsável apresenta-se à autoridade e transmite-lhe as informações ou esclarecimentos que lhe forem solicitados referentes às suas funções.

§ 2º Terminada a visita, a autoridade é acompanhada até a saída pelo comandante, chefe ou diretor e pelos oficiais integrantes da equipe visitante.

Art. 103. Nas visitas ou inspeções programadas, a autoridade visitante ou inspecionadora indica à autoridade interessada a finalidade, o local e a hora de sua inspeção ou visita, especificando, se for o caso, as disposições a serem tomadas.

§ 1º A autoridade é recebida pelo comandante, diretor ou chefe, sendo-lhe prestadas as continências devidas.

§ 2º Há Guarda de Honra sempre que for determinado por autoridade superior, dentro da cadeia de comando, ao comandante, chefe ou diretor da Organização Militar ou pelo próprio visitante e, neste caso, somente quando se tratar da primeira visita ou inspeção feita a Organização Militar que lhe for subordinada.

§ 3º Há apresentação de todos os oficiais à autoridade presente, cabendo ao Comandante da Organização Militar realizar a apresentação do oficial seu subordinado de maior hierarquia, seguindo-se a apresentação individual dos demais.

CAPÍTULO III

DAS COMISSÕES DE CUMPRIMENTOS E DE PÊSAMES

Seção I

Das Comissões de Cumprimentos

Art. 104. As Comissões de Cumprimentos são constituídas por Oficiais de uma Organização Militar com o objetivo de testemunhar pública deferência às autoridades mencionadas no art. 100 deste Regulamento.

§ 1º Cumprimentos são apresentações nos dias da Pátria, do Marinheiro, do Soldado e do Aviador, como também na posse de autoridades civis e militares.

§ 2º Excepcionalmente, podem ser determinados pelo Ministro de Estado da Defesa, pelos Comandantes da Marinha, do Exército ou da Aeronáutica, pelo Chefe do Estado-Maior Conjunto das Forças Armadas ou pelo Comandante Militar de Área, de Distrito Naval, de Comando Naval ou de Comando Aéreo Regional cumprimentos a autoridades em dias não especificados no § 1º deste artigo." (NR)

Art. 105. Na posse do Presidente da República a oficialidade da Marinha, do Exército e da Aeronáutica é representada por comissões de cumprimentos compostas pelos oficiais-generais de cada Força Armada que servem na Capital Federal, as quais fazem a visita de apresentação àquela autoridade, acompanhando o Ministro de Estado da Defesa e sob a direção dos Comandantes das respectivas Forças.

§ 1º Essas visitas são realizadas em idênticas condições, na posse do Ministro de Estado da Defesa pela oficialidade da Marinha, do Exército e da Aeronáutica, ficando a apresentação a cargo dos Comandantes de cada Força.

§ 2º Essas visitas são realizadas em idênticas condições, na posse do Comandante da Marinha pela oficialidade da Marinha, na posse do Comandante do Exército, pela oficialidade do Exército e, na posse do Comandante da Aeronáutica, pela oficialidade da Aeronáutica, ficando a apresentação a cargo dos Chefes de Estado-Maior de cada Força.

Art. 106. Nos cumprimentos ao Presidente da República ou a outras autoridades, nos dias de Festa Nacional ou em qualquer outra solenidade, os oficiais que comparecerem incorporados deslocam-se, de acordo com a precedência, em coluna por um, até a altura da autoridade, onde fazem alto, defrontando-se a esta.

Seção II

Das Comissões de Pêsames

Art. 107. As Comissões de Pêsames são constituídas para acompanhar os restos mortais de militares da ativa, da reserva ou reformados e demonstrar publicamente o sentimento de pesar que a todos envolve.

CAPÍTULO IV

DO PREITO DA TROPA

Art. 108. Preito da Tropa são Honras Militares, de grande realce, prestadas diretamente pela tropa e exteriorizadas por meio de:

I – Honras de Gala; e

II – Honras Fúnebres.

Seção I

Das Honras de Gala

Art. 109. Honras de Gala são homenagens, prestadas diretamente pela tropa, a uma alta autoridade civil ou militar, de acordo com a sua hierarquia e consistem de:

I – Guarda de Honra;

II – Escolta de Honra; e

III – Salvas de Gala.

Art. 110. Têm direito a Guarda e a Escolta de Honra:

I – o Presidente da República;

II – o Vice-Presidente de República;

III – o Congresso Nacional e o Supremo Tribunal Federal nas sessões de abertura e encerramento de seus trabalhos;

IV – o Chefe de Estado Estrangeiro, na cerimônia oficial de chegada à Capital Federal;

V – os Embaixadores estrangeiros, quando da entrega de suas credenciais;

VI – o Ministro de Estado da Defesa;

VII – os demais Ministros de Estado, quando em visita de caráter oficial à organização militar;

VIII – os Comandantes da Marinha, do Exército e da Aeronáutica, o Chefe do Estado-Maior Conjunto das Forças Armadas e, quando incorporado, o Superior Tribunal Militar;

IX – os Ministros Plenipotenciários de Nações Estrangeiras e os Enviados Especiais;

X – os Almirantes-de-Esquadra, Generais-de-Exército e Tenentes-Brigadeiros, nos casos previstos no § 2º do art. 103 deste Regulamento, ou quando, por motivo de serviço, desembarcarem em uma Guarnição Militar e forem hierarquicamente superiores ao comandante desta;

XI – os Governadores dos Estados, dos Territórios Federais e do Distrito Federal, quando em visita de caráter oficial a uma organização militar e

XII – os demais oficiais-generais, somente nos casos previstos no § 2º do art. 103 deste Regulamento.

§ 1º Para as autoridades mencionadas nos incisos I a V do caput deste artigo, a Guarda de Honra tem o efetivo de um batalhão ou equivalente; para as demais autoridades, de uma Companhia ou equivalente.

§ 2º Ressalvados os casos previstos no § 2º do art. 103 deste Regulamento, a formatura de uma Guarda de Honra é ordenada pela mais alta autoridade militar local.

§ 3º Salvo determinação contrária do Presidente da República, a Guarda de Honra destinada a prestar-lhe homenagem por ocasião do seu embarque ou desembarque, em aeródromo militar, quando de suas viagens oficiais e de serviço, é constituída do valor de um pelotão e banda de música

§ 4º Para as autoridades indicadas nos incisos II, VI, VII, VIII, X e XII do caput deste artigo, por ocasião do embarque e do desembarque em viagens na mesma situação prevista no § 3º deste artigo é observado o seguinte procedimento:

I – para o Vice-Presidente da República, é prestada homenagem por Guarda de Honra constituída do valor de um pelotão e corneteiro;

II – para o Ministro de Estado da Defesa, para os Comandantes da Marinha, do Exército e da Aeronáutica e para o Chefe do Estado-Maior Conjunto das Forças Armadas o embarque ou o desembarque é guarnecido por uma ala de tropa armada;

III – para os demais Ministros de Estado é executado o toque de continência previsto no "Manual de Toques, Marchas e Hinos das Forças Armadas" – FA-M-13, e, caso solicitado com prévia antecedência, o embarque ou desembarque é guarnecido por uma ala de tropa armada; e

IV – para os oficiais-generais, é executado o toque de continência previsto no "Manual de Toques, Marchas e Hinos das Forças Armadas" – FA-M-13.

§ 5° Nos Aeroportos civis, as Honras Militares, na área do aeroporto, são prestadas somente ao Presidente e ao Vice-Presidente da República, por tropa da Aeronáutica, caso existente na localidade, de acordo com o cerimonial estabelecido pela Presidência da República; para os Ministros de Estado, caso solicitado com prévia antecedência, o embarque ou o desembarque é guarnecido por uma ala de Polícia da Aeronáutica, se existente na localidade, e somente quando as referidas autoridades estiverem sendo conduzidas em aeronave militar.

§ 6° Nas organizações militares da Aeronáutica, as autoridades mencionadas nos incisos I a XI do caput deste artigo, bem como os oficiais-generais em trânsito como passageiros, tripulantes ou pilotos de aeronaves militares ou civis são recebidos à porta da aeronave pelo Comandante da Organização Militar ou oficial especialmente designado e, estando presente autoridade de maior precedência, o Comandante da Organização Militar ou o oficial especialmente designado a acompanha na recepção à porta da aeronave.

§ 7° Nas organizações militares da Aeronáutica, as autoridades mencionadas nos incisos X, XI e XII do caput deste artigo, quando em visita oficial, poderão ser recepcionados por ala de Polícia da Aeronáutica, postada à entrada do prédio do Comando, ou outro local previamente escolhido, onde o Comandante da Organização ou o oficial especialmente designado recebe a autoridade.

§ 8° Por ocasião de embarque ou desembarque do Presidente da República em aeroportos civis ou militares no exterior, os Adidos militares seguirão o mesmo procedimento dos diplomatas lotados na Missão, de acordo com o previsto pelo Cerimonial do Ministério das Relações Exteriores.

Art. 111. Têm direito a salvas de gala:

I – o Presidente da República, o Chefe do Estado Estrangeiro quando de sua chegada à Capital Federal e, quando incorporados, o Congresso Nacional e o Supremo Tribunal Federal – vinte e um tiros;

II – o Vice-Presidente da República, os Embaixadores de Nações Estrangeiras, o Ministro de Estado da Defesa, os demais Ministros de Estado, os Comandantes da Marinha, do Exército e da Aeronáutica, o Chefe do Estado-Maior Conjunto das Forças Armadas, os Governadores dos Estados e o do Distrito Federal, os Almirantes, os Marechais e os Marechais-do-Ar – dezenove tiros;

a) os demais Ministros de Estado, quando em visita de caráter oficial à Organização Militar; e

b) os Governadores dos Estados e do Distrito Federal, quando em visita de caráter oficial à Organização Militar, respectivamente, no seu Estado e no Distrito Federal;

III – os Chefes dos Estados-Maiores de cada Força Armada, os Almirantes-de Esquadra, os Generais-de-Exército, os Tenentes-Brigadeiros, os Ministros Plenipotenciários de Nações Estrangeiras, os Enviados Especiais e, quando incorporado, o Superior Tribunal Militar – dezessete tiros;

IV – os Vice-Almirantes, os Generais-de-Divisão, os Majores--Brigadeiros, os Ministros Residentes de Nações Estrangeiras – quinze tiros; e

V – os Contra-Almirantes, os Generais-de-Brigada, os Brigadeiros-do-Ar e os Encarregados de Negócios de Nações Estrangeiras – treze tiros.

Parágrafo único. No caso de comparecimento de várias autoridades a ato público ou visita oficial, é realizada somente a salva que corresponde à autoridade de maior precedência.

Subseção I

Das Guardas de Honra

Art. 112. Guarda de Honra é a tropa armada, especialmente postada para prestar homenagem às autoridades referidas no art. 110 deste Regulamento.

Parágrafo único. A Guarda de Honra pode formar a qualquer hora do dia ou da noite.

Art. 113. A Guarda de Honra conduz Bandeira Nacional, banda de música, corneteiros ou clarins e tambores; forma em linha, dando a direita para o lado de onde vem a autoridade que se homenageia.

Parágrafo único. As Guardas de Honra podem ser integradas por militares de mais de uma Força Armada ou Auxiliar, desde que haja conveniência e assentimento entre os comandantes.

Art. 114. A Guarda de Honra só faz continência à Bandeira Nacional, ao Hino Nacional e às autoridades hierarquicamente superiores ao homenageado; para as autoridades de posto superior ao do seu comandante ou à passagem de tropa com efetivo igual ou superior a um pelotão, toma a posição de "Sentido".

Art. 115. A autoridade que é recebida por Guarda de Honra, após lhe ser prestada a continência, passa revista à tropa formada, acompanhada do Comandante da Guarda de Honra.

§ 1º A autoridade anfitriã ou seu representante poderá acompanhar a autoridade homenageada, colocando-se à sua direita e à retaguarda e, neste caso, o Comandante da Guarda de Honra ficará à esquerda e à retaguarda da autoridade homenageada.

§ 2º Os acompanhantes da autoridade homenageada deslocam-se diretamente para o local de onde é assistido o desfile da Guarda de Honra.

§ 3º A autoridade homenageada pode dispensar o desfile da Guarda de Honra.

§ 4º A Guarda de Honra destinada a homenagear autoridade estrangeira pode ter o desfile dispensado pela autoridade que determinou a homenagem.

§ 5º Salvo determinação em contrário, a Guarda de Honra não forma na retirada do homenageado.

Subseção II

Das Escoltas de Honra

Art. 116. Escolta de Honra é a tropa a cavalo ou motorizada, em princípio constituída de um esquadrão (companhia), e no mínimo de um pelotão, destinada a acompanhar as autoridades referidas no art. 110 deste Regulamento.

§ 1º No acompanhamento, o comandante da Escolta a Cavalo se coloca junto à porta direita da viatura, que é precedida por dois batedores, enquadrada lateralmente por duas filas, uma de cada lado da viatura, com cinco cavaleiros cada, e seguida do restante da tropa em coluna por três ou por dois.

§ 2º No caso de Escolta motorizada, três viaturas leves antecedem o carro, indo o comandante da escolta na primeira delas, sendo seguido das demais; se houver motocicletas, a formação é semelhante à da escolta a cavalo.

§ 3º A Escolta de Honra, sempre que cabível, poderá ser executada também por aeronaves, mediante a interceptação, em voo, da aeronave que transporta qualquer das autoridades referidas no art. 110 deste Regulamento, obedecendo ao seguinte:

I – as aeronaves integrantes da escolta se distribuem, em quantidades iguais, nas alas direita e esquerda da aeronave escoltada; e

II – caso a escolta seja efetuada por mais de uma unidade aérea, caberá àquela comandada por oficial de maior precedência hierárquica ocupar a ala direita.

Subseção III

Das Salvas de Gala

Art. 117. Salvas de Gala são descargas, executadas por peças de artilharia, a intervalos regulares, destinadas a complementar, para as autoridades nomeadas no art. 111 deste Regulamento, as Honras de Gala previstas neste Capítulo.

Art. 118. As salvas de gala são executadas no período compreendido entre as oito horas e a hora da arriação da Bandeira Nacional.

Parágrafo único. As salvas de gala são dadas com intervalos de cinco segundos, exceto nos casos dispostos nos § 1º e 2º do art. 122 deste Regulamento.

Art. 119. A Organização Militar em que se achar o Presidente da República ou que estiver com embandeiramento de gala, por motivo de Festa Nacional ou estrangeira, não responde às salvas.

Art. 120. O comandante de uma Organização Militar que, por qualquer motivo, não possa responder à salva, deve comunicar à autoridade competente e com a maior brevidade as razões que o levaram a tomar tal atitude.

Art. 121. São dadas Salvas de Gala:

I – nas grandes datas nacionais e no Dia da Bandeira Nacional;

II – nas datas festivas de países estrangeiros, quando houver algum convite para acompanhar uma salva que é dada por navio de guerra do país considerado; e

III – em retribuição de salvas.

Parágrafo único. As salvas, quando tiverem de ser respondidas, o serão por outras de igual número de tiros.

Art. 122. Podem ser ainda dadas Salvas de Gala:

I – no comparecimento a atos públicos, de notável expressão, de autoridades que tenham direito a essas salvas;

II – quando essas autoridades, com aviso prévio, visitarem uma guarnição federal, sede de unidades de artilharia e somente por ocasião da chegada;

III – na chegada e saída de autoridade que tenha direito às salvas, quando em visita oficial anunciada a uma Organização Militar;

IV – no embarque ou desembarque do Presidente da República, conforme o disposto no § 1º deste artigo; e

V – na Cerimônia Oficial de Chegada de Chefe de Estado Estrangeiro à Capital Federal, conforme o disposto no § 2º deste artigo.

§ 1º Por ocasião de homenagens prestadas ao Presidente da República, as salvas são executadas exclusivamente quando formar Guarda de Honra, e, neste caso, têm a duração correspondente ao tempo de execução da primeira parte do Hino Nacional.

§ 2º No caso do disposto no inciso V deste artigo, a duração das salvas corresponde ao tempo de execução dos Hinos Nacionais dos dois países.

Art. 123. Na Marinha é observado, para salvas, o que dispõe o Cerimonial da Marinha, combinado, se for o caso, com o disposto no presente Regulamento.

Seção II

Das Honras Fúnebres

Art. 124. Honras Fúnebres são homenagens póstumas prestadas diretamente pela tropa aos despojos mortais de uma alta autoridade ou de um militar da ativa, de acordo com a posição hierárquica que ocupava e consistem de:

I – Guarda Fúnebre;

II – Escolta Fúnebre; e

III – Salvas Fúnebres.

§ 1º As Honras Fúnebres são prestadas aos restos mortais:

I – do Presidente da República;

II – do Ministro de Estado da Defesa;

III – dos Comandantes da Marinha, do Exército e da Aeronáutica e do Chefe do Estado-Maior Conjunto das Forças Armadas; e

IV – dos Militares das Forças Armadas.

§ 2º Excepcionalmente, por determinação do Presidente da República, do Ministro de Estado da Defesa, dos Comandantes da Marinha, do Exército e da Aeronáutica ou do Chefe do Estado-Maior Conjunto das Forças Armadas, serão prestadas Honras Fúnebres aos despojos mortais de Presidente do Congresso Nacional, Presidente da Câmara dos Deputados, Presidente do Supremo Tribunal Federal, Ministro de Estado ou Secretário Especial da Presidência da República equiparado a Ministro de Estado, assim como o seu transporte em viatura especial, acompanhada por tropa.

§ 3º Excepcionalmente, por determinação do Presidente da República, do Ministro de Estado da Defesa, dos Comandantes da Marinha, do Exército e da Aeronáutica, do Chefe do Estado-Maior Conjunto das Forças Armadas ou de outra autoridade militar, são prestadas Honras Fúnebres aos despojos mortais de Chefes de Missão Diplomática estrangeira falecidos no Brasil ou de insigne personalidade, assim como o seu transporte em viatura especial, acompanhada por tropa.

§ 4º As Honras Fúnebres prestadas a Chefes de Missão Diplomática estrangeira ou às autoridades mencionadas no § 1º deste artigo seguem as mesmas determinações estabelecidas para os Comandantes da Marinha, do Exército e da Aeronáutica e para o Chefe do Estado-Maior Conjunto das Forças Armadas.

Art. 125. As Honras Fúnebres a militares da ativa são, em princípio, prestadas por tropa da Força Armada a que pertencia o extinto.

§ 1º Quando na localidade em que se efetuar a cerimônia não houver tropa dessa Força, as Honras Fúnebres podem ser prestadas por tropa de outra Força, após entendimentos entre seus Comandantes.

§ 2º O féretro de comandante de Estabelecimento de Ensino é acompanhado por tropa armada constituída por alunos desse estabelecimento.

Art. 126. O ataúde, depois de fechado, até o início do ato de inumação, será coberto com a Bandeira Nacional, ficando a tralha no lado da cabeceira do ataúde e a estrela isolada (Espiga) à direita.

§ 1º Para tal procedimento, quando necessário, deverá a Bandeira Nacional ser fixada ao ataúde para evitar que esvoace durante os deslocamentos do cortejo.

§ 2º Antes do sepultamento, deverá a Bandeira Nacional ser dobrada, sob comando, na forma do Anexo II a esta Portaria Normativa.

Art. 127. Ao descer o corpo à sepultura, com corneteiro ou clarim postado junto ao túmulo, é dado o toque de silêncio.

Art. 128. As Honras Fúnebres a militares da reserva ou reformados constam de comissões previamente designadas por autoridade competente.

Art. 129. As Honras Fúnebres não são prestadas:

I – quando o extinto com direito às homenagens as houver dispensado em vida ou quando essa dispensa parte da própria família;

II – nos dias de Festa Nacional;

III – no caso de perturbação da ordem pública;

IV – quando a tropa estiver de prontidão; e

V – quando a comunicação do falecimento chegar tardiamente.

Subseção I

Das Guardas Fúnebres

Art. 130. Guarda Fúnebre é a tropa armada especialmente postada para render honras aos despojos mortais de militares da ativa e de altas autoridades civis.

Parágrafo único. A Guarda Fúnebre toma apenas a posição de "Sentido" para a continência às autoridades de posto superior ao do seu comandante.

Art. 131. A Guarda Fúnebre posta-se no trajeto a ser percorrido pelo féretro, de preferência na vizinhança da casa mortuária ou da necrópole, com a sua direita voltada para o lado de onde virá o cortejo e em local que, prestando-se à formatura e à execução das salvas, não interrompa o trânsito público.

Art. 132. A Guarda Fúnebre, quando tiver a sua direita alcançada pelo féretro, dá três descargas, executando em seguida

"Apresentar Arma"; durante a continência, os corneteiros ou clarins e tambores tocam uma composição grave ou, se houver banda de música, esta executa uma marcha fúnebre.

§ 1º Se o efetivo da Guarda Fúnebre for de um batalhão ou equivalente, as descargas de fuzil são dadas somente pela subunidade da direita, para isso designada.

§ 2º Se o efetivo da Guarda Fúnebre for igual ou superior a uma companhia ou equivalente, conduz Bandeira Nacional e tem banda de música ou clarins.

Art. 133. A Guarda Fúnebre é assim constituída:

I – para o Presidente de República:

a) por toda a tropa disponível das Forças Armadas, que forma em alas, exceto a destinada a fazer as descargas fúnebres; e

b) a Guarda da Câmara Ardente é formada por Aspirantes da Marinha e Cadetes do Exército e da Aeronáutica, os quais constituem, para cada Escola, um posto de sentinela dupla junto à urna funerária;

II – para o Ministro de Estado da Defesa:

a) por um destacamento composto de um ou mais batalhões ou equivalentes de cada Força Armada, cabendo o comando à Força a que pertence o Chefe do Estado-Maior Conjunto das Forças Armadas; e

b) a Guarda da Câmara Ardente é formada por Aspirantes da Marinha e Cadetes do Exército e da Aeronáutica;

III – para os Comandantes da Marinha, do Exército e da Aeronáutica e para o Chefe do Estado-Maior Conjunto das Forças Armadas:

a) por um destacamento composto de um ou mais batalhões ou equivalentes de cada Força Armada, cabendo o comando à Força a que pertencia o falecido; e

b) a Guarda da Câmara Ardente é formada por Aspirantes ou Cadetes pertencentes à Força Singular da qual fazia parte o extinto;

IV – para os oficiais-generais: por tropa com o efetivo de um batalhão de infantaria, ou equivalente, de sua Força;

V – para os oficiais superiores: por tropa com o efetivo de duas companhias de infantaria, ou equivalente, de sua Força;

VI – para os oficiais intermediários: por tropa com o efetivo de companhia de infantaria, ou equivalente, de sua Força;

VII – para oficiais subalternos: por tropa com o efetivo de um pelotão de fuzileiros, ou equivalente, de sua Força;

VIII – para Aspirantes, Cadetes e alunos do Colégio Naval e Escolas Preparatórias ou equivalentes: por tropa com o efetivo de dois grupos de combate, ou equivalente, da respectiva Força;

IX – para Subtenentes, Suboficiais e Sargentos: por tropa com o efetivo de um grupo de combate, ou equivalente, da respectiva Força; e

X – para Cabos, Marinheiros e Soldados: por tropa com o efetivo de uma esquadra de fuzileiros de grupo de combate, ou equivalente, da respectiva Força.

§ 1º As sentinelas de câmaras ardentes, enquanto ali estiverem, mantêm o fuzil na posição de "Em Funeral Arma" e ladeiam o ataúde, ficando de um mesmo lado face a face.

§ 2º Quando, pela localização da necrópole, a Guarda Fúnebre vier causar grandes transtornos à vida da comunidade, ou quando a premência de tempo não permitir um planejamento e execução compatíveis, a critério de comandante militar da área, ou por determinação superior, ela pode ser substituída por tropa postada em alas, de valor não superior a uma companhia, no interior da necrópole e por grupo de combate nas proximidades da sepultura, que realiza as descargas de fuzil previstas no art. 132 deste Regulamento.

§ 3º As Honras Fúnebres são determinadas pelo Presidente da República, pelo Ministro de Estado da Defesa, pelos Comandantes da Marinha, do Exército e da Aeronáutica e pelo Chefe do Estado-Maior Conjunto das Forças Armadas, pelo Comandante do Distrito Naval, de Comando Naval, de Comando Militar de Área, de Comando Aéreo Regional, de Navio, de Guarnição ou de Corpo de Tropa, tal seja o comando da unidade ou navio a que pertencia o extinto.

§ 4º Nos casos previstos nos §§ 2º e 3º do art. 124 deste Regulamento, caberá à autoridade que determinar as Honras Fúnebres definir que Força Armada as comandará e formará a Guarda da Câmara Ardente.

Subseção II

Das Escoltas Fúnebres

Art. 134. Escolta Fúnebre é a tropa destinada ao acompanhamento dos despojos mortais do Presidente da República, de altas autoridades militares e de oficiais das Forças Armadas falecidos quando no serviço ativo.

Parágrafo único. Se o militar falecido exercia funções de comando em Organização Militar, a escolta é composta por militares dessa organização.

Art. 135. A Escolta Fúnebre procede, em regra, durante o acompanhamento, como a Escolta de Honra; quando parada, só toma posição de "Sentido" para prestar continência às autoridades de posto superior ao de seu comandante.

Parágrafo único. A Escolta Fúnebre destinada a acompanhar os despojos mortais de oficiais superiores, intermediários, subalternos e praças especiais forma a pé, descoberta, armada de sabre e ladeia o féretro do portão do cemitério ao túmulo.

Art. 136. A Escolta Fúnebre é constituída:

I – para o Presidente da República: por tropa a cavalo ou motorizada do efetivo equivalente a um batalhão;

II – para o Ministro de Estado da Defesa: por tropa a cavalo ou motorizada do efetivo equivalente a duas companhias;

III – para os Comandantes da Marinha, do Exército e da Aeronáutica e para o Chefe do Estado-Maior Conjunto das Forças Armadas, por tropa a cavalo ou motorizada do efetivo equivalente a uma companhia;

IV – para oficiais-generais: por tropa a cavalo ou motorizada de efetivo equivalente a um pelotão;

V – para oficiais superiores: por tropa, formada a pé, de efetivo equivalente a um pelotão;

VI – para oficiais intermediários: por tropa, formada a pé, de efetivo equivalente a dois grupos de combate;

VII – para oficiais subalternos, guardas-marinha e aspirante a oficial: por tropa, formada a pé, de efetivo equivalente a um grupo de combate; e

VIII – para Aspirantes, Cadetes e alunos do Colégio Naval e Escolas Preparatórias: por tropa, formada a pé, composta de Aspirantes, Cadetes e Alunos, correspondentes ao efetivo de um grupo de combate.

Parágrafo único. As praças não têm direito a Escolta Fúnebre.

Subseção III

Das Salvas Fúnebres

Art. 137. Salvas Fúnebres são executadas por peças de artilharia, a intervalos regulares de trinta segundos, destinadas a complementar, nos casos específicos, as Honras Fúnebres previstas neste Capítulo.

Art. 138. As Salvas Fúnebres são executadas:

I – por ocasião do falecimento do Presidente da República:

a) logo que recebida a comunicação oficial, a Organização Militar designada executa uma salva de vinte e um tiros, seguida de um tiro de dez em dez minutos até a inumação, com a Bateria de Salva postada próxima ao local da Câmara Ardente; e

b) ao baixar o ataúde à sepultura, a Bateria de Salva, estacionada nas proximidades do cemitério, dá uma salva de vinte e um tiros;

II – por ocasião do falecimento das demais autoridades mencionadas no art. 111 deste Regulamento:

a) ao baixar o ataúde à sepultura, a Bateria de Salva, estacionada nas proximidades do cemitério, dá as salvas correspondentes à autoridade falecida conforme estabelecido no art. 111 deste Regulamento.

TÍTULO IV

DO CERIMONIAL MILITAR

CAPÍTULO I

GENERALIDADES

Art. 139. O Cerimonial Militar tem por objetivo dar a maior solenidade possível a determinados atos na vida militar ou nacional, cuja alta significação convém ser ressaltada.

Art. 140. As cerimônias militares contribuem para desenvolver, entre superiores e subordinados, o espírito de corpo, a camaradagem e a confiança, virtudes castrenses que constituem apanágio dos membros das Forças Armadas.

Parágrafo único. A execução do Cerimonial Militar, inclusive sua preparação, não deve acarretar perturbação sensível à marcha regular da instrução.

Art. 141. Nessas cerimônias, a tropa apresenta-se com o uniforme de parada, utilizando armamento o mais padronizado possível.

Parágrafo único. Salvo ordem em contrário, nessas cerimônias, a tropa não conduz viaturas.

CAPÍTULO II

DA PRECEDÊNCIA NAS CERIMÔNIAS

Art. 142. A precedência atribuída a uma autoridade em razão de seu cargo ou função é normalmente traduzida por seu posicionamento destacado em solenidade, cerimônias, reuniões e outros eventos.

Art. 143. As cerimônias realizadas em Organizações Militares são presididas pela autoridade – da cadeia de comando – de maior grau hierárquico presente ou pela autoridade indicada em conformidade com o cerimonial específico de cada Força Armada.

§ 1º A cerimônia será dirigida pelo comandante, chefe ou diretor da Organização Militar e se desenvolverá de acordo com a programação por ele estabelecida com a devida antecedência.

§ 2º Na sede do Ministério da Defesa e nas Organizações Militares, o Ministro de Estado da Defesa presidirá toda cerimônia a que comparecer, com as ressalvas dos Artigos 145 e 146 deste Regulamento.

§ 3º A colocação de autoridades e personalidades nas solenidades oficiais, inclusive cerimônias militares, organizadas pelo Ministério da Defesa e pelas Forças Armadas, é regulada pelas Normas do Cerimonial Público e Ordem Geral de Precedência.

§ 4º Nas cerimônias militares, o Governador do Estado, de Território Federal ou do Distrito Federal onde ocorre a solenidade, se comparecer, ocupa lugar de honra, observada, no que couber, a Ordem Geral de Precedência.

§ 5° A precedência entre os Adidos Militares estrangeiros do mesmo posto é estabelecida pela ordem de antigüidade da Representação Diplomática do seu país de origem no Brasil.

Art. 144. Nas Missões Diplomáticas, os Adidos Militares que forem Oficiais-Generais passarão logo depois do Ministro-Conselheiro que for o substituto do Chefe da Missão, enquanto os que forem Capitães-de-Mar-e-Guerra ou equivalentes passarão depois do Conselheiro ou do Primeiro-Secretário que for o substituto do Chefe da Missão.

Art. 145. Quando o Presidente da República comparecer a qualquer solenidade militar, compete-lhe sempre presidi-la.

Art. 146. Não comparecendo o Presidente da República, o Vice-Presidente da República presidirá a solenidade militar a que estiver presente.

Art. 147. A leitura da Ordem do Dia, se houver, é procedida diante da tropa formada.

Art. 148. O comandante, o chefe ou o diretor da Organização Militar, nas visitas, acompanha a maior autoridade presente, a fim de prestar-lhe as informações necessárias.

Parágrafo único. Nas cerimônias militares, por ocasião de visitas, o Comandante, o Chefe ou o Diretor da Organização Militar visitada deve permanecer próximo à maior autoridade presente, mas não passa à frente do Presidente da República, do VicePresidente da República, do Ministro de Estado da Defesa, dos Comandantes da Marinha, do Exército e da Aeronáutica, do Chefe do Estado-Maior Conjunto das Forças Armadas e de autoridades civis de precedência superior à destes ou dos superiores da sua cadeia de comando.

Art. 149. Quando diversas organizações civis e militares concorrerem em serviço, recepções, cumprimentos, etc, sendo o

Ministério da Defesa responsável pela organização do evento, serão observadas as Normas do Cerimonial Público e Ordem Geral de Precedência e, no que couber, as Normas de Cerimonial do Ministério da Defesa.

Art. 150. Nas formaturas, visitas, recepções e cumprimentos, onde comparecerem simultaneamente representantes de Organizações Militares Nacionais e Estrangeiras, cada uma tem a precedência dentro de sua respectiva hierarquia e, todavia, por especial deferência, pode a autoridade que preside o evento determinar, previamente, que as representações estrangeiras tenham posição de destaque nos aludidos eventos.

Art. 151. Quando uma autoridade se faz representar em solenidade ou cerimônia, seu representante tem lugar compatível com sua própria precedência, não a precedência correspondente à autoridade que representa.

Parágrafo único. O representante do Presidente da República, se não presidir a solenidade, ocupa o lugar de honra à direita da autoridade que a preside.

CAPÍTULO III

DA BANDEIRA NACIONAL

Seção I

Generalidades

Art. 152. A Bandeira Nacional pode ser hasteada e arriada a qualquer hora do dia ou da noite.

§ 1º Normalmente, em Organização Militar, faz-se o hasteamento no mastro principal às oito horas e a arriação às dezoito horas ou ao pôr-do-sol.

§ 2º No dia 19 de novembro, como parte dos eventos comemorativos do Dia da Bandeira, a Bandeira Nacional será hasteada em ato solene às doze horas, de acordo com o cerimonial do Ministério da Defesa ou com os cerimoniais específicos de cada Força Armada, conforme o caso.

§ 3º Nas Organizações Militares que não mantenham serviço ininterrupto, a Bandeira Nacional será arriada conforme o estabelecido no § 1º deste artigo, ou ao se encerrar o expediente, o que primeiro ocorrer.

§ 4º Quando permanecer hasteada durante a noite, a Bandeira Nacional deve ser iluminada.

Art. 153. Nos dias de Luto Nacional e no dia de Finados, a Bandeira é mantida a meio mastro.

§ 1º Por ocasião do hasteamento, a Bandeira vai até o topo do mastro, descendo em seguida até a posição a meio mastro; por ocasião da arriação, a Bandeira sobe ao topo do mastro, sendo em seguida arriada.

§ 2º Nesses dias, os símbolos e insígnias de Comando permanecem também a meio mastro, de acordo com o cerimonial do Ministério da Defesa ou com o cerimonial específico de cada Força Armada, conforme o caso.

Art. 154. Nos dias de Luto Nacional e no dia de Finados, as bandas de música permanecem em silêncio.

Art. 155. O sinal de luto das Bandeiras transportadas por tropa consiste em um laço de crepe negro colocado na lança.

Art. 156. As Forças Armadas devem regular, no âmbito de seus Comandos, as cerimônias diárias de hasteamento e arriação da Bandeira Nacional.

Art. 157. Quando várias bandeiras são hasteadas ou arriadas simultaneamente, a Bandeira Nacional é a primeira a atingir o topo e a última a dele descer, sendo posicionada na parte central do dispositivo.

Seção II

Do Culto à Bandeira em Solenidades

Art. 158. No dia 19 de novembro, data consagrada à Bandeira Nacional, as Organizações Militares prestam o "Culto à Bandeira", cujo cerimonial consta de:

I – hasteamento da Bandeira Nacional, conforme disposto no art. 151, § 2º, deste Regulamento;

II – canto do Hino à Bandeira e, se for o caso, incineração de Bandeiras; e

III – desfile em continência à Bandeira Nacional.

Parágrafo único. Além dessas cerimônias, sempre que possível, deve haver sessão cívica em comemoração à data.

Art. 159. A formatura para o hasteamento da Bandeira, no dia 19 de novembro, é efetuada com:

I – uma "Guarda de Honra" a pé, sem Bandeira Nacional (constituída por uma subunidade nas unidades de valor regimento, batalhão ou grupo), com a banda de música e/ou corneteiros ou clarins e tambores;

II – dois grupamentos constituídos do restante da tropa disponível, a pé e sem armas; e

III – a Guarda da Organização Militar.

§ 1º Para essa solenidade, a Bandeira Nacional da Organização Militar, sem guarda, deve ser postada em local de destaque, em frente ao mastro em que é realizada a solenidade.

§ 2º A Guarda de Honra ocupa a posição central do dispositivo da tropa, em frente ao mastro.

§ 3º A tropa deve apresentar o dispositivo a seguir mencionado, com as adaptações necessárias a cada local:

I – Guarda de Honra: linha de companhias ou equivalentes, em Organizações Militares nível batalhão/grupo ou linha de pelotões, ou equivalentes nas demais;

II – dois grupamentos de tropa: um à direita e outro à esquerda da "Guarda de Honra", com a formação idêntica à desta, comandados por oficiais; e

III – oficiais: em uma ou mais fileiras, colocados três passos à frente do comandante da Guarda de Honra.

Art. 160. O cerimonial para hasteamento da Bandeira, no dia 19 de novembro, obedece às seguintes determinações:

I – em se tratando de unidades agrupadas em um único local, a cerimônia será presidida pelo Comandante da Organização Militar ou da área, podendo a bandeira ser hasteada, conforme o caso, por qualquer daquelas autoridades; e

II – estando presente banda de música ou de corneteiros ou clarins e tambores, é executado o Hino Nacional ou a marcha batida.

Art. 161. Após o hasteamento, é procedida, se for o caso, à cerimônia de incineração de Bandeiras, finda a qual é cantado o Hino à Bandeira.

Art. 162. Após o canto do Hino à Bandeira, é procedido ao desfile da tropa em "Continência à Bandeira".

Art. 163. As Bandeiras Nacionais de Organizações Militares que forem julgadas inservíveis devem ser guardadas para proceder-se, no dia 19 de novembro, perante a tropa, à cerimônia cívica de sua incineração.

§ 1º A Bandeira que invoque especialmente um fato notável da história de uma Organização Militar não é incinerada.

§ 2º As Bandeiras Nacionais das Organizações civis que forem recolhidas como inservíveis às Organizações Militares são também incineradas nessa data.

Art. 164. O cerimonial da incineração de Bandeiras é realizado da seguinte forma:

I – numa pira ou receptáculo de metal, colocado nas proximidades do mastro onde se realiza a cerimônia de hasteamento da Bandeira, são depositadas as Bandeiras a serem incineradas;

II – o Comandante faz ler a Ordem do Dia alusiva à data e na qual é ressaltada, com fé e patriotismo, a alta significação das festividades a que se está procedendo;

III – terminada a leitura, uma praça antecipadamente escolhida da Organização Militar, em princípio a mais antiga e de ótimo comportamento, ateia fogo às Bandeiras previamente embebidas em álcool; e

IV – incineradas as Bandeiras, prossegue o cerimonial com o canto do Hino à Bandeira, regido pelo mestre da Banda de Música, com a tropa na posição de "Sentido".

Parágrafo único. As cinzas são depositadas em caixa e enterradas em local apropriado, no interior das respectivas Organizações Militares ou lançadas ao mar.

Art. 165. O desfile em continência à Bandeira é, então, realizado da seguinte forma:

I – a Bandeira da Organização Militar, diante da qual desfila a tropa, é posicionada em local de destaque, em correspondência com a que foi hasteada;

II – os oficiais que não desfilam com a tropa formam à retaguarda da Bandeira, constituindo a sua "Guarda de Honra";

III – o Comandante da Organização Militar toma posição à esquerda da Bandeira e na mesma linha desta; e

IV – terminado o desfile, retira-se a Bandeira Nacional, acompanhada do Comandante da Organização Militar e de sua "Guarda de Honra", até a entrada do edifício onde ela é guardada.

Seção III

Do Hasteamento em Datas Comemorativas

Art. 166. A Bandeira Nacional é hasteada nas Organizações Militares, com maior gala, de acordo com o cerimonial específico de cada Força Armada, nos seguintes dias:

I – grandes datas:

a) 7 de setembro: Dia da Independência do Brasil; e

b) 15 de novembro: Dia da Proclamação da República;

II – feriados:

a) 1º de janeiro: Dia da Fraternidade Universal;

b) 21 de abril: Inconfidência Mineira;

c) 1º de maio: Dia do Trabalhador;

d) 12 de outubro: Dia da Padroeira do Brasil; e

e) 25 de dezembro: Dia de Natal;

III – datas festivas:

a) 21 de fevereiro: Comemoração da Tomada de Monte Castelo;

b) 19 de abril: Dia do Exército Brasileiro;

c) 22 de abril: Dia da Aviação de Caça;

d) 8 de maio: Dia da Vitória na 2a Guerra Mundial;

e) 11 de junho: Aniversário da Batalha Naval do Riachuelo – Data Magna da Marinha;

f) 25 de agosto: Dia do Soldado;

g) 23 de outubro: Dia do Aviador;

h) 19 de novembro: Dia da Bandeira Nacional;

i) 13 de dezembro: Dia do Marinheiro;

j) 16 de dezembro: Dia do Reservista;

k) Dia do Aniversário da Organização Militar.

Parágrafo único. No âmbito de cada Força Armada, por ato do respectivo Comandante, podem ser fixadas datas comemorativas para ressaltar as efemérides relativas às suas tradições peculiares.

Seção IV

Da Incorporação e Desincorporação da Bandeira

Art. 167. Incorporação é o ato solene do recebimento da Bandeira Nacional pela tropa, obedecendo às seguintes normas:

I – a tropa recebe a Bandeira Nacional em qualquer formação;

o Porta-Bandeira, acompanhado de sua Guarda, vai buscá-la no local em que esta estiver guardada;

II – o Comandante da tropa, verificando que a Guarda-Bandeira está pronta, comanda "Sentido", "Ombro Arma", e "Bandeira – Avançar";

III – a Guarda-Bandeira desloca-se para a frente da tropa, posicionando-se a uma distância aproximada de trinta passos do lugar que vai ocupar na formatura, quando, então, será dado o comando de "Em Continência à Bandeira" – "Apresentar Armas"; e

IV – nessa posição, a Bandeira Nacional desfraldada recebe a continência prevista e se incorpora à tropa, que permanece em "Apresentar Arma" até que a Bandeira ocupe seu lugar na formatura.

Parágrafo único. Cada Força Armada deve regular as continências previstas para a incorporação da Bandeira Nacional à tropa.

Art. 168. Desincorporação é o ato solene da retirada da Bandeira da formatura, obedecendo às seguintes normas:

I – com a tropa na posição de "Ombro Arma" o Comandante comanda "Bandeira fora de forma";

II – a Bandeira Nacional, acompanhada de sua Guarda, desloca-se, posicionando-se a trinta passos da tropa e de frente para esta, quando, então, serão executados os toques de "Em Continência à Bandeira" – "Apresentar Arma";

III – nessa posição a Bandeira Nacional, desfraldada, recebe a continência prevista; e

IV – terminada a continência, será dado o toque de "Ombro Arma", após o que a Bandeira retira-se com sua Guarda.

Parágrafo único. Cada Força Armada deve regular as continências previstas para a desincorporação da Bandeira Nacional da tropa.

Art. 169. A tropa motorizada ou mecanizada desembarca para receber ou retirar da formatura a Bandeira.

Seção V

Da Apresentação da Bandeira Nacional Aos Recrutas

Art. 170. Logo que os recrutas ficarem em condições de tomar parte, em uma formatura, o Comandante da Organização Militar apresenta-lhes a Bandeira Nacional, com toda solenidade.

Art. 171. A solenidade de Apresentação da Bandeira Nacional aos seus recrutas deve observar as seguintes determinações:

I – a tropa forma, armada, sem Bandeira, sob o comando do Comandante da Organização Militar;

II – a Bandeira, conduzida desfraldada, com sua Guarda, aproxima-se e ocupa lugar de destaque defronte da tropa;

III – o Comandante da Organização Militar, ou quem for por ele designado, deixa a formatura, cumprimenta a Bandeira Nacional perante a tropa, procede a seguir a uma alocução aos recrutas, apresentando-lhes a Bandeira Nacional;

IV – nessa alocução devem ser abordados os seguintes pontos:

a) o que representa a Bandeira Nacional;

b) os deveres do soldado para com ela;

c) o valor dos militares brasileiros no passado, que nunca a deixaram cair em poder do inimigo;

d) a unidade da Pátria; e

e) o espírito de sacrifício;

V – após a alocução, a tropa presta a continência à Bandeira Nacional; e

VI – a cerimônia termina com o desfile da tropa em continência à Bandeira Nacional.

Seção VI

Da Apresentação do Estandarte Histórico Aos Recrutas

Art. 172. Em data anterior a da apresentação da Bandeira Nacional, deverá ser apresentado aos recrutas, se possível na data do aniversário da Organização Militar, o Estandarte Histórico.

Art. 173. A cerimônia de apresentação do Estandarte Histórico aos recrutas deve obedecer às seguintes determinações:

I – a tropa forma desarmada;

II – o Estandarte Histórico, conduzido sem guarda, aproxima-se e ocupa um lugar de destaque defronte à tropa;

III – o Comandante da Organização Militar faz uma alocução de apresentação do Estandarte Histórico, abordando:

a) o que representa o Estandarte da Organização Militar;

b) o motivo histórico da concessão, inclusive os feitos da Organização Militar de origem e sua atuação em campanha, se for o caso; e

c) a identificação das peças heráldicas que compõe o Estandarte Histórico;

IV – após a alocução do Comandante, a Organização Militar cantará a canção da Unidade; e

V – neste dia, o Estandarte Histórico deverá permanecer em local apropriado para ser visto por toda a tropa, por tempo a ser determinado pelo Comandante da Organização Militar.

CAPÍTULO IV

DOS COMPROMISSOS

Seção I

Do Compromisso dos Recrutas

Art. 174. A cerimônia do Compromisso dos Recrutas é realizada com grande solenidade, no final do período de formação.

Art. 175. Essa cerimônia pode ser realizada no âmbito das Organizações Militares ou fora delas.

Parágrafo único. Quando várias Organizações Militares das Forças Armadas tiverem sede na mesma localidade, a cerimônia pode ser realizada em conjunto.

Art. 176. O cerimonial deve obedecer às seguintes determinações:

I – a tropa forma armada;

II – a Bandeira Nacional, sem a guarda, deixando o dispositivo da formatura, toma posição de destaque em frente da tropa;

III – para a realização do compromisso, o contingente dos recrutas, desarmados, toma dispositivo de frente para a Bandeira Nacional, entre esta e a tropa;

IV – disposta a tropa, o Comandante manda tocar "Sentido" e, em seguida, "Em Continência à Bandeira – Apresentar Arma", com uma nota de execução para cada toque e o porta-bandeira desfralda a Bandeira Nacional;

V – o compromisso é realizado pelos recrutas, perante a Bandeira Nacional desfraldada, com o braço direito estendido horizontalmente à frente do corpo, mão aberta, dedos unidos, palma para baixo, repetindo, em voz alta e pausada, as seguintes palavras:

"INCORPORANDO-ME À MARINHA DO BRASIL (OU AO EXÉRCITO BRASILEIRO OU À AERONÁUTICA BRASILEIRA) – PROMETO CUMPRIR RIGOROSAMENTE – AS ORDENS DAS AUTORIDADES – A QUE ESTIVER SUBORDINADO – RESPEITAR OS SUPERIORES HIERÁRQUICOS – TRATAR COM AFEIÇÃO OS IRMÃOS DE ARMAS – E COM BONDADE OS SUBORDINADOS – E DEDICAR-ME INTEIRAMENTE AO SERVIÇO DA PÁTRIA – CUJA HONRA – INTEGRIDADE – E INSTITUIÇÕES – DEFENDEREI – COM O SACRIFÍCIO DA PRÓPRIA VIDA";

VI – em seguida, o Comandante manda tocar "Descansar Arma"; os recrutas baixam energicamente o braço, permanecendo, porém, na posição de "Sentido";

VII – em prosseguimento, é cantado o Hino Nacional, ao qual se segue a leitura da Ordem do Dia alusiva à data ou, na falta desta, do Boletim alusivo à solenidade;

VIII – os recrutas desfilam em frente à Bandeira Nacional, prestando-lhe a continência individual;

IX – terminada a cerimônia, e após a Bandeira Nacional ter ocupado o seu lugar no dispositivo, a tropa desfila em continência à maior autoridade presente; e

X – nas unidades motorizadas, onde a Bandeira Nacional e respectiva guarda são transportadas em viatura especial, o Porta-Bandeira conserva-se, durante o desfile, em pé, mantendo-se a guarda sentada.

Parágrafo único. Nas sedes de Grandes Unidades ou Guarnições:

I – a direção de todo o cerimonial compete, neste caso, ao comandante da Grande Unidade ou Guarnição; e

II – a cerimonial obedece, de maneira geral, as determinações estabelecidas neste artigo.

Seção II

Do Compromisso dos Reservistas

Art. 177. O cerimonial do Compromisso dos Reservistas, quando realizado nas sedes das Repartições do Serviço Militar, obedece, tanto quanto possível, as determinações estabelecidas para o Compromisso dos Recrutas, na Seção I deste Capítulo.

Parágrafo único. A cerimônia de entrega de certificados de dispensa de incorporação e de isenção do Serviço Militar consta de formatura e juramento à Bandeira pelos dispensados da incorporação.

Seção III

Do Compromisso dos Militares Nomeados ao Primeiro Posto e do Compromisso por Ocasião da Declaração a Guardas-Marinhas e Aspirantes-a-Oficial

Art. 178. Todo militar nomeado ao primeiro posto prestará o compromisso de oficial, de acordo com o determinado no regulamento de cada Força Armada.

Parágrafo único. A cerimônia é presidida pelo Comandante da Organização Militar ou pela mais alta autoridade militar presente.

Art. 179. Observadas as peculiaridades de cada Força Armada, em princípio, o cerimonial do compromisso obedecerá às seguintes determinações:

I – para o compromisso, que deve ser prestado na primeira oportunidade após a nomeação do oficial, a tropa forma armada e equipada, em linha de pelotões ou equivalentes; a Bandeira Nacional à frente, a vinte passos do centro da tropa; o comandante posta-se diante de todo o dispositivo, com a frente voltada para a Bandeira Nacional, a cinco passos desta;

II – os oficiais que vão prestar o compromisso, com a frente para a tropa e para a Bandeira Nacional, colocam-se a cinco passos desta, à esquerda e a dois passos do comandante;

III – a tropa, à ordem do comandante, toma a posição de "Sentido"; os compromitentes desembainham as suas espadas e perfilam-nas;

IV – os demais oficiais da Organização Militar, a dois passos, atrás da Bandeira Nacional, em duas fileiras, espadas perfiladas, assistem ao compromisso;

V – em seguida, a comando, a tropa apresenta arma, e o comandante faz a continência individual; os compromitentes, olhos fitos na Bandeira Nacional, depois de abaterem espadas, prestam, em voz alta e pausada, o seguinte compromisso: "PERANTE A BANDEIRA DO BRASIL E PELA MINHA HONRA, PROMETO CUMPRIR OS DEVERES DE OFICIAL DA MARINHA DO BRASIL (EXÉRCITO BRASILEIRO OU AERONÁUTICA BRASILEIRA) E DEDICAR-ME INTEIRAMENTE AO SERVIÇO DA PÁTRIA"; e

VI – findo o compromisso, a comando, a tropa executa "Descansar Arma"; o comandante e os compromitentes volvem-se de maneira a se defrontarem; os compromitentes perfilam espadas, colocam-nas na bainha e fazem a continência.

Art. 180. Se, em uma mesma Organização Militar, prestarem compromisso mais de dez oficiais recém-promovidos, o compromisso se realiza coletivamente.

Art. 181. Se o oficial promovido servir em Estabelecimento ou Repartição, este compromisso é prestado no gabinete do diretor ou chefe e assistido por todos os oficiais que ali servem, revestindo-se a solenidade das mesmas formalidades previstas no art. 178 deste Regulamento.

Art. 182. O compromisso de declaração a Guarda-Marinha e Aspirante-a-Oficial é prestado nas Escolas de Formação, sendo o cerimonial realizado de acordo com os regulamentos daqueles órgãos de ensino.

CAPÍTULO V

DAS PASSAGENS DE COMANDO, CHEFIA OU DIREÇÃO

Art. 183. Os oficiais designados para o exercício de qualquer Comando, Chefia ou Direção são recebidos de acordo com as formalidades especificadas no presente Capítulo.

Art. 184. A data da transmissão do cargo de Comando, Chefia ou Direção é determinada pelo Comando imediatamente superior.

Art. 185. Cada Força Armada, obedecidas as regras gerais deste Regulamento, deve estabelecer os detalhes das cerimônias de passagem de Comando, Chefia ou Direção, segundo suas conveniências e peculiaridades, podendo acrescentar as normas que o uso e a tradição já consagraram, atendendo, no que couber, às determinações abaixo:

I - leitura dos documentos oficiais de nomeação e de exoneração;

II – transmissão de cargo; nessa ocasião, os oficiais, nomeado e exonerado, postados lado a lado, frente à tropa e perante a autoridade que preside a cerimônia, proferem as seguintes palavras:

a) o substituído: "Entrego o Comando (Chefia ou Direção) da (Organização Militar) ao Exmo. Sr. (Posto e nome)"; e

b) o substituto: "Assumo o Comando (Chefia ou Direção) da (Organização Militar)";

III – apresentação dos comandantes, chefes ou diretores, substituto e substituído, à autoridade que preside a solenidade;

IV – leitura do *Curriculum Vitae* do novo comandante, chefe ou diretor;

V – palavras de despedida do oficial substituído; e

VI – desfile da tropa em continência ao novo comandante, chefe ou diretor.

§ 1º Nas passagens de Comando de Organizações Militares, são também observadas as seguintes normas:

I – os comandantes, substituto e substituído, estão armados de espada;

II – após a transmissão do cargo, leitura do *Curriculum Vitae* e das palavras de despedida, o comandante exonerado acompanha o novo comandante na revista passada por este à tropa, ao som de uma marcha militar executada pela banda de música.

§ 2º Em caso de mau tempo, a solenidade desenvolve-se em salão ou gabinete, quando é seguida, tanto quanto possível, a sequência dos eventos constantes neste artigo, com as adaptações necessárias.

§ 3º O uso da palavra pelo novo comandante, chefe ou diretor, deve ser regulado pelo Comandante de cada Força Armada.

§ 4º Em qualquer caso, o uso da palavra é feito de modo sucinto e conciso, não devendo conter qualquer referência à demonstração de valores a cargo da Organização Militar, referências elogiosas individuais acaso concedidas aos subordinados ou outros assuntos relativos a campos que não constituam os especificamente atribuídos a sua área.

§ 5º Faz-se a apresentação dos oficiais ao novo comandante no Salão de Honra, em ato restrito, podendo ser realizada antes mesmo da passagem do comando ou após a retirada dos convidados.

CAPÍTULO VI

DAS RECEPÇÕES A DESPEDIDAS DE MILITARES

Art. 186. Todo oficial incluído numa Organização Militar é, antes de assumir as funções, apresentado a todos os outros oficiais em serviço nessa organização, reunidos para isso em local adequado.

Art. 187. As despedidas dos oficiais que se desligam das Organizações Militares são feitas sempre, salvo caso de urgência, na presença do comandante, chefe ou diretor, e em local para isso designado.

Art. 188. As homenagens de despedida de oficiais e praças com mais de trinta anos de serviço, ao deixarem o serviço ativo, devem ser reguladas pelo Comandante de cada Força Armada.

CAPÍTULO VII

DAS CONDECORAÇÕES

Art. 189. A cerimônia para entrega de condecorações é realizada numa data festiva, num feriado nacional ou em dia previamente designado pelo Comandante e, em princípio, na presença de tropa armada.

Art. 190. A solenidade para entrega de condecorações, quando realizada em cerimônia interna, é sempre presidida pelo comandante, chefe ou diretor da Organização Militar onde serve o militar agraciado.

Parágrafo único. No caso de ser agraciado o próprio comandante, chefe ou diretor da Organização Militar considerada, a presidência da solenidade cabe à autoridade superior a quem está imediatamente subordinado, ou a oficial da reserva, de patente superior à do agraciado, por este escolhido.

Art. 191. Quando entre os agraciados há oficial-general e a cerimônia tem lugar na Capital Federal, a entrega de condecorações é presidida pelo Comandante ou pelo Chefe do Estado-Maior da Força a que couber a iniciativa da solenidade, sendo realizada na presença de tropa armada.

Art. 192. O efetivo da tropa a formar na solenidade de entrega de condecorações deve corresponder ao escalão de comando do militar de maior hierarquia, não sendo nunca inferior a um pelotão de fuzileiros ou equivalente; tem sempre presente a Bandeira Nacional e banda de corneteiros ou clarins e tambores e, quando a unidade dispuser, banda de música.

Art. 193. Nas Organizações Militares que não disponham de tropa, a entrega é feita na presença de todo o pessoal que ali serve, observando as determinações aplicáveis dos artigos 189 a 192 deste Regulamento.

Art. 194. Quando o agraciado for o Ministro de Estado da Defesa ou o Comandante de uma das Forças Armadas, o cerimonial da entrega pode ser realizado em Palácio da Presidência da República, servindo de paraninfo o Presidente da República, e obedece às instruções especiais elaboradas pelo Cerimonial da Presidência da República.

Art. 195. O cerimonial de entrega de medalha obedece, no que couber, às seguintes regras:

I – posta a tropa em uma das formações em linha, sai de forma a Bandeira Nacional, sem sua guarda, à ordem da autoridade que preside a cerimônia, e coloca-se a trinta passos defronte do centro da tropa;

II – entre a tropa e a Bandeira Nacional, frente para esta, colocam-se, em uma fileira, por ordem hierárquica e agrupados por círculos, os oficiais e praças a serem agraciados, armados, exceto as praças, e sem portar suas medalhas e condecorações;

III – os oficiais presentes à cerimônia formam em ordem hierárquica, grupados por círculos, em uma ou mais fileiras, à direita da Bandeira Nacional;

IV – a autoridade que preside a solenidade, colocada a dez passos diante da Bandeira Nacional e de frente para esta, manda que o Comandante da tropa dê a voz de "Sentido"; os agraciados, quando oficiais, desembainham e perfilam espada e, se praças, permanecem na posição de sentido; e

V – com a tropa nesta posição a autoridade dá início à solenidade, em relação a cada uma das fileiras de solenidade, procedendo-se agraciados da seguinte forma:

a) paraninfos previamente designados, um para cada fileira, colocam-se à direita dos agraciados;

dada a ordem para o início da entrega, os agraciados, quando oficiais, ao defrontarem os paraninfos, abatem as espadas, ou fazem a continência individual, quando praças;

b) o paraninfo, depois de responder àquela saudação com a continência individual, coloca a medalha ou condecoração no peito dos agraciados de sua fileira; os agraciados permanecem com a espada abatida, ou executando a continência individual, até que o paraninfo tenha terminado de colocá-la em seu peito, quando retornam à posição de "Perfilar-Espada" ou desfazem a continência individual;

c) terminada a entrega de medalhas ou condecorações, ao comando de "Em Continência à Bandeira, Apresentar Arma", paraninfos e agraciados abatem espadas ou fazem a continência individual;

d) as bandas de música ou de corneteiros ou clarins e tambores tocam, conforme o posto mais elevado entre os agraciados, os compassos de um dobrado;

e) terminada esta continência paraninfos e agraciados, com espadas embainhadas, retornam aos seus lugares;

f) a Bandeira Nacional volta ao seu lugar na tropa, e os possuidores de medalhas ou condecorações, que tinham saído de forma para se postarem à direita da Bandeira, voltam também para seus lugares, a fim de ser realizado o desfile em honra da autoridade que presidiu a cerimônia e dos agraciados; e

g) os paraninfos, tendo a cinco passos à esquerda, e no mesmo alinhamento, os agraciados, e, à retaguarda, os demais oficiais presentes, assistem ao desfile da tropa, o que encerra a solenidade.

Art. 196. Quando somente praças tiverem que receber medalhas ou condecorações, o paraninfo é o comandante da subunidade a que elas pertencerem ou o comandante da Organização Militar, quando pertencerem a mais de uma subunidade.

Art. 197. A Bandeira Nacional, ao ser agraciada com a Ordem do Mérito, recebe a condecoração em solenidade, nos dias estabelecidos pelas respectivas Forças Singulares e o cerimonial obedece ao seguinte procedimento:

I – quando o dispositivo estiver pronto, de acordo com o art. 194 deste Regulamento, é determinado por toque de corneta para a Bandeira avançar;

II – a Bandeira, conduzida pelo seu Porta-Bandeira e acompanhada pelo comandante da Organização Militar a que pertence, coloca-se à esquerda da Bandeira Nacional incorporada, conforme o dispositivo;

III – ao ser anunciado o início da entrega da condecoração, o comandante desembainha a espada e fica na posição de descansar; e o corneteiro executa "Sentido" e "Ombro Arma" e, ao toque de "Ombro Arma", o Porta-Bandeira desfralda a Bandeira Nacional, e o comandante da Organização Militar perfila espada; e

IV – o Grão-Mestre, ou no seu impedimento o Chanceler da Ordem, é convidado a agraciar a Bandeira e, quando aquela autoridade estiver a cinco passos da Bandeira, o Comandante da Organização Militar abate espada, e o Porta-Bandeira dá ao pavilhão uma inclinação que permita a colocação da insígnia e, após a aposição da insígnia, o Comandante da Organização Militar e a Bandeira voltam à posição de "Ombro Arma", retiram-se do dispositivo e tem prosseguimento a solenidade.

Parágrafo único. Na condecoração de estandarte, são obedecidas, no que couber, as determinações deste artigo.

CAPÍTULO VIII

DAS GUARDAS DOS QUARTÉIS E ESTABELECIMENTOS MILITARES

Seção I

Da Substituição das Guardas

Art. 198. Na substituição das guardas, além do que estabelecem os Regulamentos ou Normas específicas de cada Força Armada, é observado o seguinte:

I – logo que a Sentinela das Armas der o sinal de aproximação da Guarda que vem substituir a que está de serviço, esta entra em forma e, na posição de "Sentido", aguarda a chegada daquela;

II – a Guarda que chega coloca-se à esquerda, ou em frente, se o local permitir, da que vai substituir, e seu Comandante comanda: "Sem Intervalos, Pela Direita (Esquerda) Perfilar" e, depois "Firme"; em seguida comanda: "Em Continência, Apresentar Arma"; feito o manejo de armas correspondente, o Comandante da Guarda que sai corresponde à saudação, comandando "Apresentar Arma" e, a seguir, "Descansar Arma", no que é seguido pelo outro Comandante;

III – finda esta parte do cerimonial, os Comandantes da Guarda que entra e da que sai dirigem-se um ao encontro do outro, arma na posição correspondente à de "Ombro Arma", fazem alto, à distância de dois passos, e, sem descansar a arma, apresentam-se sucessivamente; e

IV – a seguir, realiza-se a transmissão de ordens e instruções relativas ao serviço.

Seção II

Da Substituição das Sentinelas

Art. 199. São as seguintes as determinações a serem observadas quando da rendição das sentinelas:

I – o Cabo da Guarda forma de baioneta armada; os soldados que entram de sentinela formam em "coluna por um" ou "por dois", na ordem de rendição, de maneira que a Sentinela das Armas seja a última a ser substituída, no "passo ordinário", o Cabo da Guarda conduz os seus homens até a altura do primeiro posto a ser substituído;

II – ao se aproximar a tropa, a sentinela a ser substituída toma a posição de "Sentido" e faz "Ombro Arma", ficando nessa posição;

III – à distância de dez passos do posto, o Cabo da Guarda comanda "Alto!" e dá a ordem: "Avance Sentinela Número Tal!";

IV – a sentinela chamada avança no passo ordinário, arma na posição de "Ombro Arma" e, à ordem do Cabo, faz "Alto!" a dois passos da sentinela a ser substituída;

V – a seguir, o Cabo comanda "Cruzar Arma!" o que é executado pelas duas sentinelas, fazendo-se, então, sob a fiscalização do Cabo, que se conserva em "Ombro Arma", e à voz de "Passar-Ordens!", a transmissão das ordens e instruções particulares relativas ao posto; e

VI – cumprida esta determinação, o Cabo dá o comando de "Ombro Arma!" e ordena à sentinela substituída: "Entre em Forma!", esta coloca-se à retaguarda do último homem da coluna, ao mesmo tempo que a nova sentinela toma posição no seu posto, permanecendo em "Ombro Arma" até que a Guarda se afaste.

TÍTULO V

DAS DISPOSIÇÕES FINAIS

Art. 200. Para eventos a que não esteja presente o Ministro de Estado da Defesa ou que não impliquem participação de mais de uma Força, as peculiaridades das Continências, Honras, Sinais de Respeito e do Cerimonial Militar podem ser reguladas em cerimonial específico de cada Força Armada.

Art. 201. Os casos omissos serão solucionados pelo Ministro de Estado da Defesa, assessorado pelo Chefe do Estado-Maior Conjunto das Forças Armadas.

Fonte: Brasil, 2009d, grifos do original.

Devemos salientar que a Portaria Normativa n. 660/2009 (modificada pela Portaria Normativa n. 849/2013) contém as normas para o cerimonial no âmbito das organizações militares brasileiras, tratando das continências, do hino nacional, dos sinais de respeito e do cerimonial militar das Forças Armadas. Tais normas são aplicadas no cotidiano militar, tanto nos espaços próprios como na sociedade, inclusive nas solenidades de natureza cívica.

Indicação cultural

Na Argentina, as normas do cerimonial público são regidas pelo Decreto n. 2.072, de 7 de outubro de 1993 (atualizado pelos Decretos n. 655/1999 e n. 140/2020). A escritora Olenka Ramalho Luz, em sua obra *Cerimonial, protocolo e etiqueta: introdução ao cerimonial do Mercosul – Argentina e Brasil*, destaca que a organização geral e protocolar das autoridades argentinas considera a precedência sem a presença do Corpo Diplomático estrangeiro e, também, com a presença desse corpo. Considerando o crescente processo de globalização e ampliação das relações bilaterais e multilaterais entre os países, acesse na internet o Decreto n. 2.072/1993 da Argentina e faça uma comparação entre as normas de cerimonial público e ordem geral de precedência aplicáveis à Argentina e ao Brasil.

ARGENTINA. Decreto n. 2.072, de 7 de outubro de 1993. **Boletín Nacional**, Poder Ejecutivo Nacional, Buenos Aires, 13 out. 1993. Disponível em: <https://www.argentina.gob.ar/normativa/nacional/decreto-2072-1993-17573/texto>. Acesso em: 17 jan. 2021.

Síntese

Neste capítulo, verificamos que o cerimonial público no Brasil tem como referência algumas legislações que se aplicam em conformidade com cada ocasião. Observamos que a legislação mais ampla e norteadora é o Decreto n. 70.274/1972, mas que há algumas alterações a serem consideradas para fins de atualizações, advindas por meio de decretos específicos nos anos de 1979, 2001 e 2018.

Com esses estudos, vimos que a ordem de precedência deve ser considerada nas solenidades públicas e, também, nos eventos corporativos que tenham a presença de autoridades oficiais nacionais e estrangeiras.

A ordem de precedência serve como base e orientação ao cerimonialista para o correto posicionamento das autoridades – tanto as federais como as dos estados e municípios – em uma cerimônia. Para além disso, observamos que as normas de cerimonial e ordem de precedência abordam orientações relativas ao uso da bandeira, da faixa presidencial, dos trajes, dos cumprimentos, das audiências, das visitas, dos funerais etc.

É importante que o profissional que planeja e organiza uma cerimônia fique atento às normas vigentes, seja para evitar constrangimentos, seja para o alcance da harmonia com respeito às hierarquias por meio de uma postura ética.

Questões para revisão

1. De acordo com as normas de cerimonial público em vigência no Brasil, em que horários se dão, respectivamente, o hasteamento e o arriamento da bandeira nacional?

2. Conforme as normas de cerimonial público em vigência no Brasil, quais autoridades devem comparecer à chegada do Presidente da República, na ocasião da visita deste à um território da Federação?

3. Analise as assertivas a seguir, sobre os significados de precedência:
   I) A precedência significa a condição de preferência ou de antecedência em uma determinada ordem.
   II) A primazia é a referência ao lugar de honra ocupado por alguém que detenha um cargo de relevância.
   III) A presidência é o ato que pode significar dirigir ou comandar uma reunião, conduzir uma solenidade.
   IV) A precedência deve considerar prioritariamente em uma solenidade pública e oficial a senioridade.
   V) A precedência deve servir como referência apenas para a organização das cerimônias particulares.

   É correto o que se afirma em:
   a) II, III e V.
   b) I, IV e V.
   c) I, II e III.
   d) I, II e IV.
   e) III, IV e V.

4. Analise as assertivas a seguir sobre a precedência e o posicionamento de bandeiras:
   I) Ao organizar um cerimonial em que estejam presentes autoridades do governo federal e dos Estados da Paraíba, do Paraná e do Goiás, o cerimonialista deverá posicionar a bandeira do Brasil mais à direita e, em seguida, distribuir as bandeiras do Goiás, da Paraíba e do Paraná, nesta ordem, alternando-as à esquerda e à direita da bandeira nacional.
   II) Ao organizar um cerimonial em que estejam presentes autoridades do governo federal e dos Estados de Minas Gerais e de Santa Catarina, o cerimonialista deverá

posicionar a bandeira do Brasil ao centro e, em seguida, distribuir as bandeiras de Minas Gerais, à direita, e de Santa Catarina, à esquerda, em relação à bandeira nacional.

III) Ao organizar um cerimonial em que estejam presentes autoridades do governo federal, dos Estados Unidos e da Alemanha, o cerimonialista deverá posicionar a bandeira do Brasil ao centro e, em seguida, distribuir as bandeiras dos Estados Unidos, à direita, e da Alemanha, à esquerda, em relação à bandeira nacional.

IV) Ao organizar um cerimonial em que estejam presentes autoridades do governo federal, dos Estados do Pará, Sergipe, Maranhão e Espírito Santo, além dos embaixadores da Argentina e do Uruguai, o cerimonialista deverá posicionar a bandeira do Brasil ao centro e, em seguida, distribuir as demais bandeiras à direita e à esquerda, devendo a precedência ser concedida incialmente aos estados e, em seguida, aos países.

V) Ao organizar um cerimonial em que estejam presentes autoridades do governo do Estado do Amazonas, do município de Manaus e da Empresa X Celulose, o cerimonialista deverá posicionar a bandeira do estado ao centro e, em seguida, distribuir as bandeiras do município, à direita, e da empresa, à esquerda, em relação à bandeira nacional.

É correto o que se afirma em:

a) II, III e IV.
b) I, II e IV.
c) II, III e V.
d) I, II e V.
e) I, II e III.

5. Analise as assertivas a seguir, sobre a precedência nas cerimônias militares:

I) Quando uma cerimônia for realizada em uma Organização Militar, será presidida pela autoridade – da cadeia de comando – de maior grau hierárquico presente ou pela autoridade indicada pelo cerimonial específico de cada Força Armada.

II) Quando uma cerimônia for realizada em uma Organização Militar do Exército, da Marinha ou da Aeronáutica, com a presença do presidente da República, competirá a ele conduzi-la.

III) Quando uma cerimônia for realizada em uma Organização Militar do Exército, da Marinha ou da Aeronáutica, estando ausente o presidente da República, mas com a presença do vice-presidente da República, competirá ao ministro de Estado da Defesa presidi-la e conduzi-la.

IV) O ato de continência deve sempre partir do militar de menor precedência hierárquica. Havendo dúvida sobre a menor precedência, ou nos casos de igualdade de posto ou de graduação, o ato de continência é dispensável.

V) Têm direito ao ato de continência, além da Bandeira Nacional, os Governadores de Estado, de Territórios Federais e do Distrito Federal, os militares da reserva ou reformados e o vice-presidente da República.

É correto o que se afirma em:

a) II, III e IV.
b) I, II e III.
c) II, III e V.
d) I, III e IV.
e) I, II e V.

Questão para reflexão

1. O Decreto n. 70.274/1972 é a norma que regulamenta as normas de cerimonial público e a ordem de precedências no Brasil. Conforme já estudamos, o objetivo de um protocolo é assegurar o respeito às hierarquias e a harmonia em uma cerimônia. Assim como no Brasil, outros países também possuem suas normas protocolares e, em certas ocasiões, há alguma similaridade entre as normas deles e o nosso protocolo. Nesse sentido, realize uma pesquisa e procure conhecer as normas de cerimonial público em outros países. Sugerimos escolher algum membro do Mercosul (Argentina, Paraguai, Uruguai e Venezuela), dadas as relações cada vez mais estreitas com o Brasil e as possibilidades de ocorrências de solenidades com autoridades de diferentes nacionalidades.

5 Os símbolos nacionais

Conteúdos do capítulo:

» Lei n. 5.700/1971 (que dispõe sobre a forma e a apresentação dos símbolos nacionais).
» A bandeira nacional brasileira, sua constituição e formas de uso.
» A disposição da bandeira nacional brasileira com outras bandeiras.
» O hino nacional brasileiro, as regras de execução e a posição cívica nas cerimônias.
» As armas nacionais, seus elementos constituintes e formas de uso.
» O selo nacional e sua utilização pelo Poder Público.

Após o estudo deste capítulo, você será capaz de:

1. reconhecer símbolos nacionais brasileiros e sua constituição histórica;
2. compreender as relações entre os símbolos nacionais, as normas protocolares e o cerimonial público;
3. organizar uma cerimônia pública em conformidade com as normas e protocolos vigentes.

5.1 Bandeira nacional

A Lei n. 5.700, de 1º de setembro de 1971 (Brasil, 1971) – alterada pelas Leis n. 5.812/1972, n. 6.913/1981, n. 8.421/1992, n. 12.031/2009, n. 12.157/2009 e n/ 13.413/2016 –, dispõe sobre a forma e a apresentação dos símbolos nacionais. Conforme a legislação, são considerados símbolos nacionais o hino nacional, a bandeira nacional, as armas nacionais e o selo nacional.

De acordo com Luz (2005), os símbolos nacionais representam a manifestação da nacionalidade e, por esse motivo, devem ser apresentados de forma adequada e respeitosa. Eles são indissociáveis e sua utilização deve ocorrer conforme prevê o Decreto n. 70.274, de 9 de março de 1972 (Brasil, 1972). Dentre os símbolos, a bandeira nacional é considerada o mais relevante, cabendo a ela ter o respeito de cidadãos nacionais e estrangeiros.

Em conformidade com o Decreto n. 4, de 19 de novembro de 1889 (Brasil, 1889), a bandeira do império foi substituída pela bandeira nacional, com a Proclamação da República. Na atual bandeira, foi mantido o formato retangular, com um losango amarelo sobre um campo verde, tendo sido substituída a coroa imperial por uma esfera, que por sua vez é atravessada por uma faixa branca inclinada em sentido oblíquo descendente do lado esquerdo para o lado direito, contendo o lema filosófico e positivista de Augusto Comte "Ordem e Progresso".

Dentro da esfera azul, estão dispostas as estrelas, as quais representam os estados da federação. As estrelas são o reflexo de um aspecto do céu do Rio de Janeiro na noite do dia 15 de novembro de 1889, na ocasião da Proclamação da República, com destaque para o Cruzeiro do Sul.

Conforme demonstramos na Figura 5.1, cada Estado brasileiro e o Distrito Federal possui correspondência com uma estrela disposta na esfera que compõe a bandeira.

Figura 5.1 – Bandeira nacional

Bandeira oficial do Brasil usada desde 19 de novembro de 1889. Desenhada pelo pintor Décio Vilares, é formada por um retângulo verde, que simboliza as matas do país, tendo inscrito um losango amarelo, que lembra a riqueza mineral. No centro, possui uma esfera azul contendo 27 estrelas, que representam os estados nacionais e o Distrito Federal. Na primeira versão havia 21 estrelas, segundo a disposição astronômica do céu do Rio de Janeiro, visto às 8h30 do dia da proclamação.

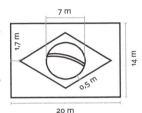

Mato Grosso do Sul Alphard – Alfa da Hidra Fêmea
Pará Spica – Alfa da Virgem
Acre Gama da Hidra Fêmea
Bahia Gama do Cruzeiro do Sul
São Paulo Alfa do Cruzeiro do Sul
Paraná Gama do Triângulo Austral
Piauí Antares – Alfa do Escorpião
Maranhão Beta do Escorpião
Ceará Epsilon do Escorpião
Rio Grande do Norte Lambda do Escorpião
Paraíba Capa do Escorpião
Pernanbuco Mu do Escorpião
Alagoas Teta do Escorpião
Sergipe Iota do Escorpião

Roraima Delta do Cão Maior
Mato Grosso Sirius – Alfa do Cão Maior
Rondônia Gama do Cão Maior
Amapá Beta do Cão Maior

Santa Catarina Delta do Triângulo Austral
Rio Grande do Sul Alfa do Triângulo Austral
Rio de Janeiro Beta do Cruzeiro do Sul
Distrito Federal Sigma do Oitante
Espírito Santo Epsilon do Cruzeiro do Sul
Minas Gerais Delta do Cruzeiro do Sul
Amazonas Procyon – Alfa e Cão Maior
Goiás Canopus – Alfa de Argus
Tocantins Epsilon do Cão Maior

Fonte: Oliveira, 2011, p. 60.

A bandeira nacional deve ficar em um lugar de honra, isto é, onde seja possível fazer a deferência devida, hasteada em mastro ou adriça. Ela pode ser reproduzida em paredes, carros e quadros. Também, pode ser utilizada na composição de panóplias, ou seja, um quadro com outras bandeiras ou símbolos. Em relação aos cuidados com a bandeira nacional, Nunes (2006, p. 89) destaca:

> Ocupa, em todo o território nacional, lugar de honra [...]. O lugar que lhe é destinado deve ser destacado e de fácil visualização. Convém lembrar que a Bandeira Nacional não é objeto decorativo. É um dos símbolos pátrios e, por esta razão, merece respeito, não podendo ser apresentada suja ou rasgada. As bandeiras em mau estado de conservação devem ser entregues na unidade militar mais próxima, para que sejam incineradas no Dia da Bandeira, em cerimônia especial.

Sobre a exposição desse símbolo nacional, Lukower (2006, p. 22) informa que "a bandeira é hasteada diariamente em repartições públicas e órgãos governamentais, seja de nível municipal, seja estadual ou federal. É obrigatório seu hasteamento em dias de festa ou de luto em todas as repartições públicas, estabelecimentos de ensino e sindicatos". Caso haja decreto de luto, em todos os órgãos públicos, a bandeira nacional deverá ser hasteada a meio mastro, mas, antes, deve ser elevada ao topo e, em seguida, retornar ao posicionamento central. Ao ser arriada, a bandeira não pode tocar o chão.

Ainda, devemos considerar que a bandeira nacional pode ser hasteada e arriada a qualquer hora do dia e da noite, mas, normalmente, é hasteada às 8 horas e arriada às 18 horas. Se ficar permanentemente no mastro, deverá ser iluminada no período noturno.

De acordo com Luz (2005), se houver outras bandeiras a serem hasteadas e arriadas junto com a bandeira nacional, esta será a primeira a atingir o topo e a última a descer, e as demais bandeiras devem ter tamanho menor ou igual – jamais maior.

Sobre o posicionamento das bandeiras, de acordo com Oliveira (2011), devemos considerar como regras gerais: (i) entre países, a precedência atende ao critério da ordem alfabética; (ii) entre os estados e o Distrito Federal, a precedência deve atender ao critério da constituição histórica, sendo a última posição a da bandeira do Distrito Federal; (iii) entre os municípios, também deve ser observado o critério da sua constituição histórica; (iv) havendo diversas bandeiras – tanto de países, como de estados e de municípios – a precedência será dos países e, em seguida, dos estados, dos municípios e, por fim, de empresas ou organizações.

Oliveira (2011) reitera, ainda, que a Lei n. 12.157, de 23 de dezembro de 2009 (Brasil, 2009c), alterou a Lei n. 5.700/1971, tornando obrigatório o hasteamento da bandeira do Mercosul junto à bandeira brasileira.

De forma especial, no Dia da Bandeira, ou seja, 19 de novembro, ela deve ser necessariamente hasteada ao meio-dia, em uma cerimônia especial. Em relação ao uso da bandeira nas escolas, tanto públicas quanto da rede privada, é obrigatório o hasteamento ao menos uma vez por semana. Caso a bandeira tenha hasteamento permanente, deverá ser trocada uma vez por mês, atentando-se para, primeiro, hastear a nova e somente após descer a bandeira antiga.

A respeito da exposição da bandeira nacional de forma permanente, Jesus (2001, p. 128) assim nos ensina:

> A Bandeira Nacional estará permanentemente no topo de um mastro especial plantado na Praça dos Três Poderes, em Brasília, no Distrito Federal, como símbolo perene da Pátria e sob a guarda

do povo brasileiro. A substituição dessa Bandeira será feita com solenidades especiais, no primeiro domingo de cada mês, devendo o novo exemplar atingir o topo do mastro antes que o exemplar substituído comece a ser arriado. Na base do mastro especial estarão inscritos exclusivamente os seguintes dizeres: 'sob a guarda do povo brasileiro, nesta Praça dos Três Poderes, a Bandeira sempre no alto-visão permanente da Pátria'.

Ainda, seu posicionamento sempre deve ser em lugar de destaque ou à frente, tanto nos desfiles quanto nas alamedas ou em dispositivos, sendo nestes últimos à direita e com seu orador posicionado ao lado. Sobre o posicionamento da bandeira nacional, Lukower (2006, p. 23) destaca:

> Empresas ou locais de eventos que costumam ter bandeiras devem seguir o mesmo cerimonial que o oficial, por tratar-se de um símbolo nacional. Caso a Bandeira Nacional esteja junto a outras, como por exemplo a bandeira da cidade ou do estado, ela deverá estar sempre no centro, em dispositivos ímpares, ou mais próxima dele, em dispositivos pares, à direita do centro.

As Figuras 5.2 a 5.5 a seguir indicam as diversas formas de posicionamento da bandeira nacional, seja ela sozinha, seja com bandeiras de outros países, de estados, de municípios e de instituições. É importante observar a posição do público em relação ao palco, ao praticável, ao dispositivo ou à alameda com as bandeiras.

Figura 5.2 – Disposição da bandeira do Brasil e de três estados

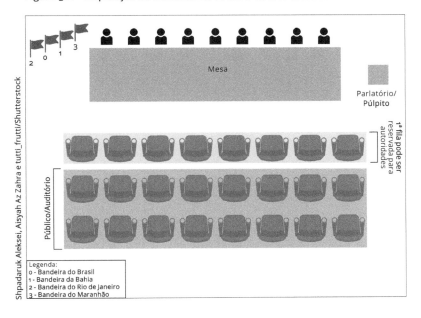

Figura 5.3 – Disposição da bandeira do Brasil e de três países

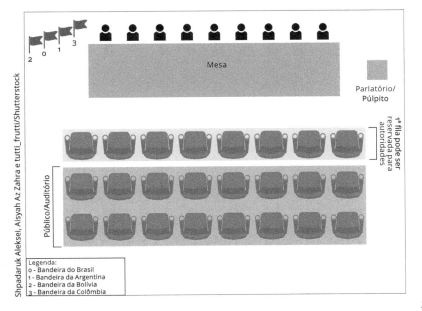

Figura 5.4 – Disposição da bandeira do Brasil, de um Estado, de um município e de uma empresa

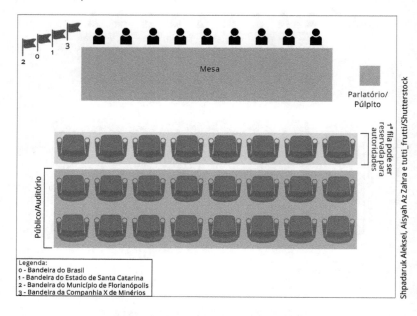

Figura 5.5 – Disposição da bandeira do Brasil e de quatro estados

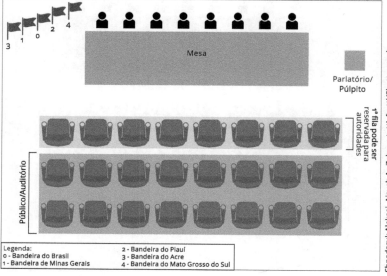

5.2 Hino nacional

O hino nacional brasileiro faz parte dos símbolos nacionais e, assim, sua utilização é regulada pela Lei n. 5.710/0971. A letra do hino é de Joaquim Osório Duque Estrada (1870-1927) e a música foi composta por Francisco Manuel da Silva (1795-1865), na ocasião da abdicação de D. Pedro I, e executada na partida da família real para a Europa. Conforme Luz (2005), logo após a Proclamação da República, realizou-se um concurso com a finalidade de substituir esse hino por outro que representasse melhor a nova organização política.

Sobre a história que nos conduz até a versão atual do hino nacional brasileiro, Luz (2005, p. 224) afirma:

> Por iniciativa do compositor Alberto Nepomuceno, o Governo Republicano designou uma comissão que estudou e fixou a edição da letra que seria adotada oficialmente. Foram aprovados os versos de Joaquim Osório Duque Estrada, em 1909, por serem os que melhor se adaptavam ao ritmo da música. Foi oficializado no dia 06 de setembro de 1922, às vésperas do centenário da Independência do Brasil.

O hino nacional é executado, geralmente, nos atos de abertura de cerimônias e deve ocorrer após a composição da mesa diretiva, do dispositivo ou do praticável com as autoridades. Conforme nos mostram Schumacher, Portela e Borth (2013), quando o hino nacional não é cantado, toca-se a partitura sem a repetição dos estribilhos. Luz (2005, p. 224) destaca que as duas partes do poema devem ser cantadas, "exceto em execuções instrumentais, quando se executa a música integral sem repetição".

Caso haja a execução de outros hinos na mesma cerimônia, como é o caso dos hinos dos estados, estes devem ser executados após um intervalo de tempo do hino nacional brasileiro. Em relação à execução do hino nacional brasileiro na mesma cerimônia em que se executará um hino nacional estrangeiro, este deve preceder aquele, como um sinal de cortesia (Luz, 2005).

Quando o hino nacional for executado, os participantes do evento deverão ser conduzidos à posição de respeito. Todos devem estar voltados para a bandeira nacional, em silêncio. A posição cívica não requer, necessariamente, que todos estejam em pé, pois é necessário considerar as pessoas com deficiência física ou comorbidades e limitações. Para tanto, é recomendável que lugares especiais sejam reservados para esse público, promovendo-lhe maior proximidade a fim de facilitar a visualização das bandeiras. Além disso, o mestre de cerimônia não precisa convidar todos a ficarem em pé, mas sim em posição de respeito para a execução do hino nacional.

Sobre a postura dos participantes de uma cerimônia, que se manifestam com aplausos após a execução do hino nacional Brasileiro, há posicionamentos e opiniões divergentes: uns alegam ser proibido, outros afirmam ser permitido, e há quem defenda se tratar de uma manifestação livre. Para Schumacher, Portela e Borth (2013, p. 273), "o aplauso é uma manifestação de aprovação. Ninguém aplaude o que não gosta; vaia. [...] O aplauso é uma demonstração civil e cidadã, de regozijo para com a pátria e seu símbolo nacional".

A seguir, apresentamos a letra oficial do hino nacional brasileiro, extraído em abril de 2021 da página da internet da Presidência da República (Brasil, 2022c, grifos do original):

Presidência da República
Casa Civil
Subchefia para Assuntos Jurídicos
HINO NACIONAL

Parte I

Ouviram do Ipiranga as margens plácidas
De um povo heróico o brado retumbante,
E o sol da liberdade, em raios fúlgidos,
Brilhou no céu da pátria nesse instante.
Se o penhor dessa igualdade
Conseguimos conquistar com braço forte,
Em teu seio, ó liberdade,
Desafia o nosso peito a própria morte!
Ó Pátria amada,
Idolatrada,
Salve! Salve!
Brasil, um sonho intenso, um raio vívido
De amor e de esperança à terra desce,
Se em teu formoso céu, risonho e límpido,
A imagem do Cruzeiro resplandece.
Gigante pela própria natureza,
És belo, és forte, impávido colosso,
E o teu futuro espelha essa grandeza.
Terra adorada,
Entre outras mil,
És tu, Brasil,
Ó Pátria amada!
Dos filhos deste solo és mãe gentil,
Pátria amada,
Brasil!

Parte II

Deitado eternamente em berço esplêndido,
Ao som do mar e à luz do céu profundo,
Fulguras, ó Brasil, florão da América,
Iluminado ao sol do Novo Mundo!
Do que a terra, mais garrida,
Teus risonhos, lindos campos têm mais flores;
"Nossos bosques têm mais vida",
"Nossa vida" no teu seio "mais amores."
Ó Pátria amada,
Idolatrada,
Salve! Salve!
Brasil, de amor eterno seja símbolo
O lábaro que ostentas estrelado,
E diga o verde-louro dessa flâmula
- "Paz no futuro e glória no passado."
Mas, se ergues da justiça a clava forte,
Verás que um filho teu não foge à luta,
Nem teme, quem te adora, a própria morte.
Terra adorada,
Entre outras mil,
És tu, Brasil,
Ó Pátria amada!
Dos filhos deste solo és mãe gentil,
Pátria amada,
Brasil!

Letra: Joaquim Osório Duque Estrada
Música: Francisco Manuel da Silva

Atualizado ortograficamente em conformidade com Lei nº 5.765 de 1971, e com art. 3º da Convenção Ortográfica celebrada entre Brasil e Portugal. em 29.12.1943.

5.3 Armas nacionais

As chamadas *armas nacionais*, ou o escudo nacional do Brasil, foram instituídas pelo Decreto n. 4/1889, alterado pela Lei n. 5.443, de 28 de maio de 1968, e devem se fazer presentes nas edificações oficiais do governo federal e dos estados, além de compor o timbre dos papéis de expediente, como ofícios, convites e publicações oficiais de nível federal.

As armas nacionais constituem a formação resultante da junção de um escudo redondo sobre uma estrela de cinco pontas, nas cores verde e amarelo, com bordas em ouro e vermelho. A estrela fica sobre uma coroa constituída por dois ramos na cor verde e com frutos na cor vermelha, unidos por uma faixa de cor azul, sendo um ramo de café, à direita, e um ramo de fumo, à esquerda.

O Cruzeiro do Sul, com bordadura do campo perfilada de ouro, fica posicionado ao centro, sobre o campo azul-celeste, circundado em uma orla composta por estrelas na cor prata, em número igual ao das estrelas existentes na bandeira nacional. O escudo deve ficar pousado em uma estrela partida-gironada composta de dez peças de sinopla e ouro e bordada de duas tiras, sendo a interior de goles e a exterior de ouro.

De acordo com Luz (2005, p. 223), o escudo e a estrela se encontram sobre uma espada, posicionada na vertical, simbolizando a justiça. A espada possui punho de ouro e guardas azuis, e sobre o punho, em ouro, há a legenda "República Federativa do Brasil". Ainda, nas extremidades direita e esquerda, constam, respectivamente, as legendas "15 de Novembro" e "de 1889". Ao fundo, há um conjunto de raios dourados concêntricos que formam uma estrela de 20 pontas, representando a Alvorada da República.

A seguir, na Figura 5.6, observe as armas nacionais do Brasil – imagem extraída em abril de 2021 da página da internet do Exército Brasileiro.

Figura 5.6 – Armas nacionais

Fonte: Brasil, 2022a.

5.4 Selo nacional

A Lei n. 5.700/1971 estabelece que "o Selo Nacional é um dos símbolos oficiais da República Federativa do Brasil" (Brasil, 1971).

A feitura do símbolo nacional requer que as duas circunferências concêntricas sejam desenhadas com uma proporção entre os seus raios de três a quatro. Assim como as regras para a bandeira nacional, colocam-se as estrelas, a faixa e a legenda no círculo interior. As letras para as palavras *República Federativa do Brasil* terão adotadas as medidas com altura de um sexto do raio do círculo interior e, de largura, de um sétimo do mesmo raio.

A seguir, veja a Figura 5.7, que traz o selo nacional, extraída em abril de 2021 da página da internet do Exército Brasileiro.

Figura 5.7 – Selo nacional

Fonte: Brasil, 2022b.

O selo nacional é utilizado na autenticação dos atos do governo, em diplomas e em certificados emitidos por instituições de ensino devidamente reconhecidas. É formado por um símbolo circular que representa uma esfera celeste, igual ao que se encontra no centro da bandeira nacional. Ao seu redor, consta a expressão *República Federativa do Brasil*.

5.5 Lei n. 5.700, de 01/09/1971

A seguir, apresentamos a íntegra da Lei n. 5.700/1971 (alterada pelas Leis n. 5.812/1972, n. 6.913/1981, n. 8.421/1992, n. 12.031/2009, n. 12.157/2009 e n. 13.413/2016):

**Presidência da República
Casa Civil
Subchefia para Assuntos Jurídicos**

LEI Nº 5.700, DE 1º DE SETEMBRO DE 1971.

Texto compilado

Dispõe sobre a forma e a apresentação dos Símbolos Nacionais, e dá outras providências.

O PRESIDENTE DA REPÚBLICA, faço saber que o CONGRESSO NACIONAL decreta e eu sanciono a seguinte Lei:

CAPÍTULO I

Disposição Preliminar

Art. 1º São Símbolos Nacionais: (Redação dada pela Lei nº 8.421, de 1992)

I - a Bandeira Nacional; (Redação dada pela Lei nº 8.421, de 1992)

II - o Hino Nacional; (Redação dada pela Lei nº 8.421, de 1992)

III - as Armas Nacionais; e (Incluído pela Lei nº 8.421, de 1992)

IV - o Selo Nacional. (Incluído pela Lei nº 8.421, de 1992)

CAPÍTULO II

Da forma dos Símbolos Nacionais

SEÇÃO I

Dos Símbolos em Geral

Art. 2º Consideram-se padrões dos Símbolos Nacionais os modelos compostos de conformidade com as especificações e regras básicas estabelecidas na presente lei.

SEÇÃO II

Da Bandeira Nacional

Art. 3º A Bandeira Nacional, adotada pelo Decreto nº 4, de 19 de novembro de 1889, com as modificações da Lei nº 5.443, de 28 de maio de 1968, fica alterada na forma do Anexo I desta lei, devendo ser atualizada sempre que ocorrer a criação ou a extinção de Estados. (Redação dada pela Lei nº 8.421, de 1992)

§ 1º As constelações que figuram na Bandeira Nacional correspondem ao aspecto do céu, na cidade do Rio de Janeiro, às 8 horas e 30 minutos do dia 15 de novembro de 1889 (doze horas siderais) e devem ser consideradas como vistas por um observador situado fora da esfera celeste. (Incluído pela Lei nº 8.421, de 1992)

§ 2º Os novos Estados da Federação serão representados por estrelas que compõem o aspecto celeste referido no parágrafo anterior, de modo a permitir-lhes a inclusão no círculo azul da Bandeira Nacional sem afetar a disposição estética original constante do desenho proposto pelo Decreto nº 4, de 19 de novembro de 1889. (Incluído pela Lei nº 8.421, de 1992)

§ 3º Serão suprimidas da Bandeira Nacional as estrelas correspondentes aos Estados extintos, permanecendo a designada para representar o novo Estado, resultante de fusão, observado, em qualquer caso, o disposto na parte final do parágrafo anterior. (Incluído pela Lei nº 8.421, de 1992)

Art. 4º A Bandeira Nacional em tecido, para as repartições públicas em geral, federais, estaduais, e municipais, para quartéis e escolas públicas e particulares, será executada em um dos seguintes tipos: tipo 1, com um pano de 45 centímetros de largura; tipo 2, com dois panos de largura; tipo 3, três panos de largura; tipo 4 quatro panos de largura; tipo 5, cinco panos de largura; tipo 6, seis panos de largura; tipo 7, sete panos de largura.

Parágrafo único. Os tipos enumerados neste artigo são os normais. Poderão ser fabricados tipos extraordinários de dimensões maiores, menores ou intermediárias, conforme as condições de uso, mantidas, entretanto, as devidas proporções.

Art. 5º A feitura da Bandeira Nacional obedecerá às seguintes regras (Anexo nº 2):

I – Para cálculo das dimensões, tomar-se-á por base a largura desejada, dividindo-se esta em 14 (quatorze) partes iguais. Cada uma das partes será considerada uma medida ou módulo.

II – O comprimento será de vinte módulos (20M).

III – A distância dos vértices do losango amarelo ao quadro externo será de um módulo e sete décimos (1,7M).

IV – O círculo azul no meio do losango amarelo terá o raio de três módulos e meio (3,5M).

V – O centro dos arcos da faixa branca estará dois módulos (2M) à esquerda do ponto do encontro do prolongamento do diâmetro vertical do círculo com a base do quadro externo (ponto C indicado no Anexo nº 2).

VI – O raio do arco inferior da faixa branca será de oito módulos (8M); o raio do arco superior da faixa branca será de oito módulos e meio (8,5M).

VII – A largura da faixa branca será de meio módulo (0,5M).

VIII – As letras da legenda Ordem e Progresso serão escritas em côr verde. Serão colocadas no meio da faixa branca, ficando, para cima e para baixo, um espaço igual em branco. A letra P ficará sôbre o diâmetro vertical do círculo. A distribuição das demais letras far-se-á conforme a indicação do Anexo nº 2. As letras da palavra Ordem e da palavra Progresso terão um têrço de módulo (0,33M) de altura. A largura dessas letras será de três décimos de módulo (0,30M). A altura da letra da conjunção

E será de três décimos de módulo (0,30M). A largura dessa letra será de um quarto de módulo (0,25M).

IX – As estrelas serão de 5 (cinco) dimensões: de primeira, segunda, terceira, quarta e quinta grandezas. Devem ser traçadas dentro de círculos cujos diâmetros são: de três décimos de módulo (0,30M) para as de primeira grandeza; de um quarto de módulo (0,25M) para as de segunda grandeza; de um quinto de módulo (0,20M) para as de terceira grandeza; de um sétimo de módulo (0,14M) para as de quarta grandeza; e de um décimo de módulo (0,10M) para a de quinta grandeza.

X – As duas faces devem ser exatamente iguais, com a faixa branca inclinada da esquerda para a direita (do observador que olha a faixa de frente), sendo vedado fazer uma face como avesso da outra.

SEÇÃO III

Do Hino Nacional

Art. 6º O Hino Nacional é composto da música de Francisco Manoel da Silva e do poema de Joaquim Osório Duque Estrada, de acôrdo com o que dispõem os Decretos nº 171, de 20 de janeiro de 1890, e nº 15.671, de 6 de setembro de 1922, conforme consta dos Anexos números 3, 4, 5, 6, e 7.

Parágrafo único. A marcha batida, de autoria do mestre de música Antão Fernandes, integrará as instrumentações de orquestra e banda, nos casos de execução do Hino Nacional, mencionados no inciso I do art. 25 desta lei, devendo ser mantida e adotada a adaptação vocal, em fá maior, do maestro Alberto Nepomuceno.

SEÇÃO IV

Das Armas Nacionais

Art. 7º As Armas Nacionais são as instituídas pelo Decreto nº 4 de 19 de novembro de 1889 com a alteração feita pela Lei nº 5.443, de 28 de maio de 1968 (Anexo nº 8).

Art. 8º A feitura das Armas Nacionais deve obedecer à proporção de 15 (quinze) de altura por 14 (quatorze) de largura, e atender às seguintes disposições:

I – o escudo redondo será constituído em campo azul-celeste, contendo cinco estrelas de prata, dispostas na forma da constelação Cruzeiro do sul, com a bordadura do campo perfilada de ouro, carregada de estrelas de prata em número igual ao das estrelas existentes na Bandeira Nacional; (Redação dada pela Lei nº 8.421, de 1992)

II – O escudo ficará pousado numa estrêla partida-gironada, de 10 (dez) peças de sinopla e ouro, bordada de 2 (duas) tiras, a interior de goles e a exterior de ouro.

III – O todo brocante sôbre uma espada, em pala, empunhada de ouro, guardas de blau, salvo a parte do centro, que é de goles e contendo uma estrêla de prata, figurará sôbre uma coroa formada de um ramo de café frutificado, à destra, e de outro de fumo florido, à sinistra, ambos da própria côr, atados de blau, ficando o conjunto sôbre um resplendor de ouro, cujos contornos formam uma estrêla de 20 (vinte) pontas.

IV – Em listel de blau, brocante sôbre os punhos da espada, inscrever-se-á, em ouro, a legenda República Federativa do Brasil, no centro, e ainda as expressões «15 de novembro», na extremidade destra, e as expressões "de 1889", na sinistra.

SEÇÃO V

Do Sêlo Nacional

Art. 9º O Sêlo Nacional será constituído, de conformidade com o Anexo nº 9, por um círculo representando uma esfera celeste, igual ao que se acha no centro da Bandeira Nacional, tendo em volta as palavras República Federativa do Brasil. Para a feitura do Sêlo Nacional observar-se-á o seguinte:

I – Desenham-se 2 (duas) circunferências concêntricas, havendo entre os seus raios a proporção de 3 (três) para 4 (quatro).

II – A colocação das estrêlas, da faixa e da legenda Ordem e Progresso no círculo inferior obedecerá as mesmas regras estabelecidas para a feitura da Bandeira Nacional.

III – As letras das palavras República Federativa do Brasil terão de altura um sexto do raio do círculo inferior, e, de largura, um sétimo do mesmo raio.

CAPÍTULO III

Da Apresentação dos Símbolos Nacionais

SEÇÃO I

Da Bandeira Nacional

Art. 10. A Bandeira Nacional pode ser usada em tôdas as manifestações do sentimento patriótico dos brasileiros, de caráter oficial ou particular.

Art. 11. A Bandeira Nacional pode ser apresentada:

I – Hasteada em mastro ou adriças, nos edifícios públicos ou particulares, templos, campos de esporte, escritórios, salas de aula, auditórios, embarcações, ruas e praças, e em qualquer lugar em que lhe seja assegurado o devido respeito;

II – Distendida e sem mastro, conduzida por aeronaves ou balões, aplicada sôbre parede ou prêsa a um cabo horizontal ligando edifícios, árvores, postes ou mastro;

III – Reproduzida sôbre paredes, tetos, vidraças, veículos e aeronaves;

IV – Compondo, com outras bandeiras, panóplias, escudos ou peças semelhantes;

V – Conduzida em formaturas, desfiles, ou mesmo individualmente;

VI – Distendida sôbre ataúdes, até a ocasião do sepultamento.

Art. 12. A Bandeira Nacional estará permanentemente no tôpo de um mastro especial plantado na Praça dos Três Podêres de Brasília, no Distrito Federal, como símbolo perene da Pátria e sob a guarda do povo brasileiro.

§ 1º A substituição dessa Bandeira será feita com solenidades especiais no 1º domingo de cada mês, devendo o novo exemplar atingir o topo do mastro antes que o exemplar substituído comece a ser arriado.

§ 2º Na base do mastro especial estarão inscritos exclusivamente os seguintes dizeres:

Sob a guarda do povo brasileiro, nesta Praça dos Três Podêres, a Bandeira sempre no alto-visão permanente da Pátria.

Art. 13. Hasteia-se diariamente a Bandeira Nacional e a do Mercosul: (Redação dada pela Lei nº 12.157, de 2009).

I – No Palácio da Presidência da República e na residência do Presidente da República;

II – Nos edifícios-sede dos Ministérios;

III – Nas Casas do Congresso Nacional;

IV – No Supremo Tribunal Federal, nos Tribunais Superiores, nos Tribunais Federais de Recursos e nos Tribunais de Contas da União, dos Estados, do Distrito Federal e dos Municípios; (Redação dada pela Lei nº 5.812, de 1972).

V – Nos edifícios-sede dos podêres executivo, legislativo e judiciário dos Estados, Territórios e Distrito Federal;

VI – Nas Prefeituras e Câmaras Municipais;

VII – Nas repartições federais, estaduais e municipais situadas na faixa de fronteira;

VIII – Nas Missões Diplomáticas, Delegações junto a Organismo Internacionais e Repartições Consulares de carreira respeitados os usos locais dos países em que tiverem sede.

IX – Nas unidades da Marinha Mercante, de acôrdo com as Leis e Regulamentos da navegação, polícia naval e praxes internacionais.

Art. 14. Hasteia-se, obrigatòriamente, a Bandeira Nacional, nos dias de festa ou de luto nacional, em tôdas as repartições públicas, nos estabelecimentos de ensino e sindicatos.

Parágrafo único. Nas escolas públicas ou particulares, é obrigatório o hasteamento solene da Bandeira Nacional, durante o ano letivo, pelo menos uma vez por semana.

Art. 15. A Bandeira Nacional pode ser hasteada e arriada a qualquer hora do dia ou da noite.

§ 1º Normalmente faz-se o hasteamento às 8 horas e o arriamento às 18 horas.

§ 2º No dia 19 de novembro, Dia da Bandeira, o hasteamento é realizado às 12 horas, com solenidades especiais.

§ 3º Durante a noite a Bandeira deve estar devidamente iluminada.

Art. 16. Quando várias bandeiras são hasteadas ou arriadas simultâneamente, a Bandeira Nacional é a primeira a atingir o tope e a ultima a dêle descer.

Art. 17. Quando em funeral, a Bandeira fica a meio-mastro ou a meia-adriça. Nesse caso, no hasteamento ou arriamento, deve ser levada inicialmente até o tope.

Parágrafo único. Quando conduzida em marcha, indica-se o luto por um laço de crepe atado junto à lança.

Art. 18. Hasteia-se a Bandeira Nacional em funeral nas seguintes situações, desde que não coincidam com os dias de festa nacional:

I – Em todo o País, quando o Presidente da República decretar luto oficial;

II – Nos edifícios-sede dos podêres legislativos federais, estaduais ou municipais, quando determinado pelos respectivos presidentes, por motivo de falecimento de um de seus membros;

III – No Supremo Tribunal Federal, nos Tribunais Superiores, nos Tribunais Federais de Recursos, nos Tribunais de Contas da União, dos Estados, do Distrito Federal e dos Municípios e nos Tribunais de Justiça estaduais, quando determinado pelos respectivos presidentes, pelo falecimento de um de seus ministros, desembargadores ou conselheiros. (Redação dada pela Lei nº 5.812, de 1972).

IV – Nos edifícios-sede dos Governos dos Estados, Territórios, Distrito Federal e Municípios, por motivo do falecimento do Governador ou Prefeito, quando determinado luto oficial pela autoridade que o substituir;

V – Nas sedes de Missões Diplomáticas, segundo as normas e usos do país em que estão situadas.

Art. 19. A Bandeira Nacional, em tôdas as apresentações no território nacional, ocupa lugar de honra, compreendido como uma posição:

I – Central ou a mais próxima do centro e à direita dêste, quando com outras bandeiras, pavilhões ou estandartes, em linha de mastros, panóplias, escudos ou peças semelhantes;

II – Destacada à frente de outras bandeiras, quando conduzida em formaturas ou desfiles;

III – A direita de tribunas, púlpitos, mesas de reunião ou de trabalho.

Parágrafo único. Considera-se direita de um dispositivo de bandeiras a direita de uma pessoa colocada junto a êle e voltada para a rua, para a platéia ou de modo geral, para o público que observa o dispositivo.

Art. 20. A Bandeira Nacional, quando não estiver em uso, deve ser guardada em local digno.

Art. 21. Nas repartições públicas e organizações militares, quando a Bandeira é hasteada em mastro colocado no solo, sua largura não deve ser maior que 1/5 (um quinto) nem menor que 1/7 (um sétimo) da altura do respectivo mastro.

Art. 22. Quando distendida e sem mastro, coloca-se a Bandeira de modo que o lado maior fique na horizontal e a estrela isolada em cima, não podendo ser ocultada, mesmo parcialmente, por pessoas sentadas em suas imediações.

Art. 23. A Bandeira Nacional nunca se abate em continência.

SEÇÃO II

Do Hino Nacional

Art. 24. A execução do Hino Nacional obedecerá às seguintes prescrições:

I – Será sempre executado em andamento metronômico de uma semínima igual a 120 (cento e vinte);

II – É obrigatória a tonalidade de si bemol para a execução instrumental simples;

III – Far-se-á o canto sempre em uníssono;

IV – nos casos de simples execução instrumental ou vocal, o Hino Nacional será tocado ou cantado integralmente, sem repetição. (Redação dada pela Lei nº 13.413, de 2016)

V – Nas continências ao Presidente da República, para fins exclusivos do Cerimonial Militar, serão executados apenas a introdução e os acordes finais, conforme a regulamentação específica.

Art. 25. Será o Hino Nacional executado:

I – Em continência à Bandeira Nacional e ao Presidente da República, ao Congresso Nacional e ao Supremo Tribunal Federal, quando incorporados; e nos demais casos expressamente determinados pelos regulamentos de continência ou cerimônias de cortesia internacional;

II – Na ocasião do hasteamento da Bandeira Nacional, previsto no parágrafo único do art. 14.

III – na abertura das competições esportivas organizadas pelas entidades integrantes do Sistema Nacional do Desporto, conforme definidas no art. 13 da Lei no 9.615, de 24 de março de 1998. (Incluído pela Lei n° 13.413, de 2016)

§ 1° A execução será instrumental ou vocal de acôrdo com o cerimonial previsto em cada caso.

§ 2° É vedada a execução do Hino Nacional, em continência, fora dos casos previstos no presente artigo.

§ 3° Será facultativa a execução do Hino Nacional na abertura de sessões cívicas, nas cerimônias religiosas a que se associe sentido patriótico, no início ou no encerramento das transmissões diárias das emissoras de rádio e televisão, bem assim para exprimir regozijo público em ocasiões festivas.

§ 4° Nas cerimônias em que se tenha de executar um Hino Nacional Estrangeiro, êste deve, por cortesia, preceder o Hino Nacional Brasileiro.

§ 5° Em qualquer hipótese, o Hino Nacional deverá ser executado integralmente e todos os presentes devem tomar atitude de respeito, conforme descrita no **caput** do art. 30 desta Lei. (Incluído pela Lei n° 13.413, de 2016)

SEÇÃO III

Das Armas Nacionais

Art. 26. É obrigatório o uso das Armas Nacionais;

I - No Palácio da Presidência da República e na residência do Presidente da República;

II - Nos edifícios-sede dos Ministérios;

III - Nas Casas do Congresso Nacional;

IV - No Supremo Tribunal Federal, nos Tribunais Superiores e nos Tribunais Federais de Recursos;

V - Nos edifícios-sede dos podêres executivo, legislativo e judiciário dos Estados, Territórios e Distrito Federal;

VI - Nas Prefeituras e Câmaras Municipais;

VII - Na frontaria dos edifícios das repartições públicas federais;

VIII - nos quartéis das forças federais de terra, mar e ar e das Polícias Militares e Corpos de Bombeiros Militares, nos seus armamentos, bem como nas fortalezas e nos navios de guerra; (Redação dada pela Lei nº 8.421, de 1992)

IX - Na frontaria ou no salão principal das escolas públicas;

X - Nos papéis de expediente, nos convites e nas publicações oficiais de nível federal.

SEÇÃO IV

Do Sêlo Nacional

Art. 27. O Sêlo Nacional será usado para autenticar os atos de governo e bem assim os diplomas e certificados expedidos pelos estabelecimentos de ensino oficiais ou reconhecidos.

CAPÍTULO IV

Das Côres Nacionais

Art. 28. Consideram-se côres nacionais o verde e o amarelo.

Art. 29. As Côres nacionais podem ser usadas sem quaisquer restrições, inclusive associadas a azul e branco.

CAPÍTULO V

Do respeito devido à Bandeira Nacional e ao Hino Nacional

Art. 30. Nas cerimônias de hasteamento ou arriamento, nas ocasiões em que a Bandeira se apresentar em marcha ou cortejo, assim como durante a execução do Hino Nacional, todos devem tomar atitude de respeito, de pé e em silêncio, o civis do sexo masculino com a cabeça descoberta e os militares em continência, segundo os regulamentos das respectivas corporações.

Parágrafo único. É vedada qualquer outra forma de saudação.

Art. 31. São consideradas manifestações de desrespeito à Bandeira Nacional, e portanto proibidas:

I – Apresentá-la em mau estado de conservação.

II – Mudar-lhe a forma, as côres, as proporções, o dístico ou acrescentar-lhe outras inscrições;

III – Usá-la como roupagem, reposteiro, pano de bôca, guarnição de mesa, revestimento de tribuna, ou como cobertura de placas, retratos, painéis ou monumentos a inaugurar;

IV – Reproduzí-la em rótulos ou invólucros de produtos expostos à venda.

Art. 32. As Bandeiras em mau estado de conservação devem ser entregues a qualquer Unidade Militar, para que sejam incineradas no Dia da Bandeira, segundo o cerimonial peculiar.

Art. 33. Nenhuma bandeira de outra nação pode ser usada no País sem que esteja ao seu lado direito, de igual tamanho e em posição de realce, a Bandeira Nacional, salvo nas sedes das representações diplomáticas ou consulares.

Art. 34. É vedada a execução de quaisquer arranjos vocais do Hino Nacional, a não ser o de Alberto Nepomuceno; igualmente não será permitida a execução de arranjos artísticos instrumentais do Hino Nacional que não sejam autorizados pelo Presidente da República, ouvido o Ministério da Educação e Cultura.

CAPÍTULO VI

Das Penalidades

Art. 35 – A violação de qualquer disposição desta Lei, excluídos os casos previstos no art. 44 do Decreto-lei nº 898, de 29 de setembro de 1969, é considerada contravenção, sujeito o infrator à pena de multa de uma a quatro vezes o maior valor de referência vigente no País, elevada ao dobro nos casos de reincidência. (Redação dada pela Lei nº 6.913, de 1981).

Art. 36 – O processo das infrações a que alude o artigo anterior obedecerá ao rito previsto para as contravenções penais em geral. (Redação dada pela Lei nº 6.913, de 1981).

CAPÍTULO VII

Disposições Gerais

Art. 37. Haverá nos Quartéis-Generais das Fôrças Armadas, na Casa da Moeda, na Escola Nacional de Música, nas embaixadas, legações e consulados do Brasil, nos museus históricos oficiais, nos comandos de unidades de terra, mar e ar, capitanias de portos e alfândegas, e nas prefeituras municipais, uma coleção de exemplares-padrão dos Símbolos Nacionais, a fim de servirem de modelos obrigatórios para a respectiva feitura, constituindo o instrumento de confronto para a aprovação dos exemplares destinados à apresentação, procedam ou não da iniciativa particular.

Art. 38. Os exemplares da Bandeira Nacional e das Armas Nacionais não podem ser postos à venda, nem distribuídos gratuitamente sem que tragam na tralha do primeiro e no reverso do segundo a marca e o endereço do fabricante ou editor, bem como a data de sua feitura.

Art. 39. É obrigatório o ensino do desenho e do significado da Bandeira Nacional, bem como do canto e da interpretação da letra do Hino Nacional em todos os estabelecimentos de ensino, públicos ou particulares, do primeiro e segundo graus.

Parágrafo único. Nos estabelecimentos públicos e privados de ensino fundamental, é obrigatória a execução do Hino Nacional uma vez por semana. (Incluído pela Lei n° 12.031, de 2009).

Art. 40. Ninguém poderá ser admitido no serviço público sem que demonstre conhecimento do Hino Nacional.

Art. 41. O Ministério da Educação e Cultura fará a edição oficial definitiva de tôdas as partituras do Hino Nacional e bem assim promoverá a gravação em discos de sua execução instrumental e vocal, bem como de sua letra declamada.

Art. 42. Incumbe ainda ao Ministério da Educação e Cultura organizar concursos entre autores nacionais para a redução das partituras de orquestras do Hino Nacional para orquestras restritas.

Art. 43. O Poder Executivo regulará os pormenores de cerimonial referentes aos Símbolos Nacionais.

Art. 44. O uso da Bandeira Nacional nas Fôrças Armadas obedece as normas dos respectivos regulamentos, no que não colidir com a presente Lei.

Art. 45. Esta Lei entra em vigor na data de sua publicação, ficando revogadas a de n° 5.389, de 22 de fevereiro de 1968, a de n° 5.443, de 28 de maio de 1968, e demais disposições em contrário.

Brasília, 1 de setembro de 1971; 150° da Independência e 83° da República.

EMÍLIO G. MÉDICI
Alfredo Buzaid
Adalberto de Barros Nunes

Orlando Geisel
Mário Gibson Barboza
Antonio Delfim Netto
Mário David Andreazza
L. F. Cirne Lima
Jarbas G. Passarinho
Júlio Barata
Mário de Souza e Mello
F. Rocha Lagôa
Marcus Vinícius Pratini de Moraes
Antônio Dias Leite Júnior
João Paulo dos Reis Velloso
José Costa Cavalcanti
Hygino C. Corsetti

Este texto não substitui o publicado no DOU de 2.9.1971

Fonte: Brasil, 1971, grifos do original.

Indicação cultural

Recomendamos a leitura do livro *Cerimonial, protocolo e etiqueta em eventos*. Nesta obra, a autora Adriana Figueiredo Yanes nos traz boas orientações sobre as mais diversas formas de disposição da bandeira do Brasil, um dos símbolos nacionais que estudamos neste capítulo. Os exemplos abordam as posições da bandeira tanto em nível federal como estadual e municipal, seja em composições pares ou ímpares.

YANES, A. F. **Cerimonial, protocolo e etiqueta em eventos**. São Paulo: Érica: 2014.

Síntese

Nos estudos deste capítulo, tratamos sobre os símbolos nacionais brasileiros: bandeira nacional, hino nacional, armas nacionais e selo nacional. Vimos os elementos que constituem cada símbolo e seus significados; dessa forma, foi possível entender a importância de cada símbolo para uma cerimônia pública.

Além disso, conhecemos em detalhes as regras para o posicionamento adequado de uma bandeira em um dispositivo – tanto em relação às bandeiras de outros países como de estados, municípios e instituições –, assim como as formas corretas para a execução do hino nacional e a conduta cívica das autoridades presentes.

Ainda, verificamos o que são as armas nacionais e o selo nacional, muitas vezes vistos em edificações e documentos, mas poucas vezes compreendidos. Prova disso são a espada e o escudo, que simbolizam a justiça nas armas e, também, a faixa com o lema "Ordem e Progresso", presente no selo nacional utilizado na autenticação de atos do governo.

Questões para revisão

1. Considerando a Lei n. 5.700/1971, qual deve ser a posição das bandeiras do Brasil, da Argentina e do Distrito Federal em um dispositivo, durante uma cerimônia de assinatura de convênio? Considere a Figura 5.8 como o desenho do dispositivo e indique as posições das bandeiras:

   - Posição 1: bandeira do(a) _____.
   - Posição 2: bandeira do(a) _____.
   - Posição 3: bandeira do(a) _____.

Figura 5.8 – Posicionamento das bandeiras

Posição 2/Posição 1/Posição 3	Mesa diretiva	Púlpito
Público/Plateia		

2. De acordo com a Lei n. 5.700/1971, qual deve ser a ordem de execução dos hinos nacionais do Brasil, do Uruguai e da Argentina em uma cerimônia pública, que ocorre em Brasília, para a assinatura de um protocolo de intenções entre estes países?

3. Analise as assertivas a seguir sobre os atos proibidos em relação ao uso da bandeira nacional:
   I) A bandeira nacional em mau estado de conservação, rasgada ou suja deve ser descartada no lixo e substituída por uma nova.
   II) A bandeira nacional não poderá ser utilizada como revestimento de tribuna ou forro de mesa, inclusive em cerimônias oficiais.
   III) A bandeira nacional não poderá ter suas cores oficiais, azul e amarelo, modificadas, exceto com autorização prévia de organização militar.
   IV) A bandeira nacional poderá ser utilizada como cobertura de placas ou de bustos apenas na ocasião de cerimônias de inauguração.
   V) São consideradas cores oficiais nacionais o verde e o amarelo, cujo uso é livre, sem restrições, inclusive se associadas ao azul e ao branco.

   É correto o que se afirma em:
   a) I e II.
   b) I e IV.
   c) II e V.

d) II e III.
e) IV e V.

4. Analise as afirmativas a seguir, sobre os símbolos nacionais:
   I) Se em uma solenidade várias bandeiras forem hasteadas ou arriadas simultaneamente, a bandeira nacional deverá ser a primeira a atingir o topo do mastro e a última a descer dele.
   II) Quando uma solenidade for realizada em um auditório, onde haja mesa de autoridades, púlpito e tribuna, a bandeira nacional deverá ficar posicionada no lado direito destes.
   III) Quando for realizada uma cerimônia de abertura de competição esportiva e, na ocasião, ocorrer o hasteamento da bandeira nacional, a execução do hino nacional será facultativa.
   IV) O uso das armas nacionais é obrigatório nos edifícios-sede dos ministérios, no Congresso Nacional e na frente das edificações de autarquias federais. Nas edificações das prefeituras esse uso é facultativo.
   V) Durante a execução do hino nacional, a atitude de respeito deve ser demonstrada com todos os presentes se posicionando de pé e em silêncio. Os civis do sexo masculino devem estar com a cabeça descoberta.

   É correto o que se afirma em:
   a) I, II e III.
   b) I, III e IV.
   c) III, IV e V.
   d) II, IV e V.
   e) I, II e V.

5. Analise as afirmativas a seguir sobre os símbolos nacionais:

   I) Se em uma cerimônia do governo brasileiro estiver presente e compor mesa uma autoridade estrangeira, o hino estrangeiro deverá ser executado antes do hino nacional brasileiro.
   II) Recomenda-se que o roteiro de uma cerimônia seja elaborado com a previsão de execução do hino nacional brasileiro antes da composição da mesa de autoridades.
   III) As armas nacionais devem estar presentes nas paredes das edificações públicas e oficiais e, também, nos papéis usados como ofícios e memorandos das organizações públicas e privadas.
   IV) O selo nacional é utilizado na autenticação dos atos do governo, além de diplomas e certificados emitidos pelas instituições de ensino devidamente reconhecidas.
   V) A bandeira nacional deve ficar posicionada em local destacado. Se estiver rasgada, a bandeira deve ser entregue em uma instituição militar oficial para incineração em cerimônia especial, no Dia da Bandeira.

   É correto o que se afirma em:

   a) I, IV e V.
   b) II, IV e V.
   c) I, II e III.
   d) III, IV e V.
   e) II, III e IV.

Questão para reflexão

1. Como vimos neste capítulo, a Lei n. 5.700/1971, que trata dos símbolos nacionais, sofreu alterações com o passar do tempo. Entre as modificações, podemos citar, no art. 13, a nova redação dada pela Lei n. 12.157/2009, que trata do hasteamento da bandeira do Mercosul. O inciso V do art. 13 determina que a bandeira do Mercosul deve ser hasteada nos edifícios-sede dos Poderes Executivo, Legislativo e Judiciário, dos estados, dos territórios e do Distrito Federal (Brasil, 2009c). Diante desse contexto, verifique em órgãos públicos da sua cidade se a bandeira do Mercosul se encontra presente ao lado das outras bandeiras. Caso não esteja hasteada, na sua opinião, tem-se um caso de mero descuido, um erro protocolar ou uma ilegalidade?

6 Os profissionais de eventos e cerimonial

Conteúdos do capítulo:

» A composição de uma equipe de cerimonial e eventos.
» Perfil e atribuições do chefe do cerimonial.
» Perfil e atribuições do mestre de cerimônias.

Após o estudo deste capítulo, você será capaz de:

1. identificar os profissionais que atuam em um cerimonial;
2. entender as competências e as funções atribuídas ao chefe do cerimonial e ao mestre de cerimônias.

6.1 Equipe de cerimonial

Uma equipe de cerimonial, assim como qualquer outra equipe profissional, deve ser formada por um grupo de pessoas unidas, comprometidas e competentes. Todos os integrantes necessitam saber que um cerimonial, além de ser conduzido por normas rígidas, tem uma importante função, independente do tipo de evento a ser realizado: público, privado, misto, de caráter oficial, social, empresarial, cultural, esportivo, acadêmico, científico, técnico etc.

Ainda sobre o perfil das pessoas que trabalham em cerimoniais, Andrade (2002, citada por Distrito Federal, 2018, p. 30) afirma:

> Toda equipe de cerimonial bem-sucedida é formada por pessoas que amam o que fazem. São bem-humoradas, discretas e flexíveis. Geralmente, pessoas que precisam ser "puxadas para trás" são as mais indicadas, pois têm visão e iniciativa. Só é necessário observar se o excesso de iniciativa está voltado para o trabalho em si ou tão somente para o brilho pessoal. Neste caso, a pessoa se torna dispensável, pois, geralmente acredita que a sua presença é mais do que suficiente para abrilhantar qualquer evento.

Conforme Moreira (2009), o cerimonialista precisa usar seu conhecimento com inteligência e racionalidade. Por isso, deve ter bom relacionamento, ser sensível, simpático, ético e seguro nas suas decisões e atitudes. Os integrantes da equipe do cerimonial devem ter uma boa apresentação e, assim, preocuparem-se com a aparência e a postura, além de serem educados.

Oliveira (2011) pontua que os profissionais de cerimonial têm um código de ética definido pelo Comitê Nacional de Cerimonial e Protocolo (CNCP). Em seu art. 8º, no capítulo II, o código destaca os seguintes deveres do cerimonialista:

a) Procurar elevar o conceito do Cerimonial;

b) Obedecer às normas legais e administrativas que disciplinem o Cerimonial Público;

c) Desenvolver seu trabalho, tendo como objetivo maior os interesses da instituição à qual presta serviços;

d) Cumprir os compromissos assumidos de modo a merecer a confiança de todos;

e) Respeitar e fazer-se respeitado, no exercício das suas atividades;

f) Auxiliar na área de sua competência o trabalho de despertar da consciência cívica;

g) Auxiliar na padronização das atividades do cerimonial, buscando a eficiência e a eficácia do trabalho desenvolvido por seus pares;

h) Agir sempre com lealdade para com os colegas cerimonialistas;

i) Emitir juízo sobre programas e atividades referentes ao Cerimonial Público, somente após conhecimento pleno de todas as suas circunstâncias;

j) Abster-se, quando solicitado, de prestar serviços de forma contrária às leis, decretos e outras normas correlatas, aplicadas ao Cerimonial Público, bem como de maneira conflitante com as normas estabelecidas pelo Comitê Nacional do Cerimonial Público;

k) Zelar pela quantidade do seu trabalho, exercendo-o com dedicação, competência e lealdade;

l) Comunicar por escrito ao Conselho de Ética, através de Representação, as transgressões às normas emanadas do CNCP ou aos dispositivos do presente Código de Ética. (CNCP, citado por Oliveira, 2011, p. 32)

Sobre a postura dos profissionais que compõem a equipe do cerimonial, principalmente no transcorrer do evento, o documento *Cerimonial e protocolo de eventos*, publicado pela Escola de Governo do Distrito Federal (Egov), faz uma importante observação a respeito das relações com as autoridades, que devem ser profissionais, e da diferença entre quem trabalha e quem participa de um evento: "Como a equipe do cerimonial não participa do evento, uma das coisas que deve ser levada em consideração é a preocupação em não comer durante o coquetel, se for o caso. [...] é desagradável estar com a boca cheia ao atender um pedido de alguma autoridade ou ao surgir uma emergência" (Distrito Federal, 2018, p. 30).

6.2 Chefe do cerimonial ou cerimonialista

Neste livro, mencionamos que há um hábito em utilizar a designação *chefe de cerimonial* apenas para aqueles que trabalham coordenando as cerimônias nos órgãos públicos. Mas destacamos, também, que o atual cenário político e econômico tem exigido eventos com a participação de autoridades das duas esferas e, nesse sentido, são aplicáveis as funções do cerimonial público também no setor privado.

O chefe do cerimonial ou cerimonialista, além do perfil desejado para os demais membros da equipe, deve ser um profissional que possua habilidades para liderar pessoas, saiba delegar tarefas, tenha boa comunicação, relacionamento interpessoal, equilíbrio emocional e destreza para lidar com situações imprevistas.

Outro elemento indispensável ao seu perfil é o conhecimento técnico e a atualização. Se concordamos que um evento corporativo bem organizado e de qualidade marca os participantes e, ao mesmo tempo, contribui para o alcance dos mais variados objetivos da empresa, então é indiscutível o tamanho da responsabilidade do chefe do cerimonial, principalmente porque é ele que exerce o papel de guardião e, por isso, deve zelar pelo cumprimento das normas protocolares, de precedência, dos símbolos nacionais etc.

Conforme o documento *Curso cerimonial e protocolo de eventos* (Distrito Federal, 2018), não há regulamentação para o exercício da atividade do cerimonialista, apesar de ser este um profissional extremamente relevante para o planejamento e a realização de eventos. Dessa forma, as atividades de organização de eventos e cerimonial encontram-se previstas na regulamentação dos profissionais de secretariado executivo – conforme a Lei n. 7.377, de 30 de setembro de 1985 (Brasil, 1985), alterada pela Lei n. 9.261, de 10 de janeiro de 1996 (Brasil, 1996) – e de relações públicas – de acordo com a Lei n. 5.377, de 11 de novembro de 1967.

No caso dos profissionais de secretariado executivo, além do inciso X do art. 4º da Lei n. 7.377/1985, que trata dos conhecimentos protocolares, há outras atribuições previstas na lei que também estão relacionadas à organização e ao planejamento de eventos, como a assistência e o assessoramento aos executivos, a coleta de informações fundamentais para a empresa, os registros diversos, inclusive em idiomas estrangeiros etc. Segundo a oportuna reflexão de Schumacher, Portela e Borth (2013, p. 54-55):

> O caráter multifuncional do profissional de secretariado se dá pelo fato desse exercer inúmeras atividades em seu cotidiano nas organizações, desempenhando com eficiência e eficácia, necessitando ter conhecimento de diversas áreas, assim conseguindo ser polivalente.

[...] Além de todas essas atribuições, cabe ressaltar também que o mercado e as tecnologias deram a velocidade das mudanças para esses profissionais, e que isto não significa que tudo esteja mudado em breve, mas se faz necessário criar o hábito de observar tudo o que nos cerca frente o mercado de trabalho.

Com base no documento formulado pela Egov (Distrito Federal, 2018), apresentamos a seguir algumas das atribuições do profissional de cerimonial:

» planejamento, organização e implementação das solenidades promovidas pela empresa;
» expedição de convites e serviço de confirmação de presenças;
» proposição e orientação com base nas normas do cerimonial;
» recepção das autoridades, inclusive estrangeiras;
» observância para assegurar o cumprimento das normas de cerimonial e da ordem de precedência;
» elaboração do calendário dos eventos;
» atualização do banco de dados das autoridades vinculadas à organização;
» assessoria para a prestação de serviços de apoio turístico e de logística;
» orientação e capacitação técnica da equipe prestadora de serviços vinculados ao evento, como mestre de cerimônias, recepcionaistas, profissionais de áudio, serviço de apoio à mesa etc.;
» participação no processo de elaboração do projeto de evento, bem como na construção do seu cronograma, roteiro e *script*.

O dia do cerimonialista é comemorado em 29 de outubro, de acordo com a Lei n. 12.092, de 16 de novembro de 2009 (Brasil, 2009b).

6.3 Mestre de cerimônias

Como podemos constatar em Yanes (2014, p. 15), o mestre de cerimônias

> tem a função de apresentar o evento, conduzir os atos da solenidade de forma natural e sequencial – é o 'maestro que rege a orquestra'. Tornou-se impossível a solenidade formal sem o auxílio e a condução de um mestre de cerimônias. Trata-se de um profissional que deve ter amplo domínio e conhecimento de autoridades, bom fisionomista, técnicas de oratória e os conhecimentos diversos sobre cerimoniais públicos, sociais e privados, conhecer e praticar as regras de etiqueta, além de saber lidar com imprevistos (ausência de uma autoridade esperada, atraso no coffee break, mal súbito etc).

Falar bem em público requer ter habilidade em oratória, pois essa é a base para uma boa comunicação. Tal habilidade exige o uso de técnicas específicas, além de preparo, experiência, prática e aperfeiçoamento constante. Um mestre de cerimônias, além das características que atribuímos à equipe de cerimonial, principalmente aquelas relativas à postura e à aparência, deve ter preparo e cuidado com a sua voz, que é a sua principal ferramenta. Nesse sentido, deverá, por conta própria ou com a ajuda de profissionais, estar atento ao timbre da sua voz, ao tom, ao volume, à entonação, à fluência, à locução etc.

Conforme a oportuna distinção proposta por Oliveira (2011, p. 29):

> O mestre de cerimônias não tem a mesma função que o cerimonialista, que é a pessoa responsável por toda a solenidade e o evento em si. O mestre de cerimônias geralmente é alguém contratado

com boa dicção, voz imponente, podendo ser alguém de comunicação social ou não, dependendo do tipo de cerimônia que será realizada. Em organizações privadas pode ser um colaborador ou alguém com cargo de assessor ou gerência que é convidado a ser mestre de cerimônias. Em festas e eventos culturais pode ser um apresentador que não tem a mesma formalidade que o mestre de cerimônias. Pode ser também um casal e pode ser um homem ou uma mulher.

Além disso, o mestre de cerimônias necessita ter um cuidado especial com a linguagem verbal. Apesar de não ser um orador livre, mas sim um profissional que deve se ater à leitura de um *script* predefinido, é recomendável fazer leituras constantes para conhecer palavras novas e neologismos e, dessa forma, alcançar a pronúncia correta, ao mesmo tempo em que estará testando sua dicção, procurando clareza em sua fala e exposição.

A fala do mestre de cerimônias é baseada na linguagem impessoal, ou seja, precisa ser o mais natural possível, bem como espontânea e sincera. O uso do corpo para expressão deve ser moderado, pois exige-se desse profissional muita discrição. Sob essa perspectiva, tal profissional deve usar a expressão corporal e facial e, principalmente, das mãos, para dar ênfase visual e emocional às palavras, conferindo mais vida ao texto do *script*. Em relação ao olhar, não é recomendável fixar os olhos em uma única pessoa, mas sim no público em geral.

A respeito da postura física durante um evento, o mestre de cerimônias deve estar sempre em pé, com o corpo ereto, posicionado no púlpito em que realizará sua fala ou próximo dele, mostrando atenção e disponibilidade com o desenvolver do evento.

Esse profissional não deverá ficar com o corpo escorado em uma parede ou móvel, principalmente se estiver em local de visualização do público participante. Também, não pode se ausentar do local do evento enquanto este está em curso. Essa preparação física, antes do evento, exige uma noite de sono regular, alimentação saudável e equilibrada.

Por fim, a boa aparência é outro prerrequisito desejado a esse profissional. Portanto, ele sempre deve se apresentar em conformidade com os objetivos do evento. Ou seja, se conduzirá uma cerimônia formal – seja pública, seja privada – que tenha composição de mesa de autoridades, execução do hino nacional, discursos etc., é essencial o uso do traje passeio completo, com cores escuras, como preto ou azul-marinho. Além disso, cabelo penteado, barba feita e unhas cortadas e cuidadas fazem parte da boa apresentação.

A seguir, apresentamos mais algumas qualidades desejadas ao mestre de cerimônias, relacionadas ao seu perfil, suas habilidades e suas competências:

» ser discreto (fala, gestos, expressão facial e trajes);
» olhar igualmente para todos os participantes, de forma interativa;
» ter boa dicção e praticar a leitura regular;
» usar tom de voz seguro, firme e modulado;
» ter conhecimento do uso dos pronomes de tratamento;
» expressão corporal e facial compatíveis com cada cerimônia;
» vestir-se adequadamente, de acordo com cada ocasião;
» respeitar a organização do evento, atendo-se ao *script* e ao roteiro;
» possuir controle emocional e flexibilidade para adaptações.

Indicações culturais

Uma excelente referência e fonte de informações que pode contribuir para a atuação do profissional de cerimonial é o *site* do CNCP. Essa organização brasileira é uma sociedade civil, sem fins lucrativos, tendo sido fundada em 29 de outubro de 1993, na ocasião da realização do I Encontro Nacional do Cerimonial Público (Encep), em São Luís, no Maranhão. Na página, você encontrará o estatuto, o código de ética, além de artigos, atas, resoluções e outras informações sobre cerimonial e protocolo.

CNCP – COMITÊ NACIONAL DE CERIMONIAL E PROTOCOLO. Disponível em: <https://cncp.org.br>. Acesso em: 18 jan. 2021.

Recomendamos também a leitura do livro *A arte de falar em público: como fazer apresentações comerciais sem medo*, de autoria de Isidro Cano Muños. A obra traz boas dicas sobre o uso da voz, a postura corporal e as expressões faciais.

MUÑOZ, I. C. **A arte de falar em público**: como fazer apresentações comerciais sem medo. São Paulo: Cengage Learning, 2008.

Síntese

Com os estudos deste capítulo, verificamos que a boa funcionalidade de um evento depende, também, da atuação de profissionais competentes e que tenham perfil compatível com suas funções na solenidade. Nessa ótica, a constituição de uma equipe de cerimonial deve ser pensada a fim de contemplar os mais diversos serviços a serem realizados, principalmente dos cerimonialistas e do mestre de cerimônias.

Cabe destacar o estudo sobre o código de ética do CNCP, que traz os deveres do cerimonialista, além das características indispensáveis ao chefe do cerimonial – liderança, relacionamento interpessoal e equilíbrio emocional – e ao mestre de cerimônias – postura corporal, boa dicção, voz, entonação e fluência.

Questões para revisão

1. Conforme os estudos contidos neste capítulo, cite três atribuições do profissional de cerimonial e eventos.

2. Cite cinco aspectos importantes para o desempenho das funções de mestre de cerimônias.

3. Analise as assertivas a seguir, sobre a atuação dos profissionais de evento e cerimonial:
    I) É recomendável que os integrantes da equipe do cerimonial se alimentem durante o evento em que estiverem trabalhando, junto com os convidados, para fazerem *network*.
    II) Para o exercício da atividade de mestre de cerimônias é necessária a formação em curso específico, em instituições com o devido reconhecimento legal.
    III) Dentre as atribuições do profissional de cerimonial, está a participação na elaboração do projeto de evento, do roteiro e do *script*.

IV) A fala do mestre de cerimônias deve se basear na linguagem impessoal. Esse profissional deve agir de forma discreta, natural e com a maior espontaneidade possível.

V) O chefe do cerimonial ou cerimonialista deve ter habilidades para lidar com pessoas, boa comunicação, equilíbrio emocional e destreza para lidar com os imprevistos.

É correto o que se afirma em:

a) I, IV e V.
b) II, III e IV.
c) II, IV e V.
d) I, III e IV.
e) III, IV e V.

4. Analise as assertivas a seguir sobre as competências e a ética dos profissionais de evento e cerimonial:

I) O exercício da profissão de cerimonialista tem como documento orientador o Código de Ética elaborado pelo Comitê Nacional de Cerimonial e Protocolo (CNCP).

II) Conforme Código de Ética do Comitê Nacional de Cerimonial e Protocolo (CNCP), o cerimonialista deve abster-se da prestação de serviços que sejam conflitantes com as normas legais vigentes.

III) Compete ao profissional de cerimonial a orientação e a capacitação técnica da equipe prestadora de serviços de eventos sob sua coordenação, como recepcionistas e mestre de cerimônias.

IV) O mestre de cerimônias deverá ter habilidades e técnicas em oratória, pois em suas atividades serão requeridos o uso adequado do timbre da voz, do tom, do volume, da entonação e da fluência.

V) Dentre as atribuições do cerimonialista estão a expedição de convites, o serviço de confirmação de presenças e a recepção de autoridades nacionais e estrangeiras.

É correto o que se afirma em:

a) I, III e IV.
b) I, II e III.
c) II, IV e V.
d) III, IV e V.
e) I, III e V.

5. Analise as assertivas a seguir sobre a atuação dos profissionais de evento e cerimonial:
   I) Os profissionais de eventos e de cerimonial podem atuar tanto nos eventos públicos e oficiais como nos privados e corporativos, atentando-se, dentre outros critérios, para as normas de precedência e os símbolos nacionais.
   II) A profissão de chefe de cerimonial ou cerimonialista deve ser exercida somente pelas pessoas que tenham diploma de curso superior nas áreas de relações públicas, secretariado executivo e turismo.
   III) O mestre de cerimônias, durante todo o evento em que esteja trabalhando, deve ficar em pé, com o corpo ereto, posicionado no púlpito (ou próximo dele, se outra pessoa estiver fazendo o uso da palavra).
   IV) O mestre de cerimônias poderá fazer livremente a escolha do traje mais adequado que usará na cerimônia em que trabalhará, sendo que o traje esporte fino em cores escuras é o mais recomendado para os eventos públicos.
   V) A qualidade do trabalho do cerimonialista requer, dentre outros, os conhecimentos técnicos em normas protocolares, ordem de precedência, símbolos nacionais e etiqueta.

É correto o que se afirma em:

a) II, III e V.
b) I, IV e V.
c) II, III e IV.
d) I, II e III.
e) I, III e V.

Questão para reflexão

1. Dentre as atribuições do profissional de cerimonial, consta a assessoria para a prestação de serviços de apoio logístico e de turismo. Supondo que uma cerimônia de posse será realizada em sua cidade, com a presença de autoridades de outras unidades da federação, e que você integra a equipe de organização do evento, como você poderia prestar a assessoria logística e de turismo? Que tipo de recomendações faria sobre hospedagem, mobilidade e alimentação?

7 Cerimonial empresarial com autoridades oficiais e estrangeiras

Conteúdos do capítulo:

» Realização de cerimonial empresarial com autoridades públicas e estrangeiras.
» Aplicação da ordem de precedências nos eventos empresariais.
» Composição de mesas nas cerimônias públicas, empresariais e mistas.
» Tipos de serviço de mesa em eventos com alimentação e bebida.
» Tipos de mesa mais indicadas para cada evento.

Após o estudo deste capítulo, você será capaz de:

1. reconhecer a importância de conhecer as normas de cerimonial, de protocolo e a ordem de precedências;
2. aplicar as normas em eventos públicos e empresariais com a participação de autoridades oficiais;
3. escolher a mesa mais adequada para cada tipo de evento e a sua composição.

7.1 Cerimonial e protocolo nos eventos institucionais

De acordo com Czajkowski e Czajkowski Júnior (2017), é cada vez maior o nível de conscientização das empresas privadas sobre a importância da realização de eventos caracterizados como cerimonial empresarial. Além disso, a realização de eventos corporativos, com a ampliação das normas do cerimonial público, tende a ser frequente. Conforme Luz (2005, citado por Czajkowski; Czajkowski Júnior, 2017, p. 201), "nos intercâmbios de delegações oficiais entre empresas, reuniões de negócios, almoços e jantares oficiais, é necessária a formação de mesas com presidência, ordem de precedência, colocação de bandeiras, atenções e cortesias".

Segundo Yanes (2014), quando se realiza qualquer evento de natureza institucional, a intenção é a valorização da imagem de uma empresa, entidade ou governo, sendo que o lucro gerado é destinado à pesquisa e aos projetos sociais. Essa mesma autora afirma que os eventos podem ser de interesse político, quando são promovidos por organizações partidárias, sindicais, de classe etc.

Quanto à realização de eventos empresariais com a presença de autoridades públicas, é indispensável a aplicação das normas do cerimonial oficial, mesmo com adaptações, pois, se a equipe de cerimonial – ou a comissão promotora do evento – for negligente com a regras e o tratamento das autoridades presentes no evento, poderá correr o risco de gerar gafes e, consequentemente, comprometer a imagem institucional. Assim, nas palavras de Czajkowski e Czajkowski Júnior (2017, p. 201), "a ordem de precedência em eventos empresariais evita conflitos quanto ao poder e posição dos executivos e colaboradores, respeitando-se a hierarquia".

Diante do exposto, ainda que você não atue como responsável pelo cerimonial de uma organização pública, será importante ter o conhecimento sobre as normas de cerimonial público, a ordem geral de precedência e os símbolos nacionais, pois as relações políticas, sociais e econômicas contemporâneas têm nos mostrado, cada vez mais, uma proximidade entre os setores público e privado. Nessa ótica, indiscutivelmente, os eventos conjuntos entre tais organizações serão cada vez mais frequentes e necessários.

Considerando o atual cenário das relações cada vez mais estreitas entre as instituições públicas e privadas, Luz (2005, p. 129) comenta que as

> empresas, dia a dia, se convertem em anfitriãs de diferentes atos, tais como: exposições, conferências, congressos, simpósios etc. Portanto, cada vez mais elas têm que se preocupar com a organização destes. Atualmente, existem atos oficiais com a presença de personalidades do setor privado, e atos organizados por empresas ou instituições privadas, a que assistem autoridades oficiais. A esses eventos de caráter misto deve ser aplicado o Cerimonial Oficial, adaptado à natureza do ato específico em questão.

Podemos constatar esse mesmo entendimento, do estreitamento do espaço entre as organizações públicas e as privadas, nas proposições de Nunes (2006, p. 62), que assim destaca:

> O aspecto formal do relacionamento entre pessoas transferiu-se do âmbito do poder público para o mundo dos negócios. Hoje, não se admite o empirismo profissional quando está em jogo a reputação

das empresas. Isto também atinge a organização de encontros, quer tenham cunho social, quer sejam direcionadas para resoluções de problemas ou para a troca de informações e experiências.

As cerimônias que ocorrem no âmbito privado não possuem um código universal, com regras que servem como norteadoras para que se estabeleça o que é certo ou errado. Assim, podemos entender que a norma maior é o bom senso. Conforme Luz (2005, p. 129), "no Cerimonial Empresarial – salvo em casos excepcionais –, são os usos sociais e empresariais que devem ser levados em conta, sendo diferente da realização de um ato oficial, no qual existem normas predeterminadas e fixas".

Ainda em relação ao profissional responsável por coordenar o cerimonial nas empresas, devemos destacar que a nomenclatura *chefe de cerimonial* ou *cerimonialista* tradicionalmente se aplica mais àqueles responsáveis pelo planejamento e pela organização das cerimônias que ocorrem no setor público. No entanto, como já discutimos, a ausência de uma norma geral ou doutrina que regulamente o cerimonial empresarial faz com que, nesse setor, tal responsabilidade seja atribuída aos profissionais das áreas que possuam mais habilidades na promoção de eventos, como é o caso, por exemplo, de secretários(as) executivos(as), pessoas de relações públicas e turismólogos(as).

Na ocorrência de receber, de forma inesperada, autoridades públicas ligadas ao governo em uma cerimônia privada, algumas providências devem ser adotadas. A esse respeito, de acordo com Lukower (2006, p. 18-19):

> devemos primeiramente saber qual a importância que cada uma delas tem na escala hierárquica. Depois de verificado, consultamos a pessoa ou a instituição que promove o evento, se irá fazer alguma

alusão quanto ao comparecimento desta ou daquela autoridade. Mesmo quando não é feita a alusão, a obrigação de quem recebe uma autoridade, mesmo extraoficialmente, é de acomodá-la em lugar de destaque, não sendo necessário um lugar de honra.

Não podemos nos esquecer de verificar se há alguém acompanhando essa autoridade e de repassar as informações necessárias sobre o rito da cerimônia. É prudente apresentar-lhe o programa do evento e definir como será a participação da autoridade, informando, por exemplo, sobre a composição de mesa ou da tribuna e a realização de algum discurso que, a depender da ocasião, deverá ser feito, inicialmente, pelo anfitrião, como forma de boas-vindas, mas atentando-se para a regra geral – que será da pessoa que ocupa o cargo de menor grau ou importância na hierarquia institucional para aquela de posicionamento hierárquico superior presente no evento. Mais adiante, analisaremos alguns procedimentos para a definição das ordens de discursos em alguns tipos de eventos.

Novamente, relembramos que aqui foram feitas sugestões para a organização de eventos em empresas que, por sua personalidade jurídica, não têm obrigação de elaborar o planejamento e executar o seu cerimonial em conformidade com as normas do cerimonial público e a ordem geral de precedência contidas no Decreto n. 70.274, de 9 de março de 1972 (Brasil, 1972). Outras propostas para a organização de cerimônias nas empresas privadas poderão surgir em conformidade com as particularidades e os objetivos de quem as promove.

7.2 Eventos corporativos com autoridades públicas e estrangeiras

Conforme já discutimos anteriormente, no capítulo sobre a tipologia de eventos, são muitos os acontecimentos de caráter social que requerem certa formalidade e, dessa forma, um maior grau de planejamento e de organização, pois vão além da simples intenção de reunir pessoas. Também é importante retomarmos os conceitos de protocolo e cerimonial, já estudados anteriormente, que enfatizam a necessidade de cumprimento das leis que regulam a conduta dos participantes de um evento – ou seja, trata-se da garantia da formalidade.

Os eventos, como nos mostra Lukower (2006), tanto nas organizações privadas como nas públicas, podem ser profissionais, sociais, culturais, artísticos, técnicos, científicos, religiosos etc. Nesse mesmo sentido, Matias (2007) ainda acrescenta os eventos caracterizados como cívicos, de lazer, folclóricos ou turísticos. Mais comumente, os que ocorrem nas organizações privadas são tipificados como reuniões, coquetéis, entrevistas coletivas, oficinas, semanas, conferências etc.

De acordo com Luz (2005), a organização deve valorizar o cerimonial, conhecendo seu potencial e sua utilidade em relação a seus objetivos e suas finalidades. Para essa mesma autora, alguns exemplos de eventos particulares e que são muito comuns nas empresas são as reuniões, de negócios ou sociais, bem como uma coletiva de impresa, uma inauguração ou a realização de uma homenagem.

Por sua vez, Nunes (2006) reforça esse entendimento afirmando que os acontecimentos sociais ou eventos empresariais constituem uma excelente oportunidade para promover a imagem da instituição. A referida autora faz uma classificação dos eventos, destinando-os ao público interno ou externo da organização, conforme demonstramos a seguir (Nunes, 2006):

» visitação para familiares dos colaboradores;
» visitação pública/técnica, como a de estudantes e pesquisadores;
» exposição de trabalhos produzidos pelos colaboradores ou por seus familiares;
» exposição permanente ou itinerante de trabalhos de artistas;
» apresentações culturais (música, teatro, poesia) para a comunidade;
» concursos diversos, como fotográficos, literários e artísticos;
» competições esportivas e gincanas entre os colaboradores ou público externo;
» lançamento de benefícios aos colaboradores, como planos de saúde, planos odontológicos e bolsas de estudos;
» doação de materiais escolares, de cestas básicas, de roupas ou de brinquedos arrecadados após campanha solidária com os clientes;
» lançamentos e inaugurações, como a de uma edificação, de uma sede ou filial, de clubes recreativos, restaurantes ou refeitórios;
» datas especiais, como o dia dos pais, das mães, das crianças, Natal, Ano Novo etc.;
» eventos diversos (como palestras, oficinas, seminários) com vistas ao treinamento dos colaboradores.

De acordo com Yanes (2014), a globalização ocasionou a ampliação das relações entre os governos e, também, entre estes e as organizações internacionais. A aplicação das normas protocolares e de cerimonial público servem para orientar e reger a forma como os eventos devem ser realizados, de forma harmônica. Sob essa ótica, nas palavras da autora: "O cerimonial público serve de base a todos os eventos nos âmbitos empresarial e social" (Yanes, 2014, p. 40).

7.3 Hierarquia e ordem de precedência nas cerimônias empresariais

Os eventos empresariais, sejam eles formais, sejam informais, podem ser vistos como um meio para promover a aproximação das organizações com seus públicos, criando um clima de harmonização e alcançando a fidelização. É por meio dos eventos que as empresas mexem com os sentimentos das pessoas, cativando, envolvendo, fidelizando e, assim, deixando sua marca.

Nesse contexto de amplitude e variedade de eventos e tipologias, em conformidade com as finalidades e os objetivos da organização, devemos considerar que, para a realização de cerimônias no âmbito das empresas privadas, não há uma norma geral a ser seguida, como ocorre com as organizações públicas. Conforme destacam Czajkowski e Czajkowski Júnior (2017, p. 201), "o cerimonial empresarial não apresenta normas fixas e rígidas a todos os empreendimentos, devendo a empresa levar em consideração usos sociais e empresariais correntes".

Ainda, sobre as mais diversas causas para a realização de um cerimonial empresarial, Luz (2005, p. 131) aponta que:

> Os atos do cerimonial empresarial são realizados por dois tipos de motivação:
>
> » motivação expressa: como aniversário da empresa;
> » motivação tácita: que marca os objetivos principais, tais como determinar novos contratos, possibilitar o conhecimento mais estreito com as autoridades de outras empresas e intensificar as relações públicas.

O uso do bom senso poderá levar em conta o porte da organização, pois parte-se do princípio de que as de maior porte já possuem uma formalização da sua estrutura e organograma e, consequentemente, da posição e ordem de precedência entre seus dirigentes. Por outro lado, as organizações de menor porte e com aspectos menos formais, inclusive na definição de suas hierarquias, podem impor um maior desafio aos profissionais que organizam o cerimonial, pois estes não terão um parâmetro a ser observado.

Em relação à ausência de normas para a realização do cerimonial nas empresas e à inexistência da função de chefe de cerimonial, tal como há nas organizações públicas, Luz (2005, p. 130-131) afirma: "como não existe nada escrito sobre Cerimonial Empresarial, ele não tem uma doutrina, uma referência certa; e como não existe a função de cerimonialista no setor privado ele é exercido, atualmente, pelo Relações Públicas ou por secretárias executivas".

Para determinar a ordem de precedência em uma cerimônia empresarial sem a presença de autoridades públicas, Nunes (2006) sugere que o ponto de partida seja o anfitrião, ou seja, a personalidade de maior importância na empresa e, consequentemente, no evento que será realizado. Já quanto às demais personalidades, Nunes (2006, p. 62-63) sugere que a distribuição dos lugares, com maior proximidade do anfitrião, considere:

1. Executivos mais ligados ao centro de decisão (ex: vice-presidente, diretores);
2. Importância das áreas administrativas (ex: diretor industrial, diretor comercial);
3. Cargos iguais – nesse caso, pode-se estabelecer a precedência observando o tema que gerou o encontro, as idades dos participantes ou o tempo de serviço prestado na organização;
4. Assessorias;
5. Chefes de filiais etc.

De forma alternativa, Luz (2005) aponta que o critério para estabelecer a ordem de precedência no cerimonial empresarial pode ser por antiguidade, mas considerando os tempos de empresa, de ocupação do cargo e, também, de vínculo de um prestador de serviços externo ou fornecedor da empresa. Apesar das possibilidades e da flexibilidade proporcionada pela ausência de uma regra geral, Luz (2005, p. 134-135) chama a atenção para o estabelecimento da ordem de precedência com um olhar sobre as estruturas jurídica e administrativa:

> A ordem de precedência na estrutura jurídica é dada pelos estatutos da empresa; e na estrutura administrativa, pelo organograma, que é o esquema da estrutura hierárquica da Organização, que representa as diferentes unidades constitutivas, suas distribuições e ligações entre si [...]. Os critérios de ordenamento podem ser dados pelos cargos ou pela antiguidade, nunca pela importância. Para determinar a ordem de precedência dentro da empresa, têm de ser levado em conta os diversos níveis de precedência.

Mesmo com a ausência de regras gerais que existem para o cerimonial público e as possibilidades e aberturas para o cerimonial nas empresas privadas, algumas dúvidas podem surgir de acordo com o contexto e a realidade de cada organização – como é o caso das regras para os ocupantes de cargos em um nível horizontal. A solução para essa situação específica pode ser, por exemplo, o critério da antiguidade, conforme apresentado anteriormente por Luz (2005).

Ainda, Nunes (2006) apresenta outros critérios que podem ser utilizados para o estabelecimento da ordem de precedência na cerimônia de uma empresa privada se uma pessoa de cargo mais baixo – em relação ao anfitrião, aos diretores ou aos gerentes – precisar ocupar um lugar de destaque na cerimônia na condição de homenageada ou convidada de honra. Para Nunes (2006, p. 63), nessa ocasião, o cargo da pessoa é menos relevante que o objetivo do evento. Assim, outras regras podem ser consideradas para a precedência:

1. Critério cultural: a precedência é dada a alguém de renomados conhecimentos e alto saber;
2. Critério de sexo: muito empregado na cultura ocidental, especialmente em reuniões sociais. Quando a mulher exerce cargo executivo, tal preceito deve ser desconsiderado, pois vai prevalecer, na hierarquia da empresa, o papel que exerce;
3. Critério de antiguidade histórica: determina a precedência de pessoas jurídicas e de unidades administrativas; pode ocorrer, também, pela antecedência nesse ou naquele lugar ou unidade; é um método que cabe na organização de representantes diplomáticos;
4. Critério de ordem alfabética: um dos mais práticos, sendo utilizados para grupos grandes (ex: formaturas e jogos olímpicos).

Por sua vez, Czajkowski e Czajkowski Júnior (2017, p. 205) destacam que outros critérios podem ser utilizados pelos cerimonialistas para a definição da ordem de precedências – por exemplo, pode ser a idade, sendo que os mais idosos precedem os mais jovens. Nesse mesmo sentido, Yanes (2014, p. 106) argumenta que

> a precedência em um evento com várias empresas pode ser por ordem alfabética e por antiguidade (data de sua constituição). Quando se trata de ordem de precedência de clientes que fornecem produtos ou que trabalham com a empresa, utiliza-se a ordem cronológica de relações de atendimento e parceria.

A respeito da ordem dos discursos – diante de um cenário mutável, ocasionado pelo aproveitamento das normas do cerimonial público em um evento privado, e não sendo possível identificar a hierarquia e a precedência dentre tantas autoridades e personalidades –, Lukower (2006, p. 19) sugere que seja dada preferência ao presidente da empresa, pois:

> Em seu universo ele tem a mesma importância que o Presidente da República no país. A partir deste pressuposto conseguimos organizar uma precedência em eventos não oficiais; os diretores terão a função de ministros; os gerentes, de secretários ou senadores, e assim por diante. No caso de eventos não oficiais com a presença de autoridades em estabelecimentos ou sedes que não possuam vínculo com qualquer nível de governo, deverá prevalecer a precedência federal do Decreto 70.274.

No ideal de Yanes (2014, p. 106), as corporações são dotadas de uma organização jurídica, administrativa e operacional. Dessa forma:

> A ordem de precedência na estrutura jurídica é dada pelos estatutos da empresa. Já na estrutura administrativa, a ordem parte

do organograma, que demonstra a composição da organização, a hierarquia de cargos e seus diferentes níveis de autoridade. Quando houver diferentes níveis de autoridade, estabelece-se como critério o nível horizontal, baseado na anciancidade da posse.

Novamente, chamamos a atenção para que os profissionais que atuam com o planejamento, a organização e a realização de cerimônias empresariais entendam a importância de conhecer o estatuto, o organograma, as normas e os regulamentos da organização. Isso porque, na ausência de obrigatoriedade para a aplicação da legislação que rege o cerimonial em órgãos públicos, é a própria constituição e organização da empresa que vai determinar a ordem das precedências em uma cerimônia.

7.4 Hierarquia e ordem de precedência nas cerimônias empresariais com autoridades públicas

Conforme já discutimos, mesmo com a ampla liberdade dada à iniciativa privada, que se aplica inclusive à realização de eventos para o atendimento dos seus mais diversos objetivos e interesses, temos de considerar, também, a tendência crescente de parcerias e aproximações entre os interesses públicos e empresariais no século XXI.

Essa aproximação, necessariamente, impactará o cotidiano das organizações e exigirá uma nova postura nas relações entre seus agentes, bem como na realização de eventos para os mais diversos motivos, como assinatura de contratos, firmação de convênios e parcerias, inaugurações, homenagens etc. Conforme Luz (2005, p. 131), "no cerimonial empresarial está sempre presente a busca de um resultado, enquanto no cerimonial púbico um ato realiza-se por si mesmo".

Como a maior marca de um evento é a sua organização, independente de os objetivos serem totalmente privados, públicos ou mistos, uma solução para as incertezas sobre como receber e posicionar as autoridades públicas em uma cerimônia particular, evitando conflitos e constrangimentos, pode estar, como já afirmamos, no bom senso aliado às normas contidas no Decreto n. 70.274/1972, que aprovou as regras de cerimonial público e de ordem geral de precedência (Brasil, 1972).

De acordo com Nunes (2006, p. 62), "hoje, não se admite o empirismo profissional quando está em jogo a reputação das empresas. Isso também atinge a organização de encontros, quer tenham cunho social, quer sejam direcionados para resoluções de problemas ou para a troca de informações e experiências".

Dessa forma, conforme sugere Yanes (2014), nas solenidades realizadas em ambientes empresariais, mas em que estejam presentes diplomatas e autoridades públicas oficiais, a ordem de precedência é a seguinte: (i) funcionários oficiais; (ii) diplomatas; (iii) empresários. Ou seja, havendo, na mesma cerimônia, a presença de um convidado que ocupe cargo público oficial, deverá ser assegurada a sua precedência sobre a do empresário anfitrião ou a de outros representantes do setor privado.

7.5 Composição de mesas em cerimônias públicas, empresariais e mistas

Schumacher, Portela e Borth (2013) indicam que uma mesa de honra constitui o local utilizado para a acomodação das pessoas que terão participação diferenciada no evento em relação ao público – este fica situado no espaço denominado *plateia*. A equipe de cerimonial, responsável pela organização do evento, deve fazer a recepção de todos os convidados e acomodá-los no local adequado, que pode ser um auditório, uma sala ou um salão, por exemplo. Quanto às pessoas que farão a composição da mesa de honra – também chamada de *mesa diretiva* ou *mesa de autoridades* –, compete à equipe de cerimonial recebê-las e orientá-las, antes do início da cerimônia, sobre como será a chamada pelo mestre cerimônias e como se dará a composição da mesa.

De acordo com Luz (2005), a precedência está relacionada ao ato de presidir, de se posicionar em um lugar de destaque e de comando em relação a outras pessoas na mesa. Esse posicionamento poderá ter origem no lugar destinado ao anfitrião de um evento. Ainda sobre os lugares das autoridades em uma mesa, em um evento com muitas personalidades de destaque (ou seja, que ocupem cargos elevados – personalidades públicas ou celebridades), mas com limitação de espaço, Nunes (2006) afirma que a primeira fila da plateia é o espaço que pode ser reservado e considerado uma extensão da mesa diretiva.

O lugar central da mesa diretiva deve ser ocupado pela maior autoridade da cerimônia, que poderá ser o anfitrião do evento ou aquele que presidir o ato. Já o lugar de honra na mesa é aquele situado logo à direita da pessoa que ocupa a cadeira central (o anfitrião ou o presidente do ato). A esse respeito, conforme exposto por Yanes (2014, p. 94):

> O homenageado, quando houver, fica em segundo lugar na ordem de precedência, logo após quem estiver presidindo o ato, não sendo, necessariamente, a maior autoridade presente. Quando o presidente da mesa for outra autoridade que não seja o anfitrião, e existir um homenageado, o presidente ficará no lugar de honra, seguido do homenageado, posicionado à sua direita, e o anfitrião à sua esquerda. As demais autoridades serão posicionadas de acordo com a ordem geral de precedência.

Prosseguindo com a composição da mesa, o cerimonialista ou chefe do cerimonial deverá distribuir os lugares à direita e à esquerda, de forma alternada, em relação àquele que ocupa a posição central. Segundo Nunes (2006, p. 83), as mulheres que ocupam um cargo, independente se é em órgão público ou em empresa privada, terão o mesmo tratamento dado aos homens de igual posição, e se houver um homem ocupante de cargo de hierarquia semelhante, a precedência será da mulher.

Luz (2005) salienta que existem fatores indispensáveis para a organização de uma mesa: a configuração do local do evento, o tipo de evento, o tipo de mesa a ser utilizada, a circunstância, as pessoas que a compõem e a hierarquia para a sua composição. Nesse mesmo sentido, Czajkowski e Czajkowski (2017, p. 205) estabelecem que:

> Os organizadores dos eventos são responsáveis pela recepção dos convidados e designação dos seus respectivos lugares à mesa, sendo indispensável atenção ao número e à hierarquia dos participantes, bem como às condições em que o evento será realizado. Nesse sentido, a escolha das mesas é importante e precisa ser corretamente definida.

A organização de um evento que requeira a presença de uma ou mais mesas no salão – seja para uma finalidade diretiva, com o recebimento de autoridades, seja para um debate, com o recebimento de expositores, seja, ainda, para um banquete, com a finalidade de socialização – demandará a observação de alguns critérios que, em muitas ocasiões, podem ser semelhantes à ordem de precedências obrigatória para as cerimônias públicas.

Por esse motivo, é importante elaborar, ainda na fase do projeto ou planejamento do evento, um croqui que preveja antecipadamente o tipo de mesa, com os seus componentes, e a distribuição dos lugares de acordo com a hierarquia. Nesse aspecto, a respeito do número mínimo ou máximo de pessoas para compor uma mesa, não existe uma regra definida. No entanto, conforme abordamos anteriormente, a ausência de regras requer o uso do bom senso para se alcançar a satisfação e evitar constrangimentos. Dessa forma, é provável que uma cerimônia com uma quantidade muito grande de integrantes na mesa cause desconforto, além de tornar o cerimonial longo e cansativo.

De acordo com o exposto no *Curso cerimonial e protocolo de eventos*, elaborado pela Escola de Governo do Distrito Federal (Egov), a montagem e a composição de uma mesa requer que se observe o princípio da direita. Assim, deve-se definir o lado direito a partir de quem está na mesa, e não de quem está na plateia (Distrito Federal, 2018).

Ainda quanto à composição da mesa de autoridades em uma cerimônia, é preciso elaborar o roteiro do cerimonial considerando que a primeira pessoa a ser chamada será aquela de maior autoridade, e a de menor autoridade será a última a fazer a composição. Da mesma forma, a ordem da nominata, ou lista de autoridades que serão citadas, deve seguir da maior para a menor autoridade. As autoridades chamadas para compor a mesa devem permanecer em pé durante toda a composição e para a execução do hino nacional, que, possivelmente, ocorrerá na sequência.

Como já comentamos em ocasições anteriores, é possível que as cerimônias tenham a presença de autoridades civis, militares e, ainda, de representantes das empresas e das organizações de classe e da sociedade civil, como é o caso da igreja e dos sindicatos. Dessa forma, a fim de se evitar situações conflitantes, a composição da mesa poderá ser realizada de acordo com o critério sugerido por Nunes (2006, p. 82-83):

a. com a presença do chefe do Executivo (Presidente da República ou Governador), caberá a este o centro da mesa, colocando-se o anfitrião à sua direita;

b. com a presença do Presidente da República e do Governador, o primeiro ocupará o lugar central, o segundo ficará à sua direita e o anfitrião, à sua esquerda;

c. quando há um coanfitrião, é aconselhável formar uma mesa com cabeceira dupla, sendo presidida pelo anfitrião;

d. o ideal é a formação com sete pessoas;

e. com um número par de integrantes, pode-se idealizar um centro e colocar as pessoas à direita e à esquerda desse ponto imaginário;

f. quando das instalações dos trabalhos, a mesa diretiva deve estar composta, evitando-se formá-la por meio de chamada por microfone;

g. durante o evento, pode ocorrer mais de uma composição;

h. com a presença de representante de classe, este ocupará o lugar à direita do anfitrião, salvo se houver algum homenageado, que ocupará esse lugar, passando o representante para a esquerda do anfitrião;

i. as pessoas que irão fazer uso da palavra estarão compondo a mesa desde o início dos trabalhos; caso isto não seja possível,

ocuparão a primeira fila da assistência, já que esta é continuação da mesa;
j. quando uma comitiva possui muitos integrantes e seu chefe ou representante faz parte da mesa, os demais membros podem ficar nas primeiras filas, previamente reservadas;
k. a formação oficial da mesa, resolvida com antecedência, deve ser seguida conforme o planejamento; caso alguém se considere prejudicado por não estar incluído, uma sugestão é colocá-lo nas primeiras filas de cadeiras, contornando a situação.

Nesse sentido, para o cumprimento correto dos procedimentos protocolares, ao realizar a composição da mesa de honra ou diretiva em uma cerimônia, a chamada deve ser iniciada pelos nomes das autoridades e personalidades que ocupam os cargos mais elevados em uma hierarquia institucional, sendo finalizada com a chamada das pessoas de menor grau na hierarquia. Para o caso das cerimônias públicas, a ordem de precedência é determinada pelo Decreto n. 70.274/1972, conforme vimos no Capítulo 4.

Em relação à ordem dos discursos, as normas de cerimonial e protocolo determinam que seja feita uma inversão em relação ao que foi utilizado como critério para a composição de uma mesa de honra. Assim, para os discursos, a sequência deverá ser iniciada com as pessoas ou autoridades de menor hierarquia, sendo finalizada com as de maior hierarquia presentes na solenidade. No Capítulo 8, veremos a condução de eventos públicos e corporativos e, na ocasião, versaremos sobre o uso de instrumentos que auxiliam nessa terefa, como é o caso do roteiro e do *script* do cerimonial.

Na próxima seção, apresentaremos os tipos de mesas mais utilizadas em eventos empresariais e públicos. Cada tipo de mesa tem uma indicação específica. Dentre elas, abordaremos a mesa do tipo presidencial, com ilustrações que indicam como fazer a ocupação dos lugares, conforme acabamos de discutir.

7.6 Tipos de mesas utilizadas em eventos empresariais e solenidades públicas

De acordo com Yanes (2014), a composição da mesa de honra deve ocorrer conforme a ordem de precedências. Assim, esse momento do evento exigirá do cerimonialista muita destreza, atenção e flexibilização. É importante atentar para essas habilidades, pois, segundo Yanes (2014, p. 93):

> A mesa é composta pelo anfitrião, homenageados e autoridades convidadas. Ocorrem muitos erros na composição porque muitas autoridades que confirmaram presença atrasam ou não comparecem ou, ainda, autoridades que não confirmaram presença acabam chegando e obrigando o cerimonialista a alterar "em cima da hora" a composição da mesa de honra.

Czajkowski e Czajkowski (2017, p. 207) apontam que, para os eventos sociais, as mesas mais indicadas são tipificadas como de banquetes, devendo-se observar a quantidade de convidados presentes e o posicionamento dos lugares de honra. Os autores ainda destacam que, nos eventos sociais – como almoços e jantares –, as mesas devem ser escolhidas conforme o tipo de serviço de alimentação e bebida, que podem ser, por exemplo, à francesa ou à inglesa (Czajkowski; Czajkowski, 2017).

7.6.1 Mesa com serviço à francesa

Seguindo as ideias de Yanes (2014), a mesa com serviço à francesa, por ser o estilo mais elegante e formal, é bem apropriada para jantares em embaixadas e em situações protocolares. Em relação à distribuição dos lugares, os casais não devem se sentar lado a lado. As pessoas de maior hierarquia e os mais idosos devem ocupar os lugares mais próximos dos anfitriões, e os jovens, em posições mais distantes.

Nesse tipo de serviço, as cabeceiras se situam no centro geométrico dos lados maiores da mesa, favorecendo a conversação entre os convidados de maior hierarquia, sendo muito indicada para jantares, como informado, e almoços. Além disso, é importante evitar a ocupação das pontas (cabeceiras tradicionais) e, em caso de uso, não se recomenda que as cabeceiras sejam ocupadas por mulheres.

A seguir, apresentamos um modelo de mesa à francesa (Figura 7.1), com a indicação da ocupação dos lugares por duas presidências (ou uma presidência e um convidado de honra), frente a frente, ao centro da mesa.

Figura 7.1 – Mesa para o serviço do tipo à francesa

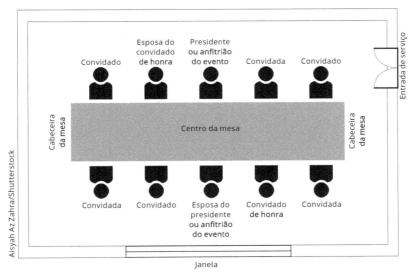

Na mesa com serviço à francesa, os convidados ficam sentados e são servidos pelos garçons, que iniciam o serviço pelo lado esquerdo e retiram o prato pelo lado direito. É importante destacar que os convidados devem ser recebidos pelo anfitrião na entrada do evento, e não apenas no momento de ocupação da mesa.

7.6.2 Mesa com serviço à inglesa

Sobre a mesa à inglesa, a distribuição é feita com o posicionamento das presidências (ou uma presidência e um convidado de honra) nas pontas/cabeceiras da mesa. Esse tipo de serviço é mais indicado para reuniões sociais, com um número menor de convidados. Conforme Yanes (2014), os anfitriões devem determinar, antecipadamente, como os demais lugares serão ocupados.

Cada convidado deve aguardar o convite do anfitrião para, somente após, ocupar a mesa ou se dirigir ao *buffet*. Ainda, tanto a ocupação de lugares à mesa quanto a ida ao *buffet* deve ser feita priorizando-se os convidados de honra e os mais idosos.

A seguir, observe um modelo de mesa à inglesa (Figura 7.2), com a indicação da ocupação dos lugares nas cabeceiras.

Figura 7.2 – Mesa para o serviço do tipo à inglesa

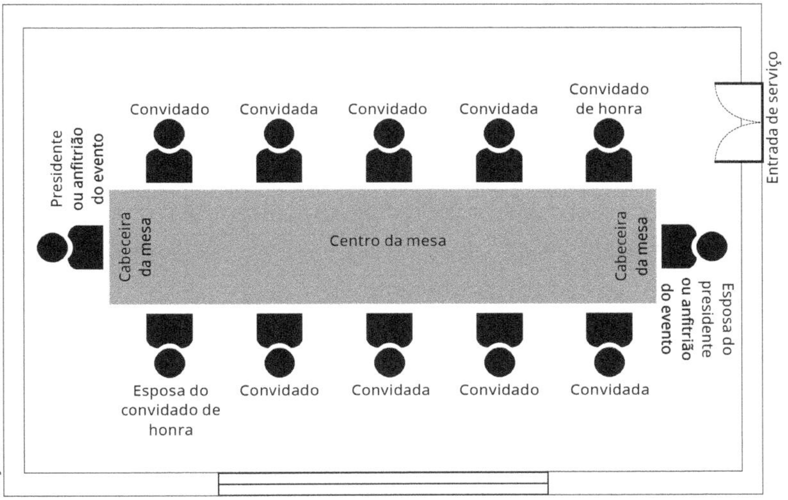

Aisyah Az Zahra/Shutterstock

A arrumação das mesas no serviço à inglesa segue as mesmas formalidades que no serviço à francesa, porém, não é feito diretamente pelos garços aos convidados, mas ocorre com a disposição das travessas sobre um aparador e, assim, cada um deve ir até o local onde está o aparador e se servir, para depois retornar ao lugar.

7.6.3 Mesa de honra ou presidencial

Segundo Luz (2005), a nomenclatura *mesa de honra* ou *presidencial* se justifica pelo fato de que o presidente fica localizado em apenas uma cabeceira, situado em um lado ou uma ponta. Na mesa presidencial, não é permitido colocar convidados diante da presidência. Essa mesa é a preferida pelos organizadores de evento, devido à sua flexibilidade e facilidade para a composição, conforme ordem de precedência.

Destacamos que, na mesa presidencial, os lugares mais afastados do centro geométrico da mesa, onde se encontra o presidente, são chamados de *extremos*. Se o número de integrantes da mesa for par, não haverá um centro. No entanto, é preciso definir um espaço imaginário central e, a partir dele, fazer a distribuição das autoridades, começando pelo lado direito (ocupado pela maior autoridade, que preside a sessão), alternando-se para o lado esquerdo e para o lado direito, e assim sucessivamente, até que se complete a nominata.

A seguir, na Figura 7.3, acompanhe um modelo de mesa presidencial ou de honra, com a indicação da ocupação do lugar por uma presidência, ao centro da mesa, e a distribuição dos demais integrantes alternando-se entre os lados direito e esquerdo, da maior para a menor hierarquia.

Figura 7.3 – Mesa presidencial

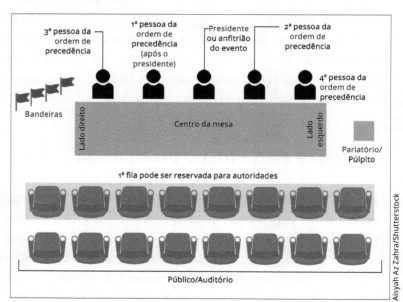

Conforme já explicamos anteriormente, a composição da mesa presidencial se dá em conformidade com a hierarquia. Assim, o mestre de cerimônias deve chamar inicialmente o presidente ou o anfitrião do evento e, em seguida, as demais pessoas, de acordo com a ordem de precedência. A ocupação dos lugares se dará sempre alternando-se os lados direito e esquerdo, a partir do centro da mesa.

Segundo Yanes (2014), nem todas as autoridades que compõem esse tipo de mesa deverão fazer discursos. A decisão sobre o uso da palavra ou de fazer pronunciamentos é do presidente ou do anfitrião. Assim, as autoridades que discursarão devem ser comunicadas com antecedência pelo cerimonial, em tempo hábil para a preparação do discurso.

Ainda sobre a composição dessa mesa, Yanes (2014, p. 94) destaca:

> O homenageado, quando houver, fica em segundo lugar na ordem de precedência, logo após quem estiver presidindo o ato, não sendo, necessariamente, a maior autoridade presente. Quando o presidente da mesa for outra autoridade que não seja o anfitrião, e existir um homenageado, o presidente ficará no lugar de honra, seguido do homenageado, posicionado à sua direita, e o anfitrião posicionado à sua esquerda. As demais autoridades serão posicionadas de acordo com a ordem geral de precedências.

7.6.4 Mesas do tipo T, do tipo ferradura, do tipo U e do tipo redonda

A depender do tipo de evento, da quantidade de convidados que comporão a mesa e de seus objetivos e suas finalidades, podem ser utilizados outros tipos de mesa, como é o caso das mesas em T, em ferradura, em U e redonda. A seguir, apresentaremos alguns desses modelos e suas principais funcionalidades.

A mesa do tipo T, conforme exposto na Figura 7.4, é normalmente utilizada para reuniões corporativas, em que os dirigentes possam ocupar uma posição de destaque, ao mesmo tempo em que possibilita um bom contato visual com os participantes.

Figura 7.4 – Mesa do tipo T

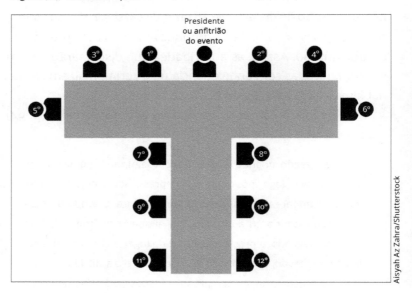

Já as mesas do tipo ferradura (Figura 7.5) ou do tipo U (Figura 7.6) são mais recomendadas para reuniões ou algum tipo de evento em que o apresentador, que poderá ser um palestrante, precise se deslocar e interagir com os demais durante sua fala. Caso a dinâmica do evento requeira somente a interação e a mobilidade do palestrante, recomenda-se a não ocupação da parte interna da mesa.

Figura 7.5 – Mesa do tipo ferradura

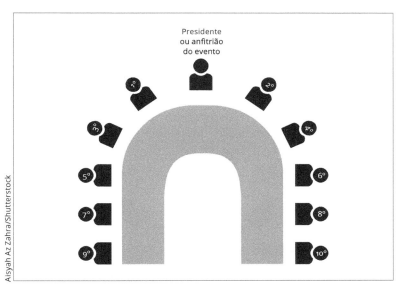

Figura 7.6 – Mesa do tipo U

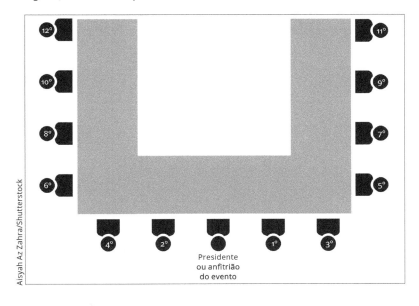

Com relação à mesa redonda, conforme apresentado nas Figuras 7.7 e 7.8, sua utilização é recomendada para reuniões ou eventos em que os participantes necessitem se manifestar, trocar informações ou interagir entre si. Esse tipo de mesa também possibilita que os participantes sejam colocados em posição de igualdade, caso ocupem a mesma hierarquia.

Figura 7.7 – Mesa redonda (com uma cabeceira)

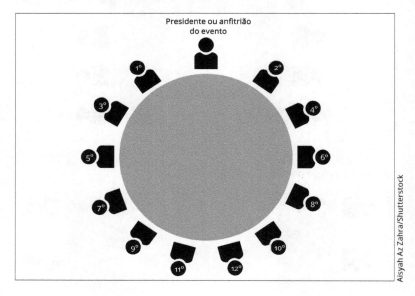

Figura 7.8 – Mesa redonda (com duas cabeceiras)

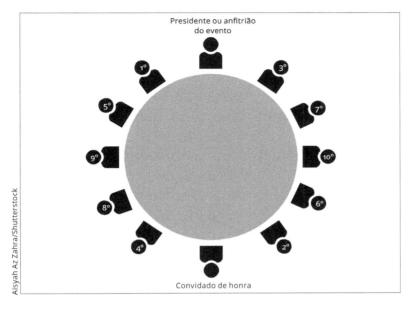

Ainda sobre a organização e a composição da mesa diretiva de um evento, a equipe organizadora deve considerar a necessidade de uso de forros ou toalhas, além de arranjos de flores, desde que o tamanho destes (tanto em largura como em altura) não atrapalhe a circulação de pessoas e a visão durante o evento (tanto dos integrantes da mesa em relação à plateia como desta em relação aos ocupantes da mesa).

Ainda, sobre a mesa devem ser colocados apenas objetos essenciais, como canetas, blocos para anotação e os documentos utilizados durante o evento, além de porta-copos, copos onde será servida a água e um guardanapo dobrado. Caso seja disponibilizado um microfone exclusivo para a mesa, é preferível que ele seja sem fio.

> ### *Indicação cultural*
>
> Conforme discutimos durante este capítulo, tem sido cada vez mais comum a realização de eventos em organizações privadas, mas com a presença de autoridades públicas.
>
> Nesse sentido, uma oportunidade para compreendermos melhor a realização desse tipo de evento é a Cerimônia de Posse das novas diretorias da Federação das Indústrias do Estado do Rio de Janeiro (Firjan) e do Centro Industrial do Rio de Janeiro (Cirj), mandato 2020-2024.
>
> Esse evento teve transmissão *on-line* e está disponível no endereço indicado.
>
> CERIMÔNIA de posse das novas diretorias FIRJAN/CIRJ, mandato 2020-2024. Disponível em: <https://www.youtube.com/watch?v=Xov9HU5Qcbs>. Acesso em: 19 jan. 2021.

Síntese

Até o momento ao longo deste livro, vimos que as normas de cerimonial e protocolo devem servir como orientação para o planejamento e a realização de eventos públicos e oficiais. E, neste capítulo, verificamos que, por conta dos movimentos e das tendências de parcerias e aproximações entre os setores público e privado, tem sido cada vez mais comum a realização de solenidades em espaços corporativos, mas contando com a presença de autoridades oficiais públicas, tanto brasileiras quanto estrangeiras.

Também, verificamos que as normas de cerimonial e de protocolo visam ao cumprimento de uma formalidade, mas com elegância, respeitando o devido trato com pessoas de diferentes níveis hierárquicos, culturais, sociais e econômicos. Exemplo disso são as formas de composição de mesa, que, além de terem como regra geral a precedência e a hierarquia, buscam a funcionalidade e a comodidade dos participantes de um evento.

Assim, mesmo não havendo uma padronização e regulamentação para reger a realização de eventos nas empresas, devemos ficar atentos, por exemplo, aos estatutos e regimentos de cada organização ou deixar prevalecer o bom senso, que possibilita adaptar as normas de cerimonial público aos eventos privados.

Questões para revisão

1. De acordo os estudos deste capítulo, vimos que um evento empresarial pode ter a presença de autoridades públicas. Nesse sentido, descreva como deve ser feita, corretamente, a composição de uma mesa de cinco lugares, do tipo presidencial, em uma cerimônia de assinatura de convênio entre uma empresa privada e uma prefeitura. Considere que esse evento será realizado no auditório da empresa privada e que a mesa diretiva deverá ser composta pelas seguintes pessoas:

   - Presidente da empresa (anfitrião): posição n. 1
   - Prefeito municipal: posição n. 2
   - Secretário de obras da prefeitura: posição n. 3
   - Diretor financeiro da empresa: posição n. 4
   - Presidente da associação de moradores: posição n. 5

Figura 7.9 – Posições dos participantes do evento

Bandeiras	Mesa diretiva (Posição _/_/_/_/_)	Púlpito
	Público/Plateia	

2. Conforme os estudos contidos neste capítulo, indique qual mesa seria mais adequada para um almoço de negócios, com a presença de um embaixador na condição de convidado de honra. Em seguida, descreva como os ocupantes da mesa devem se posicionar e como ocorre o serviço de *buffet*.

3. Analise as assertivas a seguir, sobre a hierarquia e a ordem de precedência na organização de eventos públicos e empresariais:
   I) Quando um evento empresarial é realizado com a presença de autoridades públicas, como uma posse ou inauguração, deve-se aplicar as normas do cerimonial oficial, ainda que com algumas adaptações.
   II) Quando um evento empresarial é realizado sem a presença de autoridades públicas, como o lançamento de um livro ou a **entrega de diplomas**, deve-se observar o bom senso, respeitando a hierarquia da empresa.
   III) Ao organizar uma cerimônia de abertura de um congresso, o cerimonialista deve elaborar o roteiro e fazer a composição da mesa de autoridades chamando, inicialmente, aquelas pessoas de menor hierarquia.
   IV) Ao organizar uma cerimônia de abertura para prestar **homenagem**, o cerimonialista deve elaborar o roteiro e fazer a chamada para os discursos chamando, por último, os oradores com maior hierarquia.
   V) Em um evento empresarial, que requer a realização de uma cerimônia com composição de mesa presidencial e execução do hino nacional, o anfitrião do evento deve ocupar uma das cabeceiras da mesa.

É correto o que se afirma em:

a) II, III e IV.
b) I, II e III.
c) I, IV e V.
d) III, IV e V.
e) I, II e IV.

4. Analise as assertivas a seguir, sobre a hierarquia e a ordem de precedência na organização de eventos públicos e empresariais:

I) A ordem de precedência em uma cerimônia empresarial poderá ser feita, também, com base no critério da antiguidade ou temporalidade, que considera a primazia daqueles que possuam mais tempo na organização ou em uma determinada função.

II) A ordem de precedência em uma cerimônia empresarial poderá ser feita, também, com base no critério do sexo, que considera sempre a primazia das mulheres, mesmo se um homem ocupar e exercer um cargo executivo de maior hierarquia.

III) A ordem de precedência em uma cerimônia empresarial poderá ser feita, também, com base no critério cultural, devendo ser dada a primazia para alguém que possua renomado saber e conhecimento em uma determinada área.

IV) A ordem de precedência em uma cerimônia empresarial não poderá ser feita com base no critério de ordem alfabética, pois este somente se aplica aos casos de visitas de autoridades estrangeiras e com a presença de chefes de estado.

V) A ordem de precedência em uma cerimônia empresarial com a presença de uma autoridade pública, deverá assegurar a primazia ao que ocupa cargo público oficial em relação ao anfitrião e outros representantes do setor privado.

Está correto o que se afirma em:

a) I, III e V.
b) I, IV e V.
c) II, III e V.
d) II, III e IV.
e) I, II e V.

5. Analise as afirmativas a seguir, sobre a hierarquia e a ordem de precedência na organização de eventos públicos e empresariais:

   I) Se em uma cerimônia empresarial estiver presente o chefe do Poder Executivo, este terá precedência sobre os demais, sendo posicionado ao centro da mesa e o anfitrião ficará à direita do lugar central.

   II) Se em uma cerimônia empresarial houver a formação de mesa com número par de lugares, o anfitrião ou autoridade máxima do evento deverá ser posicionado na cadeira mais à direita do centro.

   III) Seja em uma cerimônia oficial, seja empresarial ou mista, o número mínimo de lugares em uma mesa central ou de autoridades deve ser igual ou superior a três e igual ou inferior a dez.

   IV) Compete ao presidente da solenidade ou ao anfitrião comunicar as pessoas que irão compor a mesa, ao iniciar o evento, orientando-as para que se levantem de seus lugares apenas no ato cívico.

   V) Em uma cerimônia empresarial, uma pessoa homenageada presente deverá ficar em segundo lugar na ordem de precedência, devendo ocupar a posição à direita do anfitrião ou daquele que preside o evento.

Está correto o que se afirma em:

a) I, II e V.
b) II, III e IV.
c) I, II e III.
d) II, IV e V.
e) III, IV e V.

Questão para reflexão

1. Dentre os estudos que fizemos neste livro, observamos que a composição da mesa de honra e a disposição das bandeiras obedecem a um protocolo. Também, vimos que o cumprimento das normas de precedência em um evento é a chave para a realização de uma solenidade ética e harmoniosa, sem gafes e constrangimentos. Diante desse contexto e com base nas normas de cerimonial público e ordem geral de precedências em vigência no Brasil, reflita sobre como pode ser realizada a disposição das bandeiras em uma solenidade de descerramento de placa de inauguração, realizada no *foyer/saguão* de uma empresa estatal federal, considerando os seguintes aspectos:

   - o local da cerimônia é Brasília/DF;
   - encontram-se presentes na cerimônia o presidente da República e os governadores do Rio de Janeiro e de Minas Gerais;
   - encontram-se presentes, como convidados, os embaixadores da Argentina e do Chile;
   - encontram-se presentes dois deputados federais.

8 Planejamento, organização e condução de eventos

Conteúdos do capítulo:

» Planejamento e condução de eventos.
» Elaboração de um projeto de evento.
» Etapas de um evento (pré-evento, transevento e pós-evento).
» Elaboração e utilização do cronograma, do *briefing* e do *checklist* de evento.
» Elaboração e utilização do roteiro e do *script* de cerimonial.
» Eventos digitais e/ou híbridos.

Após o estudo deste capítulo, você será capaz de:

1. elaborar o planejamento e o projeto de um evento;
2. compreender e diferenciar cada uma das fases de um evento;
3. conduzir e realizar um evento;
4. esboçar e aplicar ferramentas, como o cronograma, o *briefing*, o *checklist*, o roteiro e o *script* de um evento;
5. programar e produzir eventos digitais e/ou híbridos.

8.1 Desafios do planejamento de um evento

Os eventos, definidos como a reunião de um público com um objetivo comum, passaram a ganhar importância nos últimos anos, pois se transformaram em uma ferramenta estratégica, mercadológica ou não, e também de comunicação. Sobre o poder dos eventos e seus impactos nos negócios, Silva (2009, p. 90-91) afirma que eles são cada vez mais

> essenciais à vida econômica das empresas. A cada ano eles crescem em número, proporção e grau de sofisticação, competindo com, e até, eventualmente, superando em importância, a publicidade e a propaganda ao assumirem o papel de transformadores da imagem institucional [...]. Nos tempos atuais os eventos são das mais variadas modalidades, capazes de atender a objetivos cada vez mais específicos e complexos na empresa, independente de seu porte, orçamento disponível, produto ou serviço comercializado, estrutura de trabalho e demais características.

A realização de um evento requer o cumprimento de um processo inicial de planejamento, precedido pelo levantamento de informações que, necessariamente, embasarão a equipe envolvida nos processos de tomada de decisão de forma mais assertiva. Podemos observar em Matias (2007, p. 115) que essas informações podem ser:

» reconhecimento das necessidades desse evento;
» elaboração de alternativas para suprir as suas necessidades;
» identificação dos objetivos específicos;
» coleta de informações sobre os participantes, patrocinadores, entidades e outras instituições em potencial;

- » listagem dos resultados desejados;
- » estimativas de exiquibilidade econômica e técnica;
- » estimativas de tempo e recursos necessários;
- » estabelecimento de diretrizes;
- » elaboração dos contornos do projeto.

Nunes (2006) comenta que o planejamento de um evento é demorado, pois depende do levantamento de dados que possibilitarão o estabelecimento de objetivos, a escolha do público-alvo, os meios para atingi-lo etc. "É uma fase complexa e demorada, pois requer reflexões e escolhas, troca de ideias e muito rascunho, já que as alternativas devem ser escritas e analisadas uma a uma. Quanto mais funcionários estiverem envolvidos nessa etapa, maior a possibilidade de sucesso" (Nunes, 2006, p. 67).

Martin (2003, p. 70) argumenta que a fase de planejamento é "a espinha dorsal do evento. É ele que dá o norte, que define o rumo para onde se deve ir". Ainda, essa mesma autora destaca a importância da organização do evento para que tarefas não deixem de ser realizadas.

A respeito da relação entre a qualidade dos eventos, seu planejamento e sua organização, Martin (2003, p. 70) afirma que "não existem bons eventos sem que sua concepção, sua ideia e seus objetivos também o sejam. Para que isso se torne realidade, o início de um evento é sinônimo de trabalho cuidadoso e bem delineado e envolve a definição de todos os aspectos de seu planejamento e organização".

Os eventos passam a ganhar mais sofisticação a cada ano, e isso impacta os profissionais envolvidos tanto na organização como no planejamento, que se tornam mais complexos. A esse respeito, nas palavras de Bomfim (2009, p. 74):

A cada dia, na verdade, os eventos estão apresentando formatos inovadores e desvendando caminhos estéticos próprios. Tornam-se mais frequentes em todas as áreas e geram melhores conceitos e conteúdos às mensagens. As pessoas, por sua vez, ficam mais exigentes no tocante às suas vivências, à administração de suas emoções e à seletividade nas suas preferências, de forma que esta nova maneira de entender e fazer eventos visa a atender a uma demanda da sociedade contemporânea.

Conforme Lage (2009), a elaboração prévia de um planejamento, sem improvisação, possibilita o desenvolvimento de um evento em sua forma mais perfeita, evitando a ocorrência de erros, uma vez que um cerimonial não pode ter falhas. Dessa forma, "planeja-se, ensaia-se, organiza-se e parte-se para a execução, com a garantia de que tudo está perfeitamente revisto" (Lage, 2009, p. 105).

Podemos perceber a importância dos eventos na oportuna colocação de Canton (2000, citado por Martin, 2003, p. 71), que, sob a ótica empresarial, afirma:

> Clientes não compram produtos, mas expectativas. E isso significa atenção, afetividade, simpatia, reconhecimento e sinceridade. Evento é um produto de extremo valor, que não pode ser testado adiantadamente, e o que induz o cliente a comprá-lo é simplesmente a perspectiva de satisfação de suas expectativas.

Segundo Czajkowski e Czajkowski Júnior (2017), a operacionalização de um evento emerge de uma decisão estratégica, já que a escolha do seu formato ou tipo é também resultado de uma análise de mercado, para além de suas demandas específicas. Nesse sentido, a seleção de um evento deve levar em consideração os seguintes fatores:

a. a possibilidade de esse evento gerar maior aproximação entre a empresa e seus vários *stakeholders*;
b. o maior ou menor potencial de um evento gerar uma experiência capaz de criar maior residual de lembrança, aprimorando o nível de percepção dos públicos envolvidos (*awareness*);
c. a necessidade de fortalecer uma imagem favorável (também denominada *good will* pelos autores estrangeiros) perante formadores de opinião e demais partes interessadas;
d. uma situação de gerenciamento de crise, na qual o evento servirá paralelamente para minimizar algum tipo de situação desfavorável e que tenha, porventura, maculado a imagem da organização ou de algum dos seus produtos;
e. a necessidade de ampliar o *share* de mercado ou, ainda, o nível de conhecimento e/ou engajamento da marca. (Czajkowski; Czajkowski Júnior, 2017, p. 164, grifo do original)

A condução de um evento requer a aplicação de habilidades, técnicas e conhecimentos variados, os quais abrangem a formação de equipes de trabalho, a elaboração de um planejamento, a realização de reuniões, o acompanhamento do cronograma e do *checklist*, a elaboração do roteiro e do *script*, bem como sua realização e avaliação dos resultados.

8.2 Etapas de um evento

Devemos considerar que a realização de um evento pode ser classificada em etapas, que compreendem desde a concepção do seu planejamento e projeto, passando pela sua realização, até a avaliação dos resultados alcançados. Há poucas variações nos entendimentos entre os autores no que se refere às nomenclaturas utilizadas para as etapas ou fases dos eventos. Entretanto, os pensamentos de todos convergem para o entendimento de que o trabalho de equipe e o profissionalismo são fundamentais e indispensáveis.

Se você se aprofundar em estudos e pesquisas a respeito desse tema, mais especificamente sobre o planejamento de eventos, constatará que também são utilizadas as nomenclaturas *pré-evento*, *evento* e *pós-evento*, como se observa em Martin (2003). Com uma pequena variação, podemos encontrar em Matias (2007) as nomenclaturas *concepção*, *pré-evento*, *per* ou *transevento* e *pós-evento*.

8.2.1 Pré-evento

Podemos chamar de *pré-evento* o período que compreende a sua fase inicial, em que ocorre o planejamento e a proposição das atividades, bem como a discussão sobre o que e como deverá ser realizado, seguindo uma lógica que possibilite um trabalho sincronizado. Essa etapa também contempla o desenvolvimento de um projeto, onde devem constar as despesas e os investimentos necessários, além do orçamento disponível para a sua execução.

É a partir da definição das atividades a serem realizadas que se pode definir os serviços necessários e, dessa forma, estabelecer o que poderá ser realizado pela própria equipe organizadora do evento ou o que deverá ser terceirizado, mediante a contratação de profissionais externos e fornecedores. Conforme apresentado por Matias (2007, p. 116): "É a fase decisiva do evento, na qual estão inseridos a coordenação executiva e os controles financeiro, técnico-administrativo e social do evento".

Para Matias (2007), na etapa do pré-evento, estão contemplados os serviços iniciais, como:

» a constatação das organizações interessadas no evento, que podem oferecer patrocínio;
» a elaboração da lista com os nomes de convidados, autoridades, palestrantes etc.;
» a definição das responsabilidades de cada membro da equipe organizadora;
» o controle financeiro, contemplando o equilíbrio entre as receitas e as despesas.

Na etapa do pré-evento, Martin (2003) aponta para a possibilidade de contratar uma equipe organizadora. A depender do tipo e do porte do evento, além da disponibilidade de recursos humanos para essa finalidade, a contratação desse tipo de serviço pode significar o alcance de um padrão de qualidade com melhores resultados, principalmente se considerarmos a experiência de quem se propõe a essa tarefa. Por isso, essa opção deve levar em consideração critérios como conceito, referências, recursos técnicos e financeiros disponíveis e tradição no mercado.

Podemos compreender uma comissão organizadora como a equipe que pode ser composta por pessoas do próprio corpo organizacional proponente e responsável pela execução do evento ou, também, de forma mista, por pessoas contratadas para essa finalidade. A comissão organizadora, também denominada *comissão executiva*, é formada por grupos ou subgrupos de trabalho que assumirão a responsabilidade por tarefas específicas, como: secretaria, infraestrutura, científica, finanças, *marketing*, segurança, relações públicas, imprensa, promoção, publicidade etc.

Em relação à terceirização de parte das atividades que poderiam ser desempenhadas pela comissão organizadora, Martin (2003, p. 77) chama a atenção para os riscos e as responsabilidades, considerando que,

> como o desempenho de funções da organizadora é vital para o sucesso do evento, sua contratação precisa ser cercada de muito cuidado e atenção. O processo de escolha pode ser feito pela licitação ou apenas pela indicação. De qualquer maneira, já na contratação devem-se definir quais os critérios de avaliação e seleção que serão adotados nesse processo, bem como quais serão as responsabilidades e atividades a serem desenvolvidas pela organizadora de eventos.

Matias (2007) afirma que, na fase que antecede o acontecimento do evento, poderão ser realizados pela equipe organizadora, própria ou terceirizada, os serviços típicos de secretaria, como: preparação e envio das mais diversas correspondências para as pessoas físicas e jurídicas envolvidas com o evento; elaboração de cartas, cartazes, certificados, avaliações e outros impressos com orientações e informações para serem distribuídos no evento; recebimento e classificação de correspondências e trabalhos científicos a serem apresentados; confirmação de inscrições e elaboração do cadastro dos participantes; preparação de crachás e pastas etc.

8.2.1.1 Projeto de evento

O projeto do evento pode ser considerado um dos mais importantes registros que resultam do planejamento. Nele, devem constar todos os itens indispensáveis que, em um primeiro momento, significaram uma idealização, mas que, posteriormente, passam a requerer uma formalização, pois precisam de análise e aprovação.

Além disso, o projeto também serve como documento orientador para todas as ações indispensáveis à realização do evento.

Sobre a forma e a estruturação do projeto de evento, Matias (2007) nos apresenta alguns itens fundamentais, como: a definição do serviço ou do produto; a proposição dos objetivos; a escolha do local e da data de realização; a definição da temática, da programação e do público-alvo do evento; a proposta do plano de *marketing* e comunicação; a disponibilidade de recursos financeiros, humanos e materiais; a logística para os participantes etc.

Ainda em relação à elaboração do projeto de evento, Martin (2003) destaca que são de extrema importância elementos como: os objetivos e a justificativa; a tipologia e o título do evento; o tipo, o local, a respectiva infraestrutura disponível e os critérios de escolha; o público-alvo, a data, o temário e a programação; o estudo de viabilidade financeira (com despesas e receitas, taxas e impostos); os recursos materiais e humanos necessários; os fornecedores etc.

O projeto de evento deve ser acompanhado de um cronograma, o qual pode integrar o seu corpo principal ou, então, vir como um anexo. Nessa perspectiva, de acordo com Matias (2007, p. 131):

> Este instrumento apresenta a distribuição ordenada das atividades e providências dentro de determinado espaço de tempo, com datas previstas para início e término de cada tarefa. O cronograma estabelece também as responsabilidades de execução. O acompanhamento e a avaliação constantes do cronograma evitam e previnem erros durante o processo.

A seguir, no Quadro 8.1, apresentaremos uma sugestão de cronograma de atividades para auxiliar na preparação e na organização de um evento. Esse modelo é mais sintetizado e possibilita que o proponente determine as datas de início e fim, além de nominar o responsável por cada atividade a ser executada e o prazo limite.

Quadro 8.1 – Modelo de cronograma de atividades para organização de evento

Atividades	Prazo inicial	Prazo final	Responsável	Observações
Elaboração do projeto do evento				
Aprovação do projeto do evento				
Definição/nomeação da equipe responsável pelo evento				
Elaboração dos modelos de convite				
Aprovação do convite				
Envio dos convites				
Verificação do local (auditório, salão, *foyer* etc.) e da infraestrutura do evento (cadeiras, mesas, iluminação, ar-condicionado, internet, telefone, sistemas de alarme e de incêndio/segurança, acessibilidade, estacionamentos etc.)				
Publicação e divulgação do evento				
Encaminhamento de convite para a imprensa				

(continua)

(Quadro 8.1 – continuação)

Atividades	Prazo inicial	Prazo final	Responsável	Observações
Acompanhamento e confirmação de presenças (ou de inscrições)				
Elaboração do roteiro e *script* do cerimonial				
Verificação de itens para a cerimônia (bandeiras, hino nacional, púlpito/parlatório, dispositivo de honra, nominatas etc.)				
Verificação de equipamentos e materiais para a secretaria do evento (computadores, impressoras, telefones, internet, papel, caneta, lápis, grampeador, crachá etc.)				
Contratação dos serviços para o evento (alimentação e bebidas, decoração, limpeza, receptivo, garçons, seguranças, áudio/vídeo etc.)				
Treinamento da equipe prestadora de serviços				
Elaboração e distribuição de *releases* para a imprensa				

347

(Quadro 8.1 – conclusão)

Atividades	Prazo inicial	Prazo final	Responsável	Observações
Acompanhamento da realização do evento (recepção de convidados, encaminhamento de autoridades aos lugares reservados, organização e confirmação dos lugares na mesa de honra, verificação do posicionamento das bandeiras, checagem do roteiro/*script* do cerimonial e do encerramento do evento etc.)				
Providências de publicação de nota sobre a realização e os resultados do evento				
Avaliação do evento (com apuração/tabulação dos resultados, se aplicado no evento, envio de *link* ou formulário para resposta posterior)				
Prestação de contas (cumprimento dos contratos assinados para a realização do evento, como pagamento de fornecedores ou dos prestadores de serviços)				
Elaboração do relatório final do evento				
Apresentação/ divulgação do relatório do evento				

Um cronograma de atividade é uma representação gráfica que possibilita o lançamento antecipado das tarefas que deverão ser executadas para o alcance de uma finalidade. Como pudemos observar no modelo anterior, para além de uma previsão generalizada, o cronograma mostra, em detalhes, as atividades que devem ser cumpridas conforme os critérios do próprio proponente, mostrando os prazos e os responsáveis.

Na oportuna colocação de Martin (2003, p. 119): "O cronograma deve ser considerado uma peça fundamental e imprescindível na fase de operacionalização de um evento. Sua importância fica ainda mais evidente quanto maior for sua complexidade e mais longa a duração do evento". Essa mesma autora ainda destaca que o cronograma deve ser elaborado levando-se em consideração a participação de todos os envolvidos e responsáveis pelas tarefas, como a comissão organizadora, os funcionários e os fornecedores.

Em relação aos itens que integram o projeto de evento, a sua descrição detalhada é de extrema importância, pois quanto mais completas e consistentes forem as informações, mais assertivas serão as decisões e, consequentemente, a aprovação do projeto proposto. Na sequência, apresentamos alguns desses itens, acompanhados de uma breve explicação.

» **Tipologia**: Tipo de evento que deverá ser realizado. Conforme já abordamos, deve estar relacionado aos objetivos e às finalidades, por exemplo: reunião, posse, inauguração, assembleia, conferência, congresso, feira, exposição, seminário, simpósio etc. Não podemos deixar de considerar que, em algumas situações, e a depender do porte, outros eventos podem ocorrer simultaneamente, como é o caso de um congresso, que poderá ter, por exemplo, um coquetel de abertura, ou, ainda, um desfile acompanhado de um jantar.

» **Título**: Deve contemplar, objetivamente, o acontecimento ou a realização principal do evento. Em um evento de posse, por exemplo, pode-se prestar uma homenagem à autoridade que está deixando o cargo e se tornará o antecessor. No entanto, a equipe organizadora deve ter em mente que o objetivo principal é o ato de posse, e a homenagem (que pode ser um discurso, a apresentação de um vídeo com depoimentos ou a entrega de uma placa) é apenas uma parte da cerimônia. Ainda, é relevante considerar que a identificação do evento precisa conter elementos de *marketing*, como a facilidade para a sua divulgação e memorização. Outro fator de importância diz respeito ao fato de o evento proposto ser ou não uma sequência de outros eventos, que ocorrem periodicamente – dessa forma, requer uma sequência numérica, por exemplo: XII Congresso Brasileiro de Cardiologia, XX Festa Nacional do Produtor Rural, III Festival Nacional de Teatro etc.

» **Temário**: Consiste na predefinição de um tema central e, consequentemente, dos assuntos variantes e correlacionados que serão tratados durante o evento. Para a definição do temário, devem ser considerados os itens atualidade, objetividade, antecedência e clareza. O temário está relacionado com os objetivos do evento e é extremamente importante para despertar interesses de inscrição.

» **Equipe responsável**: Deve conter os nomes e a definição das terefas e responsabilidades de cada membro que compõe a comissão executiva, a comissão organizadora, os grupos de trabalho etc. Caso o evento seja de grande porte e envolva um número elevado de profissionais em sua realização, sugere-se que sejam nominados os grupos ou subgrupos de trabalho, seus líderes ou coordenadores e a quantidade de colaboradores disponíveis. Veremos, na próxima seção, a importância do cerimonialista ou do chefe de cerimonial na condução de eventos.

» **Objetivos**: Representam o ponto de partida para a tomada de decisões importantes do evento e devem ser divididos em gerais e específicos. No objetivo geral, deve-se destacar aquilo que constitui a causa maior a ser alcançada com a realização do evento, ou seja, seu maior propósito. Por sua vez, quanto aos objetivos específicos, devem ser elencados os passos, ou seja, as ações a serem desenvolvidas para o alcance do objetivo geral. É fundamental que os objetivos sejam claros e que promovam respostas às seguintes perguntas: O quê? Como? Quando? Quanto?

» **Justificativa**: Deve ser elaborada com base em um motivo, em uma fundamentação que justifique a realização do evento. Tal motivação pode ser econômica, comercial, cultural, política etc. Nessa lógica, a justificativa deve esclarecer por quais motivos o evento não deve deixar de ser realizado, indicando sua importância para uma organização, um setor ou um ramo da economia, um partido político ou até mesmo uma personalidade.

» **Local**: O local é de extrema importância para o alcance dos objetivos propostos e, consequentemente, para o sucesso do evento. Para além do espaço físico onde se pretende realizar o evento (como salões ou auditórios, equipamentos de áudio e vídeo, mobiliários e instalações que ofereçam conforto aos participantes, espaços próximos para exposições, salas para grupos de trabalho e oficinas etc.), a escolha do local envolve aspectos relativos à rede de internet e telefonia, à energia elétrica, à mobilidade e aos transportes, bem como às redes hoteleiras disponíveis, aos restaurantes e serviços de alimentação e bebida, aos serviços de turismo e entretenimento etc.

» **Data**: Caso o evento seja uma solenidade comemorativa – como um desfile militar, uma cerimônia de troca de bandeira ou de posse –, as opções de escolha de data serão pouco flexíveis, já que, para tais casos, as datas já são predeterminadas por um calendário oficial. Ainda, a escolha da data para a realização do evento deve levar em consideração alguns critérios que representem, por exemplo, os interesses e as possibilidades para a adesão do maior número de participantes. Além disso, a data a ser escolhida também deve considerar um período que não seja coincidente com a realização de outros eventos no mesmo local, de forma a evitar transtornos em outros itens indispensáveis para todo e qualquer evento, como lotação de hotéis, indisponibilidade de serviços de alimentação e bebida ou, até mesmo, a precariedade em serviços essenciais, como de telefonia, internet e energia. Outro fator que deve ser considerado está relacionado ao clima e às temporadas: para a comodidade dos participantes, recomenda-se evitar períodos chuvosos ou de calor excessivo. Também, não é indicada a realização de eventos que coincidem com o calendário de alta temporada, pois os custos com serviços de transportes, hospedagens e alimentação podem ser elevados e, assim, desestimular o público participante.

» **Programação**: Deve conter as atividades que ocorrerão em todo o evento, ainda que de forma provisória, considerando que são fundamentais para o alcance dos objetivos já definidos. A programação deve estar relacionada com a tipologia do evento e engloba uma grade ou matriz que contenha, basicamente, o tipo, o título e o horário de cada atividade. Caso seja possível, deve-se detalhar as informações e incluir, por exemplo, o nome do palestrante, se ele fará interações com o público e qual será a duração prevista do evento. Além disso, a programação pode ter uma conotação cultural, social ou artística ocorrendo de forma paralela, sendo dirigida aos participantes e/ou aos seus acompanhantes. Esse tipo de programação pode ser um jantar, um coquetel, um *city tour*, uma apresentação musical, uma exposição etc. Para os casos de cerimônias oficiais – voltadas para um ato de posse, de inauguração, de descerramento de placa alusiva, de homenagem etc. –, a programação pode considerar cada parte da própria solenidade contida no roteiro (ou seja: abertura/composição da mesa diretiva/execução do hino nacional etc.).

» **Inscrições**: Para os casos de eventos públicos – como as solenidades oficiais de posse, de homenagem, de inauguração etc. –, não haverá, provavelmente, um sistema de inscrições, com pagamentos e disponibilização de comprovantes. Se o evento for muito reservado, o correto será fazer o encaminhamento de convites nominais e disponibilizar uma equipe para o recebimento das confirmações de presença. Para os casos de eventos cujo acesso não seja tão restrito/reservado, devem ser realizadas inscrições de forma ampla e facilitada, eliminando quaisquer dificuldades ao público interessado em se inscrever. Considerando o atual cenário que viabiliza o uso de dispositivos eletrônicos e internet à maioria das pessoas, a base principal de inscrição devem ser os meios eletrônicos e digitais (como *sites*, formulários eletrônicos, *e-mails*, *links* ou aplicativos desenvolvidos para essa finalidade). Também, é importante disponibilizar um serviço de suporte aos usuários, por conta de possíveis problemas de comunicação e de tecnologia e da importância de não haver interrupção das inscrições. Entretanto, é fundamental criar alternativas para a realização de inscrições que não dependam dos meios digitais, promovendo a inclusão – e, até mesmo, para o público que opta por se inscrever no local do evento.

» **Infraestrutura**: Este item deve levar em consideração, inicialmente, a tipologia, a programação e o local do evento. Somente então será possível elencar quais recursos se farão necessários em todas as atividades a serem realizadas. Entre os recursos requeridos, destacamos: auditórios, salões, *foyers*, saguões, salas, cabines de tradução, espaço para recepção e credenciamento, almoxarifado, sanitários, estacionamento etc. Nesses espaços, deve-se verificar a disponibilidade de meios para a ornamentação, o uso de painéis e de treliças, a funcionalidade dos serviços de energia, água, telefonia, climatização e internet, além de recursos materiais, como mesas, cadeiras, *flipcharts*, projetores de imagens, microfones, caixas de som e, também, materiais de expediente e para os participantes. Independente do tipo de evento, a equipe organizadora deve prever a acessibilidade.

» **Serviços**: Para a realização de eventos de forma harmônica e regular, principalmente aqueles de médio e grande porte e com duração de muitos dias, será necessário contratar um conjunto de serviços para o atendimento de finalidades específicas. São considerados indispensáveis, por exemplo, os serviços de limpeza e conservação, de decoração, de recepção, de tradução e interpretação (de idiomas e língua de sinais), de segurança e vigilância, de comunicação e registros, de manutenção, instalações e montagens/desmontagens de estruturas, médicos/de primeiros socorros etc. Tais serviços podem ser da própria organização que executa o evento ou contratados apenas para o atendimento das finalidades específicas, ou seja, temporários. Também, podem ser considerados os serviços de assessoria em viagens e turismo, que auxiliam em receptivos, transportes, hospedagens e emissão/alteração de passagens

» **Público-alvo**: Após a definição do tema central do evento e a elaboração da programação, pode-se determinar quais serão os públicos do evento. O público-alvo é formado pelo grupo de pessoas internas (como os colaboradores da própria organização que promove o evento) ou externas (como é o caso dos clientes) interessadas no evento, as quais atuam, geralmente, na condição de ouvintes. Para além destes, deve-se levar em consideração a possibilidade de participação de expositores e palestrantes, bem como de fornecedores, da imprensa, das autoridades e de convidados especiais. A depender do porte do evento e da variedade de público, deve-se prever, para fins de organização, sala de autoridades, camarins, sala de entrevistas etc.

» **Relações públicas, comunicação e *marketing***: Para levar as principais informações sobre o evento ao público-alvo, destacando a sua importância e relevância, estimulando o interesse para participação e, consequentemente, o seu sucesso, deve-se propor uma estratégia de divulgação, que deverá ser realizada de forma segmentada para cada um dos públicos participantes, com os veículos, os meios e as mensagens específicos. A comunicação poderá, por exemplo, ter um foco mais informativo ou motivacional, conforme os objetivos. É importante reafirmar o relevante papel dos profissionais de comunicação social/publicidade e propaganda, que possuem todo o conhecimento técnico para a realização dessa atividade com êxito. De forma mais assertiva, e considerando a disponibilidade financeira, poderão ser utilizados – como meios de comunicação e divulgação – jornais, revistas, televisão, mala direta, internet (*homepage*), painéis, *outdoors*, anúncios em ônibus e redes sociais. Conforme o tipo de evento e o público-alvo, é possível que a divulgação tenha de ser mais restrita, como é o caso de algumas cerimônias públicas de posse, de inauguração, de lançamento de um programa, de assinatura de um convênio etc.

» **Fonte financeira e dotação orçamentária**: Esse item deve levar em conta as atividades que serão realizadas e as receitas e despesas, sendo que estas devem estar em conformidade com os preços médios praticados pelo mercado. As fontes de receita devem ser preestabelecidas de forma a possibilitar a previsão do pagamento das despesas a serem realizadas. Geralmente, os recursos financeiros podem advir de patrocínios, *merchandising*, vendas de ingressos, taxas de inscrições, doações, dotação orçamentária preexistente, auxílios governamentais etc.

8.2.2 Condução de eventos públicos e privados

Como já sabemos, o cerimonialista ou chefe de cerimonial é o profissional responsável pela coordenação e, consequentemente, pela condução de todos os atos para que um evento, uma solenidade e/ou uma cerimônia possam acontecer. Suas ações deverão ser iniciadas assim que for tomada uma decisão sobre a realização de um evento, passando, necessariamente, pelo planejamento e pela elaboração do projeto e do cronograma de ações, cujas características e importância já estudamos anteriormente.

Novamente, destacamos que a condução das ações para o alcance do objetivo principal – ou seja, a realização do evento – deve considerar algumas variáveis, entre as quais podemos destacar o tipo de cerimônia ou solenidade, a data e o local de realização, o porte ou tamanho, o público-alvo, a lista de autoridades presentes, os recursos disponíveis etc.

Diante de tantas possibilidades, as formas para a condução dos eventos também serão diversas. Nesse sentido, apresentaremos a seguir, com base em Baena e Pedrosa (2014), alguns dos principais tipos de eventos promovidos por organizações públicas, mas que, como já discutimos anteriormente, também podem se aplicar ao cerimonial realizado por empresas da iniciativa privada, uma vez que determinados atos – como a inauguração de uma edificação, o lançamento de um livro, um ato de posse, a assinatura de um convênio ou a entrega de uma homenagem – também lhes são aplicáveis e, normalmente, contam com a presença de autoridades públicas.

Evento: cerimônia de inauguração de uma sede/repartição pública

- Quantidade de convidados (total): 500 pessoas.
- Composição da mesa de autoridades: governador do Estado, ministros de Estado, deputados federais e secretários de Estado.
- Plateia: servidores públicos, membros da sociedade civil organizada e da comunidade.

Atribuições do chefe de cerimonial ou cerimonislista

I. Planejamento da solenidade (e o acompanhamento prévio do cumprimento das atribuições das demais equipes listadas a seguir).

II. Acompanhamento dos procedimentos de responsabilidade do serviço de apoio administrativo (materiais de consumo, insumos e equipamentos necessários ao evento).
III. Confecção e expedição de convites.
IV. Confirmação de presenças e orientações para chegada ao evento.
V. Verificação do local do evento (com especial atenção para elementos como: decoração do local, palco ou praticável; mesa de autoridades; púlpito ou parlatório; cadeiras; som; microfones; iluminação; dispositivo de bandeiras; hinos; placas; *banners* etc.).
VI. Verificação do serviço de copa (e dos serviços de água e café durante o evento).
VII. Verificação dos serviços de recepção e encaminhamento de autoridades.
VIII. Verificação da placa de inauguração e dos procedimentos para o decerramento (com especial atenção para o local onde a placa foi afixada, sua cobertura e o uso de fita).
IX. Elaboração do roteiro da cerimônia e do *script* do cerimonial (conforme modelos da seção seguinte).

Atribuições da assessoria de comunicação social

I. Divulgação do evento nos meios de comunicação (*press release*).
II. Instalação dos telões de transmissão e serviços multimídia.
III. Disponibilização de equipe de registros do evento (áudio, filmagem e fotografia).

IV. Credenciamento de jornalistas.
V. Posicionamento de jornalistas no praticável.
VI. Distribuição de discursos pronunciados à imprensa.
VII. Disponibilização de estrutura de apoio à imprensa (posto avançado de serviços).
VIII. Organização e coordenação das entrevistas.

Atribuições do serviço operacional e de engenharia

I. Elaboração e disponibilização do croqui do evento.
II. **Preparação de tendas de acordo com o público do evento e com o local de sua realização (se for em área externa).**
III. Desenvolvimento do palco ou dispositivo de autoridades, conforme as normas técnicas e de segurança vigentes.
IV. **Verificação dos serviços de telefonia, rede e internet.**
V. **Verificação da iluminação e do mobiliário (mesas e cadeiras) no local do evento.**
VI. **Verificação da funcionalidade dos banheiros no local do evento (pias, sanitários etc.).**
VII. Verificação da limpeza e da conservação das áreas do evento (comuns e adjacentes).
VIII. Confirmação da existência válida de licença, autorização ou alvará para a realização do evento.
IX. **Confirmação do cumprimento dos prerrequisitos, com as autoridades competentes, para o funcionamento das instalações da nova sede que será inaugurada.**

Atribuições do serviço de segurança e transporte

I. Estabelecer o plano de segurança com os procedimentos para a recepção de autoridades.
II. Comunicar a polícia militar e/ou o departamento de trânsito sobre a realização do evento e as possíveis alterações no trânsito e fluxo de veículos.
III. Comunicar o corpo de bombeiros militar sobre a realização do evento e solicitar a disponibilização de brigadistas e equipes de suporte em saúde (socorristas, médicos e ambulâncias) durante o evento.
IV. Atuar na segurança da área interna e das áreas externas e adjacentes ao local do evento.
V. Controlar os procedimentos de chegada e desembarque de autoridades durante o evento.
VI. Organizar os procedimentos de segurança e controle da área de estacionamento.
VII. Disponibilizar e colocar fitas de isolamento de área de circulação e permanência de autoridades no local do evento.
VIII. Fazer vistoria prévia do local do evento.
IX. Conferir disponibilidade e funcionalidade do serviço de monitoração por câmeras.
X. Verificar a disponibilidade e a necessidade do uso de equipamentos de raios x.

Atribuições do serviço médico

I. Coordenar os procedimentos com vistas à prestação de atendimentos emergenciais.
II. Estabelecer posto de serviço médico/de saúde.

III. Disponibilizar equipe de trabalho para o dia do evento.
IV. Elaborar plano de contingência para o caso de deslocamento de autoridades para serviços hospitalares externos.
V. Verificar disponibilidade de ambulância durante o evento.

Evento: cerimônia de assinatura de um convênio ou contrato

» Quantidade de convidados (total): 20 pessoas.
» Composição do dispositivo de autoridades: ministro de Estado, presidente da empresa/autarquia e diretor da empresa prestadora de serviços.
» Plateia: diretores dos departamentos do Ministério, servidores públicos e membros da sociedade civil organizada.

Atribuições do chefe de cerimonial ou cerimonislista

I. Planejamento da solenidade (e o acompanhamento prévio do cumprimento das atribuições das demais equipes listadas a seguir).
II. Acompanhamento dos procedimentos de responsabilidade do serviço de apoio administrativo (materiais de consumo, insumos e equipamentos necessários ao evento).
III. Confecção e expedição de convites.

IV. Confirmação de presenças e orientações para chegada ao evento.
V. Verificação do local do evento (com especial atenção para aspectos como: decoração do local; palco ou praticável; púlpito/parlatório; cadeiras; som; microfones; iluminação; dispositivo de bandeiras; hino etc.).
VI. Verificação dos serviços de recepção e encaminhamento de autoridades.
VII. Elaboração do roteiro da cerimônia e do *script* do cerimonial (conforme modelos da seção seguinte).
VIII. Preparação da mesa em que as autoridades assinarão o convênio.
IX. Obtenção dos documentos pertinentes ao convênio que devem ser assinados (com as devidas orientações para a sua rubrica).

Atribuições da assessoria de comunicação social

I. Divulgação do evento nos meios de comunicação (*press release*).
II. Disponibilização de equipe de registros do evento (áudio, filmagem e fotografia).
III. Credenciamento de jornalistas.
IV. Distribuição de discursos pronunciados à imprensa.
V. Organização e coordenação das entrevistas.

Atribuições do serviço operacional e de engenharia

I. Elaboração e disponibilização do croqui do evento.
II. Desenvolvimento do palco ou dispositivo, de acordo com as normas técnicas e de segurança vigentes.
III. Verificação dos serviços de telefonia, rede e internet.
IV. Verificação da iluminação e do mobiliário no local do evento.
V. Verificação da funcionalidade dos banheiros no local do evento (pias, sanitários etc.).
VI. Verificação da limpeza e da conservação das áreas do evento (comuns e adjacentes).

Atribuições do serviço de segurança e transporte

I. Estabelecer o plano de segurança com os procedimentos para a recepção de autoridades.
II. Atuar na segurança da área interna e das áreas externas e adjacentes ao local do evento.
III. Controlar os procedimentos de chegada e desembarque de autoridades durante o evento.
IV. Organizar os procedimentos de segurança e controle da área de estacionamento.
V. **Disponibilizar e colocar fitas de isolamento de área de circulação e permanência de autoridades no local do evento.**
VI. Fazer vistoria prévia no local do evento.
VII. Conferir disponibilidade e funcionalidade do serviço de monitoração por câmeras.

Atribuições do serviço médico

I. Coordenar os procedimentos com vistas à prestação de atendimentos emergenciais.
II. Disponibilizar equipe de trabalho para o dia do evento.
III. Verificar disponibilidade de ambulância durante o evento.

Evento: cerimônia de outorga de comendas e medalhas pelo Poder Judiciário

» Quantidade de convidados (total): 100 pessoas.
» Composição do dispositivo de autoridades: agraciandos e ministros do tribunal.
» Plateia: autoridades e familiares dos agraciandos.

Atribuições do chefe de cerimonial ou cerimonislista

I. Planejamento da solenidade (e o acompanhamento prévio do cumprimento das atribuições das demais equipes listadas a seguir).
II. Acompanhamento dos procedimentos de responsabilidade do serviço de apoio administrativo (materiais de consumo, insumos e equipamentos necessários ao evento).
III. Confecção e expedição de convites para autoridades.

IV. Confecção e expedição de comunicado aos agraciandos comunicando a homenagem.
V. Confirmação de presenças e orientações para chegada ao evento.
VI. Verificação do local do evento (com especial atenção para aspectos como: decoração do local; dispositivo de autoridades; púlpito/parlatório; cadeiras; som; microfones; iluminação; dispositivo de bandeiras; hinos etc.).
VII. Verificação do serviço de copa (e dos serviços de água e café durante o evento).
VIII. Verificação dos serviços de recepção e encaminhamento de autoridades.
IX. Verificação da confecção das insígnias (ordem do mérito, grão-colar, grã-cruz, grande oficial, comendador, oficial e cavaleiro).
X. Verificação da preparação dos diplomas e encaminhamento para assinatura.
XI. Elaboração do roteiro da cerimônia e do *script* do cerimonial (conforme modelos da seção seguinte).

Atribuições da assessoria de comunicação social

I. Divulgação do evento nos meios de comunicação (*press release*).
II. Disponibilização de equipe de registros do evento (áudio, filmagem e fotografia).
III. Credenciamento de jornalistas.
IV. Posicionamento de jornalistas no praticável.
V. Distribuição de discursos pronunciados à imprensa.

VI. Disponibilização de estrutura de apoio à imprensa (posto avançado de serviços).
VII. Organização e coordenação das entrevistas.

Atribuições do serviço operacional e de engenharia

I. Elaboração e disponibilização do croqui do evento.
II. Preparação de tendas de acordo com o público do evento e com o local de sua realização (se for em área externa).
III. Desenvolvimento do dispositivo de autoridades, conforme as normas técnicas e de segurança vigentes.
IV. Verificação dos serviços de telefonia, rede e internet.
V. Verificação da iluminação e do mobiliário no local do evento.
VI. Verificação da funcionalidade dos banheiros no local do evento (pias, sanitários etc.).
VII. Verificação da limpeza e da conservação das áreas do evento (comuns e adjacentes).
VIII. Confirmação da existência válida de licença, autorização ou alvará para a realização do evento.

Atribuições do serviço de segurança e transporte

I. Estabelecer o plano de segurança com os procedimentos para a recepção de autoridades.
II. Comunicar a polícia militar e/ou o departamento de trânsito sobre a realização do evento e as possíveis alterações no trânsito e fluxo de veículos.

III. Atuar na segurança da área interna e das áreas externas e adjacentes ao local do evento.
IV. Controlar os procedimentos de chegada e desembarque de autoridades durante o evento.
V. Organizar os procedimentos de segurança e controle da área de estacionamento.
VI. Fazer vistoria prévia no local do evento.
VII. Conferir disponibilidade e funcionalidade do serviço de monitoração por câmeras.

Atribuições do serviço médico

I. Estabelecer posto de serviço médico/saúde.
II. Coordenar os procedimentos com vistas à prestação de atendimentos emergenciais.
III. Disponibilizar equipe de trabalho para o dia do evento.
IV. Elaborar plano de contingência para o caso de deslocamento de autoridades para serviços hospitalares externos.
V. Verificar disponibilidade de ambulância durante o evento.

O trabalho do cerimonialista ou chefe de cerimonial na condução do evento depende do cumprimento rigoroso, criterioso e sistemático de um conjunto de atividades indispensáveis para um resultado exitoso. Nas próximas seções, analisaremos alguns instrumentos essenciais para os profissionais que conduzem eventos. São eles o *briefing*, o *checklist*, o roteiro e o *script*.

8.2.2.1 *Briefing* e *checklist*

Podemos considerar, assim como Martin (2003), que o *briefing* e o *checklist* são instrumentos de acompanhamento e controle das atividades operacionais do evento. Trata-se de dois documentos: o primeiro se refere a um conjunto de informações disponibilizadas pelo cliente (ou, no caso das organizações públicas, por quem demanda a realização do evento), enquanto o segundo é uma lista de checagem que possibilita acompanhar, detalhadamente, as providências para a consecução das tarefas do evento.

De acordo com Matias (2007), ambos são os instrumentos mais utilizados para auxiliar no controle e no desenvolvimento das atividades durante as fases de planejamento e organização de um evento.

O *briefing*, além de representar o conjunto de informações reunidas de forma antecipada, para auxiliar no acompanhamento e no controle das atividades de um evento, é também um instrumento que esclarece, de forma resumida e detalhada, o que é o evento e em quais estágios de execução encontram-se cada uma de suas etapas. A seguir, apresentamos, no Quadro 8.2, um modelo de *briefing* de eventos.

Quadro 8.2 – Modelo de *briefing* de evento

***Briefing* de evento**
Identificação do solicitante:
Solicitante (órgão ou instituição): _____   Endereço: _____   Telefones: _____   E-mails: _____   Site: _____   Contato/Responsável: _____   Cargo: _____   Segmento/Ramo/Área do solicitante: _____   _____   _____

(continua)

(Quadro 8.2 – continuação)

Identificação do evento:

Título do evento: _____

Objetivo principal do evento (descrever e informar se ele se refere a uma posse, homenagem, assinatura de convênio etc.):
_____
_____

Tipologia do evento (congresso, conferência, inauguração, posse etc.):
_____

Local do evento (informar onde o evento ocorrerá):
_____

Transmissão do evento (informar se o evento será presencial, híbrido ou digital e, neste último caso, destacar os canais de transmissão e as formas de acesso):
_____
_____

Infraestrutura e equipamentos (relacionar a infraestrutura necessária para o evento – auditório, salão, pavilhão, *foyer* – e os equipamentos a serem utilizados, tais como de áudio, vídeo, informática etc.):
_____
_____

Materiais (informar os materiais necessários para entregar aos participantes – pasta, programação, projeto ou folheto institucional – e também para a secretaria do evento, como canetas, papéis, *clips*, etc.): _____

Período/Data do evento: _____

Presença de autoridades (informar nomes, cargos e órgãos de origem): _____
_____
_____

Horário de realização do evento: _____

Programação do evento (verificar a programação completa e se ela está adequada ao tipo de evento, tal como um congresso com autoridades públicas e uma cerimônia de abertura, que requer composição de mesa, hino nacional etc.):
_____
_____

Público estimado para o evento: _____

Faixa etária do público: _____

Perfil do público: _____

(Quadro 8.2 – conclusão)

Serviços de receptivo É necessário contratar: Sim ( ) Não ( )
Serviços de segurança É necessário contratar: Sim ( ) Não ( )
Serviço de primeiros socorros É necessário contratar: Sim ( ) Não ( )
Serviços de tradução simultânea É necessário contratar: Sim ( ) Não ( )
Serviços de intérprete: É necessário contratar: Sim ( ) Não ( )
Serviços de transporte e hospedagem (descrever se cada participante se responsabiliza por seus deslocamentos e por suas reservas ou se a organização do evento providenciará tais serviços):
Serviços de alimentação e bebidas (verificar na programação do evento se há *coffee break*):
Divulgação (descrever como será feita, se por meio de convites impressos, *mailings*, *sites*, redes sociais, mídia etc.):
Orçamento (verificar qual é a fonte pagadora das despesas, as limitações orçamentárias, a necessidade de realizar licitação, além de contratações diretas, formas e prazos de pagamento, prestação de contas etc.):

Fonte: Elaborado com base em Matias, 2007.

Em relação ao *checklist*, podemos considerá-lo como um instrumento de acompanhamento em forma de lista que possibilita a verificação do progresso das tarefas previamente definidas, as quais são indispensáveis para o sucesso do evento. Conforme Matias (2007), há muitas formas de apresentação do *checklist*: por ordem alfabética, por grupos de atividades, por ordem cronológica e prioritária das ações etc.

O modelo que apresentamos a seguir (Quadro 8.3) é um *checklist* para auxiliar na realização de uma cerimônia.

Quadro 8.3 – Modelo de *checklist* de uma cerimônia

Checklist de cerimônia		
Evento/Cerimônia:		
Local:		
Data:		
Horário:		
Tarefa	**Responsável**	***Status* de realização/ providências**
Palco, palanque e/ou praticável		
Mesa diretiva e cadeiras		
Bandeiras		
Hino nacional		
Lugares reservados		
Água e guardanapos		
Script da cerimônia		
Som e iluminação		
Receptivo		
Confirmação de presenças		
Nominatas		
Discursos e pronunciamentos		
Orientação às autoridades		
Fotografias e filmagens		
Entrevistas		
Cumprimentos		

Fonte: Elaborado com base em Matias, 2007.

8.2.2.2 Roteiro e *script* do cerimonial

O roteiro de cerimonial consite no instrumento utilizado tanto para orientar a equipe de cerimonial como o mestre de cerimônias na condução do evento. Ele define os acontecimentos da cerimônia passo a passo, do início ao fim, e deve ser um documento objetivo, preferencialmente elaborado em tópicos. Sobre o roteiro do cerimonial, Oliveira (2011, p. 30) comenta que se trata de um documento bastante usado "pelo chefe do cerimonial para auxiliar os componentes da mesa de honra e os funcionários que trabalham na solenidade". Além disso, ainda de acordo com a autora, "o roteiro é um documento menos detalhado do que o *script*, porém, também apresenta informações que vão facilitar a atuação de todos os envolvidos na cerimônia" (Oliveira, 2011, p. 30, grifo do original).

O roteiro do cerimonial contém, por exemplo, a indicação da fala de abertura pelo mestre de cerimônias, o anúncio das autoridades, a composição da mesa, o momento cívico, os discursos, as homenagens, os atos específicos do evento e o seu encerramento. A respeito da objetividade desse documento, o mestre de cerimônias deve ter uma fala impessoal, e as leituras dos currículos, em casos de posses, não devem ser extensas. O tempo de discurso de cada um dos oradores deve ser predefinido pela equipe organizadora e informado a eles previamente, para fins de preparo (Distrito Federal, 2018).

Em relação à preparação do roteiro do cerimonial e, especificamente, sobre o momento destinado aos oradores:

> Os discursos e as falas devem, preferencialmente, acontecer na última etapa ou no final da solenidade, considerando a ordem da chamada crescente, ou seja, da menor para a maior autoridade. O chefe do cerimonial deve estar ciente do tempo de cada orador ou

palestrante. O orador, por sua vez, deve obedecer rigorosamente a seu tempo, pois todo evento é cronometrado na disponibilidade do anfitrião, do presidente da mesa e/ou da autoridade máxima. (Distrito Federal, 2018, p. 18)

De acordo com Takahashi (2009), o roteiro de cerimonial, após elaborado, precisa passar pela análise e aprovação do anfitrião ou da autoridade que presidirá o evento. É importante que o chefe do cerimonial ou cerimonialista faça uma apresentação do roteiro, explicando os pontos relevantes da cerimônia. Essa é uma forma de envolver o anfitrião no evento antes mesmo que ele ocorra.

A seguir, apresentamos algumas sugestões de roteiros para a realização de cerimônias cujas finalidades sejam uma palestra, uma posse e uma inauguração. Ressaltamos que os itens que compõem tais sequências são sugestões e, dessa forma, podem passar por modificações, como a exclusão ou a inclusão de novos elementos, a fim de atender às especificidades de cada empresa ou da própria cerimônia.

Roteiro de cerimônia de palestra

I. Abertura do evento (bom dia/tarde/noite).
II. Boas-vindas.
III. Cumprimento dos participantes.
IV. Leitura de avisos (desligar os celulares etc.).
V. Apresentação do evento (palestra em comemoração, com finalidade, objetivos etc.).
VI. Composição da mesa de honra (chamada nominal dos intergrantes da mesa de acordo com a ordem de precedência).

VII. Registro de presença de personalidades que não compõem a mesa.
VIII. Execução do hino nacional.
IX. Declaração de abertura do evento pelo presidente da mesa.
X. Fala dos componentes da mesa de honra (da autoridade de menor hierarquia para a de maior hierarquia, sem a obrigatoriedade de que todos discursem).
XI. Desfazimento da mesa de honra e realocação das autoridades da mesa na primeira fila ou no lugar de honra.
XII. Leitura do currículo do palestrante do evento.
XIII. Chamada do palestrante.
XIV. Agradecimento e parabenização ao palestrante pela exposição (em nome da empresa).
XV. Agradecimento aos participantes do evento/ouvintes/convidados.
XVI. Convite para a participação de um coquetel de confraternização (se houver).
XVII. Finalização e despedida.

Roteiro de cerimônia de posse

I. Abertura do evento (bom dia/tarde/noite).
II. Boas-vindas aos participantes.
III. Leitura de avisos (desligar os celulares etc.).
IV. Apresentação do evento (posse dos diretores, do presidente etc.).
V. Composição da mesa de honra (chamada nominal de acordo com a ordem de precedência).

VI. Registro de presença de personalidades que não compõem a mesa.
VII. Execução do hino nacional.
VIII. Declaração de abertura do evento pelo presidente da mesa.
IX. Fala dos componentes da mesa de honra que estão deixando o cargo (da autoridade de menor hierarquia para a de maior hierarquia).
X. Ato de posse: leitura e assinatura do termo de posse e compromisso.
XI. Fala dos componentes da mesa de honra que foram empossados (da autoridade de menor hierarquia para a de maior hierarquia). Antes da fala de cada um dos empossados, deve ser feita a leitura breve dos seus currículos.
XII. Fala do presidente da mesa de honra/presidente da cerimônia.
XIII. Agradecimento aos participantes do evento/ouvintes/convidados.
XIV. Convite para a participação de um coquetel de confraternização (se houver).
XV. Finalização e despedida.

Roteiro de cerimônia de inauguração

I. Abertura do evento (bom dia/tarde/noite).
II. Boas-vindas.
III. Cumprimento dos participantes.
IV. Leitura de avisos (desligar os celulares etc.).
V. Apresentação do evento (inauguração de uma edificação, sede ou filial).

VI. Composição da mesa ou do dispositivo de honra (chamada nominal de acordo com a ordem de precedência).
VII. Registro de presença de personalidades que não compõem a mesa.
VIII. Declaração de abertura do evento pelo presidente da mesa.
IX. Fala dos componentes da mesa ou do dispositivo de honra (da autoridade de menor hierarquia para a de maior hierarquia).
X. Fala do presidente da mesa de honra/presidente da cerimônia.
XI. Descerramento da placa de inauguração e leitura do texto/da mensagem da placa.
XII. Convite aos convidados do evento para visitação às instalações (conduzidos pela equipe de cerimonial).
XIII. Convite para a participação de um coquetel de confraternização (se houver).
XIV. Finalização e despedida.

Por sua vez, o *script* do cerimonial é um documento mais detalhado que o roteiro, pois, de acordo com Oliveira (2011), traz o texto que será lido pelo mestre de cerimônia durante o evento, com informações relevantes não somente para esse profissional, mas também para as personalidades que têm participação direta, como uma autoridade que compõe a mesa ou que fará o uso da palavra. O *script* não deve ser alterado pelo mestre de cerimônia, mas somente lido, conforme determinado e elaborado pelo chefe ou coordenador do cerimonial.

Quanto ao *script* do cerimonial de um evento, o documento *Curso cerimonial e procotolo de eventos*, da Escola de Governo do

Distrito Federal (Egov), sugere: (i) o uso de fontes grandes com espaçamento duplo; (ii) a disposição dos títulos de forma clara; (iii) o uso de vários estilos, como negrito e itálico, para destaque de trechos do texto; (iv) o uso de letras grandes e claras; (v) a marcação das partes que requerem pausas; (vi) a numeração dos itens (abertura, composição da mesa, ato cívico, palestra etc.).

A seguir, apresentamos dois modelos de *script* que auxiliam na condução de eventos e cerimoniais. O primeiro deles é elaborado com base no modelo de *script* presente em Oliveira (2011) e se refere a uma cerimônia para a assinatura de convênio.

Script

1. Abertura

"Senhoras e senhores, boa tarde (dia ou noite)!"
"Daremos início, neste momento, à solenidade de _____".

2. Composição da mesa diretiva

"Convidamos para que ocupem seus lugares na mesa de honra as seguintes autoridades": (ler os nomes e os cargos ocupados, chamando inicialmente os de maior hierarquia).

"Registramos e agradecemos a presença das demais autoridades": (ler cartões).

3. Ato cívico

Hino nacional: se houver, convidar todos para se posicionarem civicamente ou em posição de respeito.

Resumo do evento: tema, assuntos a serem abordados, objetivos, programação e etc. (no máximo uma lauda).

4. Apresentação do vídeo institucional (se houver)

"Assistiremos, neste momento (vídeo/apresentações artísticas), a...".

5. Assinatura do convênio

Momento da assinatura (se houver).

6. Pronunciamentos

Verificar, junto ao ajudante de ordens, quem deve falar:
- Secretário regional.
- Deputado estadual/federal/senador da República.
- Prefeito municipal.
- Governador do Estado.

Momento do descerramento da placa/faixa inaugural (há opção de se colocar a placa em um cavalete e fazer o descerramento no próprio palanque/local de destaque).

7. Encerramento

"Damos por encerrada esta cerimônia, agradecendo a presença das autoridades, convidados e representantes da imprensa, desejando a todos um bom dia (noite)".

Fonte: Elaborado com base em Oliveira, 2011.

O segundo modelo de *script*, apresentado a seguir, foi utilizado em uma cerimônia de posse de dirigentes de uma instituição de ensino superior:

SOLENIDADE DE POSSE DO REITOR E DA VICE-REITORA
DATA: 31 de julho de 2021
HORÁRIO: 10 horas
LOCAL: Centro de Convenções e Eventos (CCE)

AVISOS
"Senhoras e senhores, bom dia!

Comunicamos que, dentro de cinco minutos, daremos início à solenidade de posse do reitor e da vice-reitora do Centro Universitário _____.

Pedimos a todos que ocupem seus lugares e, por gentileza, deixem seus aparelhos celulares no modo silencioso.

Pedimos também que respeitem o distanciamento social, mantendo as cadeiras nos locais previamente demarcados, e que usem máscara durante todo o evento, cobrindo nariz e boca".

ABERTURA
"Senhoras e senhores, bom dia!

O Cerimonial da Fundação _____ e do Centro Universitário _____ dá as boas-vindas a todos os presentes nesta solenidade de posse do reitor e da vice-reitora do _____, e a todos os que nos assistem pelo nosso canal no Youtube.

Esta solenidade tem como objetivo empossar os novos dirigentes do Centro Universitário, entidade mantida pela Fundação _____.

Tomam posse o Professor Dr. _____, no cargo de reitor, e a Professora Dra. _____, no cargo de vice-reitora.

Informamos que os pró-reitores de ensino, pesquisa e extensão e de planejamento, administração e finanças, assim como a diretora de graduação, serão empossados em sessão interna a ser realizada, posteriormente, na reitoria do _____".

CHAMADA DE AUTORIDADES (COMPOSIÇÃO DO PALCO DE HONRA)
"Para que tomem seus lugares no palco de honra, convidamos:

Os membros do conselho de curadores da fundação _____, mantenedora do Centro Universitário _____: (o mestre de cerimônia deve fazer a chamada nominal e aguardar a ocupação dos lugares).

Convidamos os atuais membros da reitoria do_____:
Magnífico reitor, Professor _____;
Senhor pró-reitor de planejamento, administração e finanças, Professor ___
_____;
Senhora diretora de graduação, Professora _____;
(o mestre de cerimônia deve fazer a chamada nominal e aguardar a ocupação dos lugares).
Convidamos agora o reitor e a vice-reitora eleitos do _____:
Professor _____;
Professora _____; (o mestre de cerimônia deve fazer a chamada nominal e aguardar a ocupação dos lugares).
E, ainda, para que tomem seus lugares no palco de honra, convidamos:
Senhor diretor executivo da Fundação _____;
Senhor presidente do Diretório Central dos Estudantes (DCE), Acadêmico _____; (o mestre de cerimônia deve fazer a chamada nominal e aguardar a ocupação dos lugares).

Na oportunidade, gostaríamos de agradecer, também de maneira especial, tanto aos que se encontram aqui presentes como àqueles que acompanham esta solenidade de maneira virtual:

Os senhores reitores e dirigentes de universidades;
Os senhores secretários municipais;
Senhores representantes de entidades de classe;
Senhores e senhoras diretores de escolas;
Senhores vereadores;
Senhores representantes de instituições de ensino, filantrópicas e de serviços;

Sintam-se, por favor, nominados e recebam nossos cumprimentos por acompanharem esta cerimônia.

Agradecemos e registramos, de modo especial, a presença do corpo docente e de alunos do _____, bem como de todos os colaboradores e parceiros da _____.

Demais autoridades, recebam nossos cumprimentos".

ATO CÍVICO/HINO NACIONAL
"Convidamos a todos para, em posição cívica, ouvirmos a execução do hino nacional brasileiro" (aguardar a execução do hino nacional).

ABERTURA OFICIAL
Neste momento, convidamos o senhor presidente da Fundação
_____, para que declare aberta esta sessão solene.
(o mestre de cerimônia cede espaço do púlpito ao orador).
'Declaro instalados os trabalhos desta sessão solene de posse do reitor e da vice- reitora do Centro Universitário_____'''.

HOMENAGEM AO REITOR
"Neste momento, convido a todos para assistirem ao vídeo de homenagem ao atual reitor do Centro Universitário_____, Professor _____. (o mestre de cerimônia deve aguardar a exibição do vídeo nos telões. Após vídeo, seguir com o texto).

Convidamos, para que se posicionem à frente do palco, o presidente da Fundação_____, Sr. _____, e o atual reitor do Centro Universitário _____, Professor _____. Na ocasião, será descerrada uma moldura com a pelerine, como forma de homenagem ao reitor, pelos seus oito anos de gestão à frente do Centro Universitário_____.
(presidente e reitor se posicionam à frente da moldura e puxam o tecido).

Convidamos, para que faça o uso da palavra, o atual reitor do Centro Universitário_____, Professor _____". (o mestre de cerimônia cede espaço do púlpito ao orador).

LEITURA DO CURRÍCULO RESUMIDO DOS ELEITOS
"Neste momento, faremos a leitura do currículo do reitor eleito e da vice-reitora eleita do Centro Universitário _____".
(o mestre de cerimônia faz a leitura dos currículos resumidos).

POSSE DO REITOR E DA VICE-REITORA
"Neste momento, convidamos o senhor presidente da Fundação _____, para que dê início ao ato de posse do reitor e da vice-reitora do _____. (o mestre de cerimônia cede espaço do púlpito ao orador).

"'Usando o poder a mim conferido regimentalmente, solicito ao secretário-geral da Fundação _____, Professor _____, que faça a leitura da ata de posse do Professor _____, no cargo de reitor, e da Professora _____, no cargo de vice-reitora do Centro Universitário _____'''.
(o mestre de cerimônia cede espaço do púlpito ao secretário-Geral para a leitura do termo de posse).

ASSINATURA DO TERMO DE POSSE

"Convidamos, nesse momento, o presidente da Fundação _____, Sr. _____, e, também, o Professor _____, eleito para o cargo de reitor, e a Professora _____, eleita para o cargo de vice-reitora, para a assinatura do termo de posse e compromisso". (presidente e empossados assinam o termo de posse na mesa posicionada ao lado do púlpito).

ATO DE REVESTIMENTO DAS PELERINES

"Neste momento, o presidente da Fundação _____, Sr. _____, revestirá o reitor e a vice-reitora empossados com a pelerine que simboliza o poder que lhes é conferido pelos seus pares do conselho universitário". (o mestre de cerimônia aguarda revestimento e que os empossados retornem aos seus lugares).

PRONUNCIAMENTOS

"Teremos a honra de ouvir, neste momento, o pronunciamento do senhor reitor ora empossado, Professor _____. (o mestre de cerimônia cede espaço do púlpito ao orador).

Convidamos, agora, para que faça o seu pronunciamento e declare o encerramento da cerimônia, o senhor presidente da Fundação _____, Sr. _____". (o mestre de cerimônia cede espaço do púlpito ao orador).

8.2.3 Pós-evento

A última fase do evento diz respeito ao seu encerramento. Conforme exposto por Martin (2003), essa fase vai além da desmontagem das estruturas físicas. Ela contempla, também, o pagamento dos serviços contratados e a finalização das pendências administrativas, sendo necessário elaborar uma prestação de contas e disponibilizá-la aos mais variados públicos interessados nos resultados do evento, como é o caso dos patrocinadores.

Para Matias (2007), essa etapa é marcada pelo encerramento das atividades que foram planejadas, seguida de um processo de avaliação técnica, administrativa e dos participantes. Tal avaliação permitirá à equipe organizadora constatar os resultados alcançados, ou seja, verificar se os objetivos previstos no projeto foram atingidos.

Para a constatação da satisfação dos participantes do evento, é recomendável aplicar um formulário de avaliação, instrumento que possibilitará a tabulação das respostas em forma de dados. Em seguida, o cruzamento e a compilação de dados promoverão a apresentação de informações específicas e pontuais sobre o nível de qualidade da programação, da organização, da equipe de atendimento, dos serviços prestados, do local etc.

Devemos salientar que, na avaliação a ser realizada, o participante do evento não deve se identificar. Ou seja, o formulário ou questionário a ser utilizado para a avaliação precisa ser impessoal, a fim de fornecer ao participante liberdade para se expressar com sinceridade e sem constrangimento.

Entre as formas de avaliação do evento, há desde a tradicional disponibilização de formulários impressos aos participantes para preenchimento e devolução à equipe de recepcionistas até o uso de formulários eletrônicos, que podem ser acessados por meio de aplicativos desenvolvidos para essa finalidade, *links* por *e-mail* ou por meio da divulgação do *site* onde será disponibilizado o questionário. A seguir, apresentamos um modelo de formulário de avaliação de evento.

Quadro 8.4 – Modelo de formulário de avaliação de evento

AVALIAÇÃO DE EVENTO

Evento:					
Local:					
Data:					
Empresa promotora:					
Como você avalia o evento quanto a:	**Excelente**	**Bom**	**Regular**	**Insuficiente**	**Não utilizei**
Data					
Local					
Inscrições					
Programação					
Palestrantes					
Palestras/Temas					
Material de apoio					
Som e imagem					
Pontualidade					
Credenciamento					
Material de apoio					
Coffee break					
Recepção/Cerimonial					
Segurança					
Internet/*Wi-fi*/Conexão					
Do que mais você gostou no evento? _____					
Do que você menos gostou no evento? _____					
De 0 a 10, que nota você daria para esse evento? _____					

Existem algumas vantagens atingidas com base na avaliação do evento. Nesse sentido, segundo Martin (2003), um evento seguinte poderá ser mais bem executado se levar em consideração os resultados da avaliação de um evento anterior. É por meio do conhecimento do perfil e dos anseios dos públicos participantes, da avaliação qualitativa dos serviços prestados, da identificação dos pontos fortes e fracos e da verificação dos objetivos e das metas alcançados que será possível promover uma melhoria contínua.

8.3 Eventos virtuais ou digitais e eventos híbridos

Para além do avanço das novas formas de informação e comunicação, bem como dos estímulos e do aumento da interação virtual entre pessoas e organizações (com destaque para a utilização dos meios digitais), o ano de 2020 impôs, com a pandemia de coronavírus (covid), inúmeros desafios aos profissionais de cerimonial e eventos. É importante destacarmos que os eventos virtuais não extinguirão os tradicionais eventos presenciais. Mas devemos reconhecer que, além das questões sanitárias, variáveis também relacionadas à mobilidade e aos transportes, hospedagens, tempo e custos passaram a ser cada vez mais determinantes na decisão sobre as formas de participação em um evento.

Os eventos no modelo tradicional que, até então, requeriam necessariamente estruturas físicas e espaços planejados de forma prévia e cuidadosa, com modernos equipamentos e equipes numerosas de profissionais, começaram a ser repensados e projetados para atender à nova realidade, possibilitando, assim, conectar pessoas distantes fisicamente, independente de suas posições geográficas. Os profissionais de cerimonial e eventos, agora, devem se especializar cada vez mais no planejamento, na organização e na promoção dos eventos digitais, que podem ser totalmente virtuais ou híbridos.

Conforme Martin e Lisboa (2020), um evento é considerado híbrido quando é realizado com parte do público presencial, ou seja, nos já conhecidos moldes tradicionais, mas com dispositivos e aparatos tecnológicos que possibilitem a sua transmissão para alcançar pessoas que também participam a partir de outros locais separados geograficamente. Nessa modalidade, devemos considerar que não somente a plateia pode estar em parte de forma presencial ou *on-line*, mas também os próprios palestrantes.

Por outro lado, o evento é considerado virtual quando não há uma plateia presencial – seja em uma sala, seja em um anfiteatro, seja em um auditório –, ou seja, todos os participantes estão distantes fisicamente, e a conexão e/ou interação com o evento se dará por conexões na *web*, diretamente em páginas virtuais ou com o auxílio de aplicativos, dispositivos ou plataformas.

Os eventos digitais têm se apresentado como uma alternativa aos eventos presenciais por conta de inúmeros fatores. Entre eles, Martin e Lisboa (2020) destacam as vantagens no tocante à relação custo-benefício, às formas de acessibilidade, ao alcance geográfico quase ilimitado, à facilidade com as variedades nas formas de acesso, à geração de conteúdo e à sustentabilidade.

Inicialmente, podemos observar, quanto à relação custo-benefício, que a maior vantagem dos eventos digitais está na economia gerada tanto para os organizadores e seus palestrantes como para a plateia ou o público participante, pois as despesas com transporte, alimentação e hospedagem podem ser reduzidas consideravelmente. Também, como já discutimos anteriormente, os eventos presenciais requerem grandes estruturas e aparato tecnológico muitas vezes com custos elevados – como auditórios, salão para *coffe break*, mesas, cadeiras, computadores, equipamentos de som, iluminação e projeção, entre outros –, além de recursos humanos, que envolvem recepcionistas, seguranças, garçons etc.

Ainda com relação à acessibilidade e à cobertura, os eventos digitais têm a grande vantagem do poder de alcance, isto é, não há limitação quanto a tempo ou espaço, pois, se os participantes estão conectados a uma rede de qualidade, seja ela móvel, seja *wi-fi*, poderão participar por meio de uma conexão, independente de estarem fixos em um local no momento da transmissão – como é o caso de uma empresa, um escritório ou até mesmo em casa – ou em deslocamento – dentro de um automóvel, no transporte público, em viagem ou, até mesmo, em atividades comuns do cotidiano, como ao fazer compras ou praticar exercícios.

Por seu turno, quanto à facilidade de acesso e à geração de conteúdo, os eventos digitais podem apresentar vantagens, mas também revelam desafios e riscos. No que se refere à facilidade de acesso, a maioria das plataformas mais utilizadas atualmente para transmissões são adaptáveis aos mais variados tipos de dispositivos, como *smartphones*, *notebooks*, *tablets* ou computadores. Também, uma grande vantagem econômica e social diz respeito ao fato de que os eventos híbridos e digitais podem ser gravados e, posteriormente, seus conteúdos podem ser disponibilizados para acesso em uma plataforma, seja de forma paga e a baixo custo, seja, até mesmo, de forma gratuita. Isso promove o acesso ao conteúdo e a geração de conhecimento para as pessoas que, pelos mais diversos motivos, não puderam participar do evento transmitido ao vivo.

Por fim, considerando a sustentabilidade, os eventos digitais apresentam uma larga vantagem em relação aos tradicionais eventos presenciais, pois – em uma análise superficial – é possível constatar uma redução de impacto ambiental, uma vez que há menos deslocamento de pessoas, utilização de transportes e de equipamentos de iluminação e refrigeração de ambientes, além de menos impressão de materiais e descartes etc. Seguindo a mesma lógica, os eventos digitais tendem a ser mais inclusivos, já que, pelos motivos supramencionados, têm menos custos em sua realização e, dessa forma, possibilitam a participação de um número maior de pessoas.

A seguir, apresentamos um quadro de Martin e Lisboa (2020, p. 15-17) com uma breve comparação entre os eventos presenciais, híbridos e virtuais sob diversos aspectos, como atração, conteúdo, tamanho do público, programação, sustentabilidade, custos, estrutura, infraestrutura, tecnologia etc.

Quadro 8.5 – Aspectos dos eventos presenciais, híbridos e digitais[1]

Aspectos	Presencial	Híbrido	Virtual
Fator de atração	Atraem público para um único local e para o networking.	Também converge todos para um mesmo local. No virtual, a atração principal é o conteúdo e a dinâmica dos encontros presenciais.	O que atrai é o conteúdo e a facilidade de acesso. Flexibilidade de tempo. Não há necessidade de deslocamento.
Conteúdo	Conteúdo direcionado e dinâmicas de interação presencial que reforçam sua retenção. Conteúdos com maior profundidade.	O conteúdo do híbrido deve ser mais rico que o presencial para motivar a participação. Os participantes do híbrido podem não ter acesso a todos os conteúdos do evento.	Conteúdos mais curtos e mais precisos. Densos e práticos.
Tamanho do público	Limitado ao espaço e ao mercado regional (pessoas podem viajar até o local do evento).	Limite do espaço físico e potencial de alcançar dezenas de milhares de pessoas virtualmente. Alguns eventos possuem potenciais até maiores.	Potencial para alcançar dezenas de milhares de pessoas virtualmente. Alguns eventos possuem potencial para alcançar número ainda maior de pessoas, principalmente após o público se acostumar mais com esse tipo de evento.
Programação	Oferece formato e programa variados, desde plenária, seminários, sessões simultâneas e paralelas.	Programação mais complexa para criar que o presencial, uma vez que precisa atender, de forma integrada, os públicos do presencial e do virtual.	Programação mais flexível quanto a dias e horários. Possibilidade de várias sessões paralelas com moderadores e públicos de tamanhos distintos.

(continua)

....

1 *Duração média de planejamento, pois flutua dependendo da tipologia, quantidade de participantes, abrangência geográfica, entre outros aspectos.

Planejamento, organização e condução de eventos

(Quadro 8.5 – continuação)

Aspectos	Presencial	Híbrido	Virtual
Sustentabilidade	Maior uso de papel e geração de lixo. Maior emissão de CO_2 per capita.	Geração de resíduos sólidos e uso do papel proporcionalmente menor.	Sem uso de papel. Sem geração de resíduos sólidos.
Custo para desenvolvimento	Demanda maior investimento.	Demanda maior investimento.	Demanda maior investimento nos primeiros eventos. Tende a diminuir com o tempo.
Custo para o participante	Mais caro.	No presencial igual. No virtual, mais acessível que o presencial.	Menor custo entre os modelos.
Estruturas de mobilidade	Transporte, táxi, estacionamento, transporte público, Uber.	Transporte, táxi, estacionamento, transporte público, Uber.	Sem necessidade de mobilidade.
Necessidades de estruturas físicas	Demanda local adequado, com estacionamento, próximo de transporte público, com ar-condicionado, mesas, cadeiras, projetores, cenografia etc.	Idem para o evento presencial. É essencial a alta qualidade de vídeo, de áudio e conexão.	É essencial ter alta qualidade de vídeo, áudio e conexão. Não demanda local específico.
Infraestrutura (banheiros, A&B, segurança, ...)	Necessidade de providências e cuidados para que os presentes se sintam bem, alimentados e confortáveis.	Igual no presencial. Nenhuma necessidade de infraestrutura física no virtual.	Nenhuma necessidade de infraestrutura física.
Networking (entre os participantes)	Permite interação face a face.	Permite interação face a face no presencial, mas existem barreiras a serem vencidas na interação entre os virtuais e os presenciais.	Mais difícil e trabalhoso. Demanda de articulação e de tecnologias. O fato de não ocorrer encontro presencial faz com que as pessoas demorem a se conectarem umas com as outras. Em alguns públicos, acontece o contrário: o virtual as ajuda a se conectar mais rapidamente.

Aspectos	Presencial	Híbrido	Virtual
Engajamento	Permite atividades presenciais, mas também o uso da tecnologia. O engajamento se dá pela própria presencialidade.	Requer mais criatividade e recursos de tecnologia que o presencial, principalmente para engajar os virtuais.	Estratégias diferentes e novos métodos de engajamento são necessários, uma vez que as pessoas, nos canais virtuais, só permanecem em eventos que realmente estão adicionando valor para sua trajetória profissional ou pessoal.
Investimento em tecnologia	Médio	Alto	Alto
Dados e Analytics	Para a geração de dados e Analytics, é necessário investimento em pesquisas de campo. É mais caro em médio e longo prazos.	Melhor estrutura de dados. Fica mais barato no longo prazo.	Fortemente estruturado em dados. Muito barato em médio e longo prazos.
Potencial de vendas	Para expositores, o encontro presencial promove mais e melhores vendas.	Para expositores, o encontro presencial promove mais e melhores vendas que no virtual.	O potencial de vendas fica razoavelmente prejudicado em detrimento da falta do encontro presencial. Showcases virtuais ajudam a diminuir esse problema, mas não se comparam com expositores presenciais.
Feiras (potencial para expositores)	Cenário ideal para expositores.	Cenário ideal para expositores do evento presencial.	É necessária a aplicação de novas tecnologias e métodos para a aproximação de um cenário aceitável. Em determinados eventos, a experiência virtual pode até suplantar o evento presencial, mas é necessário maior investimento em tecnologia.

Fonte: Martin; Lisboa, 2020, p. 15-17.

8.3.1 Eventos híbridos

Como já comentamos antes, os eventos híbridos ocorrem com a presença de um público participante no local do evento e, ao mesmo tempo, com conexão para participantes que assistirão às apresentações ou palestras de forma remota ou virtual. Nesse caso, aqueles que acompanham o evento de forma remota e ao vivo também podem interagir, por exemplo, por meio do encaminhamento de perguntas via *chat* ou aplicativos de mensagens para serem respondidas ao fim da apresentação. Outra possibilidade pode ser levantar a mão virtualmente para fazer intervenções durante as falas (se for essa a dinâmica prevista pelos organizadores do evento).

Assim como o público que acompanha o evento presencialmente tem acesso às projeções de imagens, como *slides* e vídeos, os participantes virtuais podem acompanhar essas mesmas projeções em tempo real. Outras possibilidades, como o acesso a salas virtuais para falar com expositores e palestrantes, também são asseguradas nos eventos híbridos aos participantes virtuais ou remotos.

De acordo com Martin e Lisboa (2020), as plataformas digitais mais utilizadas para os eventos híbridos são Zoom, Skype, Meet e GooToMeeting, além das plataformas Crowdcast e We2video, que permitem o alcance de uma maior audiência com boa qualidade e interatividade. Ainda conforme Martin e Lisboa (2020, p. 21), entre as ferramentas digitais mais utilizadas no formato de evento híbrido, destacam-se:

» "Website do evento,
» Cadastro/Registro/Inscrição do Evento,
» Plataforma para acessar a transmissão do evento,
» Perguntas e Respostas,

- » Votações ao vivo,
- » Avaliação e Feedback,
- » Chat,
- » Gravação e disponibilização de conteúdo do evento, e
- » App do evento".

Um cuidado que deve ser observado com esses eventos diz respeito ao local de onde parte a transmissão, ou seja, de onde se origina a fala do palestrante, apresentador ou expositor. É recomendável que seja preparado um estúdio ou espaço com características semelhantes, com condições ideais de acústica e iluminação, sempre prezando pela qualidade da projeção e pela satisfação do público receptor. Uma equipe técnica deve preparar o espaço com antecedência, fazer testes de conexão, simulação de qualidade de imagem e de som, bem como capacitar o palestrante quanto ao manuseio das ferramentas básicas (compartilhamento de telas e arquivos, início e pausa de vídeos, avanço e retorno de *slides* etc.).

Uma vez que esse tipo de evento tem um alcance quase ilimitado e, assim, abrange os mais diversos públicos, devemos considerar como extremamente relevantes os cuidados com a fala, a postura e a expressão de ideias e opiniões, sem perder de vista o respeito às diversidades e pluralidades étnicas e raciais, culturais e religiosas, além das que dizem respeito ao gênero e à orientação sexual.

8.3.2 Eventos virtuais

Os eventos virtuais ocorrem de forma *on-line*. Diferente do que vimos nos eventos híbridos, em que parte do público está presente no evento e a outra parte acessa-o remotamente, nos virtuais, tanto os palestrantes ou expositores como o público expectador se situam em espaços distintos e separados, mas se conectam virtualmente por meio de dispositivos.

Um tipo de evento virtual muito comum é o webinar (também chamado de *live streaming* ou *web chat*). Trata-se de uma conferência ou seminário cujo conteúdo é totalmente transmitido via *web*. Para a participação do público, é necessária uma inscrição prévia, que pode ter algum custo ou ser totalmente gratuita. Após a inscrição, o público recebe um *link* para acessar o evento virtual. Essa modalide de evento também permite a interação do público participante com os palestrantes, que pode ocorrer por meio de comentários em *chats*. No caso de eventos de grande porte, um moderador poderá receber e selecionar as perguntas do público, direcionando-as em seguida ao palestrante ou expositor.

Uma recomendação importante aos palestrantes e expositores para esse tipo de evento se refere ao conteúdo da apresentação e à sua forma de exposição. Deve-se pensar em formatos que possibilitem uma boa compreensão e, ao mesmo tempo, estimulem a interação. Também, os expositores devem se preparar para a disponibilização de arquivos ou outros meios com conteúdos extras, de forma a possibilitar um aprofundamento na temática abordada no evento. É muito comum que em um *site* criado para o evento sejam disponibilizadas as apresentações e outros arquivos utilizados nas palestras ou, ainda, que sejam informados *links* direcionando os interessados ao local onde estarão os conteúdos.

O webinar é considerado uma ótima alternativa para a realização de eventos curtos, a exemplo de reuniões com duração de até 60 minutos. Além disso, essa modalidade de evento se aplica bem aos seminários e aos treinamentos, com apresentação de vídeos ao vivo, pré-gravados ou *on demand*. Ainda sobre o webinar, Martin e Lisboa (2020) destacam que essa modalidade pode se aplicar aos eventos com média ou longa duração, mas a programação deve contemplar acontecimentos em salas virtuais separadas ou, no caso dos megaeventos, com múltiplas palestras e a possibilidade de o participante escolher aquelas de que deseja participar, a partir de uma programação mais extensa e com acontecimentos simultâneos.

Entre as plataformas mais utilizadas para a transmissão dos eventos virtuais, principalmente com as características do webinar, destacam-se o Youtube Live, o Facebook Live, o Instagram TV (IGTV) e o Twitter Live. Quanto às ferramentas digitais mais utilizadas nesse formato de evento, destacamos o *website* do evento, as votações ao vivo, avaliação e *feedback* e, também, a disponibilização de conteúdo.

8.3.3 Plataformas de transmissão dos eventos híbridos e virtuais

Existem várias plataformas disponíveis no mercado para a transmissão de eventos híbridos ou virtuais. A escolha de uma plataforma, ou do *streaming* para a realização da distribuição digital, deve considerar, inicialmente, o objetivo e as finalidades de um evento.

Algumas especificidades, como a quantidade estimada de público, a audiência e as ferramentas de interatividade, possibilitam aos organizadores a realização de um evento de qualidade. Outro fator relevante a ser considerado diz respeito à velocidade da internet no local do evento, que deve ser de, no mínimo, 10 mbps por cada canal distribuído. Logo, se no mesmo evento ocorrer a transmissão de três palestras simultaneamente, deve-se considerar 10 mbps + 10 mbps + 10 mbps, totalizando 30 mbps.

A seguir, apresentamos, no Quadro 8.6, a relação das principais plataformas que podem ser úteis na transmissão dos eventos híbridos e virtuais, destacando algumas de suas características e *links* para acesso.

Quadro 8.6 – Plataformas de transmissão de eventos híbridos e digitais

N.	Plataforma	Características	Link
I	Ciclano	Possibilita a distribuição de sinal de um evento/transmissão sob demanda para o Instagram Live, Facebook, Youtube, Microsoft e Twitch.	<www.ciclano.io/pt-br>
II	Cisco Webex	Possibilita a realização de eventos e webinars interativos para grupos de até 3.000 pessoas, com controle de áudio e ferramentas de monitoramento.	<www.webex.com.br>
III	Google Meet	Possibilita a realização de chamadas de voz e de vídeo com fácil acesso para pessoas, em qualquer hora e lugar.	<https://meet.google.com>
IV	GoToMeeting	Possibilita a realização de reuniões para até 250 participantes, com facilidade de acesso em qualquer dispositivo.	<www.gotomeeting.com/pt-br>
V	InacLive	Possibilita a promoção da transmissão de vídeos com ou sem cenários virtuais e animação em 3D, com interação e projeção de patrocinadores.	<www.inaclive.tv.br>
VI	Microsoft Teams	Possibilita a promoção de reuniões a partir dos mais variados lugares, com grupos de até 10.000 pessoas.	<https://www.microsoft.com/pt-br/microsoft-teams/teams-for-home>

(continua)

(Quadro 8.6 – conclusão)

N.	Plataforma	Características	Link
VII	Skype	Possibilita a chamada de vídeos em alta qualidade, com legendas sobre o que é falado ao vivo e gravação.	<www.skype.com/pt-br>
VIII	Stream Yard	Possibilita transmissões profissionais ao vivo e compartilhamento direto com Facebook, Youtube e LinkedIn.	<www.streamyard.com>
IX	Zoom	Possibilita a transmissão de vídeo para até 1.000 participantes (ou 10.000 visualizadores).	<www.zoom.us>
X	Eu Vou	Possibilita a gestão de eventos corporativos, com ferramentas que auxiliam na inscrição, no credenciamento e no controle de acessos.	<https://site.euvou.events>
XI	MobLee	Possibilita a criação de ambientes virtuais para eventos com ferramentas para transmissão e engajamento.	<http://www.moblee.com.br>
XII	Sympla	Possibilita a organização de eventos virtuais com ferramentas para a gestão de inscrições.	<http://www.sympla.com.br>

Fonte: Elaborado com base em Martin; Lisboa, 2020.

Quanto às formas relativas à promoção de interação do público que participa dos eventos virtuais ou híbridos, podemos destacar a realização de sorteios e votações, a disponibilização e a abertura de formulários de dados, o envio e o recebimento de mensagens/fotos/áudios, games etc. Os engajamentos podem ser estimulados também por meio das redes sociais, pois elas são facilmente acessíveis e normalmente já são utilizadas pelo público participante do evento.

A seguir, no Quadro 8.7, observe as principais plataformas que, com suas principais ferramentas, podem auxiliar a estimular a participação e a interação nos eventos digitais.

Quadro 8.7 – Características das plataformas digitais

N.	Plataforma	Características	Link
I	DirectPoll	Possibilita a realização de pesquisas de opinião em transmissões ao vivo, coletando dados e comentários dos participantes do evento em *smartphones*, *tablets* ou computadores.	<https://directpoll.com>
II	Google Forms	Possibilita a aplicação de enquetes e a coleta de respostas dos participantes de um evento de forma simples e rápida, por meio de formulários *on-line*.	<www.google.com/forms>
III	Pool Everywhere	Possibilita o engajamento do público remoto de um evento e a obtenção do *feedback* em tempo real, com nuvens de palavras, perguntas e respostas.	<www.polleverywhere.com>
IV	Sli.do	Possibilita uma fácil sessão de perguntas e respostas, fazendo uma ponte entre os palestrantes e o público.	<www.sli.do>
V	Midiacode	Possibilita a gestão de conteúdo e programações. Usa *QR codes* para interações entre os locais e os participantes.	<http://www.midiacode.com>

Fonte: Elaborado com base em Martin; Lisboa, 2020.

Ainda em relação ao engajamento nos eventos híbridos e virtuais, deve-se considerar que é importante oferecer uma conexão de alto nível com o ambiente de onde parte a transmissão, além de utilizar várias câmeras e microfones, em diferentes posições, para captar da melhor forma possível todo o ambiente, o palestrante, sua fala, a demonstração de objetos e, se possível, as interações do público presente, nos casos de eventos híbridos.

A seguir, no Quadro 8.8, apresentamos um comparativo dos fatores que podem engajar mais ou menos os eventos digitais.

Quadro 8.8 – Aspectos referentes ao engajamento dos eventos digitais

Aspectos	Fatores que engajam mais	Fatores que engajam menos
Vídeo	Bidirecional	Unidirecional - sem vídeo
Visualização dos sites	Ver todos os sites, duas ou mais câmeras	Ver apenas um site (webcast)
Duração da visualização	Ver todos os sites de forma permanente	Ver outros sites em parte do tempo
Operação da câmera	Operada(s)	Fixa (uso em laptop)
Quantidade de câmeras	Duas ou mais câmeras	Uma câmera
Som	Bidirecional	Unidirecional (webcast)
Interação	Poder falar a qualquer momento	Precisa pedir para falar (seminário on-line)
Tamanho dos grupos	Grupos menores	Grupos maiores
Quantidade de hubs	Menos hubs	Mais hubs
Formato dos hubs	Todos os hubs são iguais	Um hub central e satélites
Base do palestrante	Em todos os centros	Em um único hub

Fonte: Martin; Lisboa, 2020, p. 51.

Indicações culturais

Sugerimos que você assista ao vídeo da cerimônia de posse da nova diretoria da Associação Nacional das Defensoras e Defensores Públicos (Anadep). Trata-se de uma ótima oportunidade para analisar alguns aspectos aqui estudados, como o uso das normas de protocolo e cerimonial em um evento. Além disso, essa cerimônia foi transmitida com o uso de recursos digitais.

CANAL ANADEP. **Cerimônia de posse – nova diretoria**. Disponível em: <https://www.youtube.com/watch?v=fPi6Zul2kEs>. Acesso em: 24 jan. 2021.

Recomendamos que você também assista ao vídeo da cerimônia de posse do reitor e da vice-reitora do Centro Universitário de Patos de Minas (Unipam). Também é uma ótima oportunidade para você analisar um exemplo de evento híbrido, além dos aspectos já estudados a respeito da aplicação das normas de cerimonial e protocolo em eventos corporativos com a presença de autoridades públicas.

CANAL UNIPAM. **Cerimônia de posse do reitor e da vice-reitora do Unipam**. Disponível em: <https://www.youtube.com/watch?v=ktXWyGRTdQM>. Acesso em: 24 jan. 2021.

Síntese

Conforme vimos neste capítulo, um evento é precedido por um conjunto de ações que, realizadas com base em um planejamento, permitirão um resultado exitoso. Por esse motivo, é indispensável ao profissional de eventos elaborar um plano e um projeto de evento, pois esses instrumentos possibilitarão que cada ação seja realizada de forma programada, evitando surpresas e imprevistos.

Ainda, compreendemos que a condução de um evento exige conhecimento técnico, habilidades e competências indispensáveis ao cerimonialista ou chefe de cerimonial e a sua equipe. Além da liderança, da boa comunicação e do equilíbrio emocional, o uso de instrumentos – como *checklist*, *briefing*, roteiro e *script* – representa profissionalismo e segurança em um ramo que passa por constantes transformações.

Por fim, tratamos sobre uma tendência que se transformou em realidade nesse mercado: os eventos virtuais e híbridos. Se antes algumas limitações e desafios se resumiam a questões de recepção de participantes, *coffee break*, número de poltronas e acomodação em auditório, listas de presença e entrega de certificados, disponibilização de pastas com materiais, indicação de hotéis, compras de passagens etc., agora os olhares se voltam para o poder da tecnologia da informação e comunicação e as inúmeras possibilidades no setor de eventos.

Questões para revisão

1. Considere os tipos de eventos públicos apresentados a seguir:
   - Cerimônia de posse de prefeito e vice-prefeito e/ou vereadores.
   - Cerimônia de inauguração de um hospital público.
   - Cerimônia de homenagem/entrega de medalhas.

Dentre os tipos de eventos públicos apresentados, escolha um e desenvolva um cronograma. Lembre-se de considerar, como tarefas do cronograma, aquelas estudadas neste capítulo, podendo alterá-las de acordo com as necessidades do evento que você está planejando.

Quadro 8.9 – Modelo de cronograma para atividade

CRONOGRAMA DE EVENTO					
Evento:					
Local:					
Data:					
Responsável:					
Atividades	**Data início**	**Data limite**	**Data fim**	**Responsável**	**Observações**
Elaboração do projeto do evento					
Aprovação do projeto do evento					
Definição/nomeação da equipe responsável pelo evento					
Elaboração dos modelos de convite					
Aprovação do convite					
Envio dos convites					
Verificação do local do evento e da infraestrutura do evento (cadeiras, mesas, palco, bandeiras, púlpito, sistemas de alarme e de incêndio/segurança, acessibilidade, estacionamentos etc.)					
Publicação e divulgação do evento (imprensa local: rádio, tv e redes sociais).					
Encaminhamento de convite para a imprensa					
Acompanhamento e confirmação de presença das autoridades					

(continua)

(Quadro 8.9 – continuação)

CRONOGRAMA DE EVENTO

Evento:
Local:
Data:
Responsável:

Atividades	Data início	Data limite	Data fim	Responsável	Observações
Elaboração do roteiro e do *script* do cerimonial					
Verificação de itens para a cerimônia (bandeiras, hino nacional, púlpito/parlatório, dispositivo de honra, nominatas etc.)					
Contratação dos serviços para o evento (decoração, limpeza, receptivo, seguranças, áudio/vídeo etc.)					
Verificação da fixação da placa de inauguração e do forro de cobertura					
Treinamento da equipe prestadora de serviços (recepcionistas e seguranças)					
Elaboração e distribuição de *releases* para a imprensa					
Acompanhamento da realização do evento (recepção de convidados, encaminhamento de autoridades aos lugares reservados, verificação do posicionamento das bandeiras, checagem do roteiro/*script* do cerimonial e do encerramento do evento etc.)					
Providências de publicação de nota sobre a realização e os resultados do evento					
Prestação de contas (cumprimento dos contratos assinados para a realização do evento, como pagamento de fornecedores ou dos prestadores de serviços)					

(Quadro 8.9 - conclusão)

CRONOGRAMA DE EVENTO					
Evento:						
Local:						
Data:						
Responsável:						
Atividades	Data início	Data limite	Data fim	Responsável	Observações
Elaboração do relatório final do evento					
Apresentação/divulgação do relatório do evento					

2. Dentre as ferramentas essenciais aos profissionais de eventos, vimos que há o roteiro e também o *script*. Partindo do princípio que você é o cerimonialista de uma organização pública (que pode ser uma prefeitura, uma secretaria, uma superintendência, um instituto, um batalhão militar etc.), elabore um roteiro para uma cerimônia de inauguração.

3. Analise as assertivas a seguir sobre a elaboração do planejamento e do projeto de um evento:
   I) Para a realização de um evento, é imprescindível a elaboração do projeto. Outros instrumentos de acompanhamento, como o cronograma, o *checklist* e o *script*, são necessários apenas no planejamento dos eventos públicos e oficiais.
   II) Na fase do pré-evento, elabora-se o projeto de evento que, por sua vez, deve contemplar o título, o temário, a data, a programação, os objetivos, a justificativa, a equipe responsável, o público-alvo, a dotação orçamentária etc.
   c) A definição do local onde será realizado o evento está relacionada com a infraestrutura e deve considerar o espaço físico (auditório, salão, centro de convenções) e, também, alguns recursos como áudio, vídeo, telefonia, internet, energia elétrica e mobiliário.

d) A definição do público-alvo que participará do evento não depende de outros elementos constituintes do projeto, como o tema do evento e a programação, pois os eventos devem ser abertos ao público em geral.
e) A previsão orçamentária de um evento deve constar do projeto inicial e pode contemplar, por exemplo, patrocínios, *merchandisings*, vendas de ingressos e doações. A previsão orçamentária é importante, pois poderá indicar o pagamento de despesas como o aluguel de equipamentos e a contratação de serviços.

É correto o que se afirma em:

a) I, II e III.
b) II, IV e V.
c) II, III e V.
d) I, IV e V.
e) I, III e IV.

4. Analise as assertivas a seguir sobre as atribuições dos profissionais responsáveis pela condução de eventos:
   I) Na condução de um evento, como a inauguração de uma edificação, o chefe de cerimonial ou cerimonialista deverá, entre outras atribuições, promover a recepção e o encaminhamento de autoridades e elaborar o roteiro da cerimônia.
   II) Na ocasião da preparação de um evento, como uma semana científica, a assessoria de comunicação poderá fazer a divulgação por meio de *press release* e de propagandas em telões e outros serviços multimídia.
   III) Na ocasião da realização de uma exposição de obras de arte, serão atribuições do cerimonialista o credenciamento de jornalistas, a verificação da limpeza na área do evento e a elaboração do plano de primeiros socorros.

IV) Na ocasião da realização de uma cerimônia de posse, com a presença de autoridades públicas, são atribuições da equipe de segurança e transporte o controle do estacionamento e a vistoria prévia do local do evento.

V) Na ocasião da realização de uma cerimônia para a assinatura de um convênio, compete à equipe de serviço médico realizar as ações para a prestação de serviços emergenciais, bem como verificar a existência do alvará para o evento.

É correto o que se afirma em:

a) I, IV e V.
b) I, II e IV.
c) II, III e IV.
d) II, IV e V.
e) I, II e III.

5. Analise as afirmativas a seguir sobre os instrumentos usados na condução de eventos:

I) O *briefing* é um instrumento que possibilita o acompanhamento e o controle das atividades operacionais de um evento, tendo como elementos constituintes a identificação do evento, o local, a data e a previsão de serviços (como receptivo e alimentação e bebida).

II) O *checklist* é um instrumento que possibilita o acompanhamento do evento por meio do progresso das tarefas previamente definidas, como a montagem do palco, da mesa e das cadeiras, definindo o responsável e o *status* de sua realização.

III) O roteiro do cerimonial, ou *script* de cerimonial, é um instrumento utilizado na fase pós-evento e serve como orientador da equipe organizadora na aplicação da avaliação para apurar o nível de satisfação dos participantes, podendo ser encaminhado por meio de *link*, via *e-mail*.

IV) O roteiro de uma cerimônia posse de autoridades oficiais deverá conter, dentre outros itens, a abertura, as boas-vindas, a composição da mesa, a execução do hino nacional, os discursos, o ato de posse, o agradecimento e o encerramento.

V) O *script* de cerimonial é um documento detalhado que contém a fala do mestre de cerimônia. Por isso, sugere-se que o *script* tenha letras grandes e claras, com itens numerados e a marcação das partes que requerem a pausa na leitura.

É correto o que se afirma em:

a) I, II e V.
b) I, III e IV.
c) I, II e IV.
d) II, III e V.
e) II, IV e V.

Questão para reflexão

1. Os eventos virtuais e híbridos já vinham se tornando uma realidade com o avanço da tecnologia da informação e comunicação, sendo que, com a democratização do acesso à internet, ocorreu o avanço e a ampliação dessa tendência. Durante os anos de 2020 e 2021, vivenciamos uma realidade que surpreendeu todas as gerações e os mais variados ramos de negócio e segmentos da economia mundial: a pandemia de coronavírus (covid), a qual impôs protocolos que exigiam o distanciamento social em todo mundo, trazendo grandes desafios

ao setor de eventos. Considerando esse cenário, pesquise na internet alguns tipos de eventos que, até então, somente ocorriam de forma presencial, mas que se adaptaram a essa nova realidade e passaram para o formato virtual ou híbrido. Depois, compartilhe os resultados da sua pesquisa com seus colegas de estudos ou de trabalho. Se possível, participe de um evento virtual ou híbrido e procure identificar e analisar os seguintes elementos:

- formas de acesso do público ao evento;
- custos de participação;
- interação entre palestrantes/apresentadores e plateia;
- aproveitamento do conteúdo;
- avaliação do evento.

9 Etiqueta e *dress code*

Conteúdos do capítulo:

» Importância dos trajes para os convidados em eventos.
» Definição de tipos de trajes (traje esporte, traje passeio, traje passeio completo, traje *black tie* e traje de gala).
» Característiscas dos trajes para cada ocasião.
» Dicas de calçados, roupas e acessórios para homens e mulheres conforme o traje definido.

Após o estudo deste capítulo, você será capaz de:

1. indicar os modelos de trajes que se adequam a cada tipo de evento;
2. analisar e decidir o tipo de traje que deve ser utilizado pelos convidados de um evento;
3. identificar os tipos de roupas e acessórios mais adequados de acordo com o traje;
4. indicar aos convidados do seu evento o traje que deve ser utilizado.

9.1 Relação entre trajes e eventos

De acordo com Matarazzo (2003), a indústria da moda atualmente não segue apenas uma tendência, isto é, deixou de mudar suas referências estéticas de forma gradativa. É enorme a variedade de grifes, estilos, tecidos e texturas. Dessa forma, entender meramente o que significa estar "na moda" – o que, por vezes, pode se referir a uma simples escolha do que se deve vestir – passa a ser algo complexo.

Nessa perspectiva, segundo Gomes (2001), não é necessário ser uma pessoa especializada em moda para alcançar o objetivo de se vestir de forma adequada. No entanto, "é aconselhável, tanto para autoridades quanto para executivos ou pessoas que frequentam muito a sociedade, conhecer os tipos de trajes, definir um estilo próprio, ter bom senso e respeitar os convites quando especificam o traje a ser usado na ocasião" (Gomes, 2001, p. 286).

Para evitar gafes, deve-se ter algum conhecimento básico sobre as formas adequadas de se vestir em cada ocasião. O uso dos trajes adequados, conforme o evento, garante aos convidados bem-estar e dignidade, evitando constrangimentos. Nas palavras de Kalil (2005, p. 155), "a lição é definitiva. Se você recebe um convite verbal, não titubeie em ligar para o anfitrião e certificar-se do traje para os convidados. No caso do convite impresso é mais simples, pois a indicação vem por escrito, e você tem tempo para se preparar de acordo".

Assim, apresentaremos a seguir os trajes mais comuns para uso nos ambientes corporativos e, principalmente, para as ocasiões de eventos.

9.2 Traje esporte

É o tipo de traje mais simples e recomendado para uso em eventos mais descontraídos, que ocorrem ao ar livre, como churrascos, batizados, almoços, exposições etc. Sobre os tipos de roupas adequadas para o traje esporte, Yanes (2014, p. 146, grifo do original) menciona que "os tecidos recomendados são crepes, algodões, linhos, tecidos com *stretch* (verão); veludos, malhas, camurças (inverno)".

De acordo com Kalil (2005, p. 156), à luz do dia é recomendável, para as mulheres "tecidos mais rústicos e esportivos. Nada de sedas ou brilhos. A maquiagem deve ser levíssima. Bolsas maiores, de matérias rústicas, como a palha e a lona. Sandálias baixas, sapatilhas e mocassins são bem-vindos. Bijuterias, sempre o mínimo. Para um programa ao ar livre, chapéu".

Segundo Matarazzo (2003), o traje esporte, para os homens, significa não utilizar gravata. Também, podem ser utilizadas calças jeans, de brim ou de gabardine caqui, combinadas com camisas polo ou xadrez. Kalil (2005) destaca que os paletós são dispensáveis, mas o uso do blazer será permitido se o clima estiver frio. Quanto aos calçados, tênis, mocassins esportivos ou botas de camurça são indicados.

A seguir, observe algumas imagens (Figuras 9.1 e 9.2) com exemplos de roupas e acessórios que tipificam o traje esporte, para homens e mulheres.

Figura 9.1 – Traje esporte masculino

Figura 9.2 – Traje esporte feminino

9.3 Traje passeio ou *tenue de ville*

Esse é o tipo de traje para ocasiões um pouco mais formais, como *vernissages* e almoços. De acordo com Matarazzo (2003, p. 155, grifo do original), "para se levar ao pé da letra, o traje *tenue de ville* é normalmente indicado para acontecimentos à luz do dia e mais informais". Kalil (2005, p. 159) menciona que, "por incrível que pareça, tenue de ville – um nome tão importante – quer dizer apenas roupa para a cidade".

Se o convite e a ocasião demandarem o traje passeio, para os homens é sugerido o uso de terno e sapatos escuros, com gravata discreta para os eventos que ocorrem em período noturno. Ainda de acordo com Kalil (2005, p. 159): "À noite, nada de terno marrom. Prefira azul ou cinza. [...] Aliás, evite ternos marrons a qualquer hora, eles são difíceis de combinar. O marrom só fica bem em lãs". Já para os eventos diurnos, os homens podem usar uma calça do tipo sarja ou esportiva, mas com um blazer. Quanto aos sapatos, sugere-se o uso de mocassins marrons ou pretos.

Para as mulheres, sugere-se o uso de calça ou saia com *tailleur*, durante o dia; já para o período noturno, recomenda-se usar tubo preto e sapato com salto. Conforme Matarazzo (2003), as mulheres também podem usar pantalonas e bolsas médias. Ainda para as mulheres, conforme Kalil (2005), em qualquer horário, indica-se o uso de roupas em tecidos mais secos, como é o caso de sedas, microfibras, linhos, algodões e jérseis.

Observe, na Figura 9.3, exemplos de roupas e acessórios que tipificam o traje passeio, esporte *chic* ou fino, para mulheres e homens.

Figura 9.3 – Traje esporte fino (feminino e masculino)

9.4 Traje passeio completo ou social

Esse é o tipo de traje recomendado para ocasiões mais formais que incluem grandes comemorações, como óperas, casamentos noturnos, jantares e coquetéis. Conforme Kalil (2005, p. 160), "acabamos de entrar no terreno da formalidade 'completa'. Toda atenção para não se sentir fora de lugar: um simples detalhe, como um colarzinho fantasia, pode significar que você não entendeu direito o sentido do evento".

Para os homens, é obrigatório o uso de paletó e calça de padrão único e escuro, com camisa social de manga longa e gravata. Os sapatos sociais devem ser na cor preta. Segundo Matarazzo (2003), o clima tropical do Brasil permite que o terno seja de outra cor, diferente do preto, mas sem perder a formalidade. Assim, sugere-se também o azul-marinho ou grafite. Em relação à camisa, a cor pode ser um azul bem claro, e a gravata deve ter estampas bem discretas.

Para as mulheres, sugere-se o uso de *tailleurs* e vestidos com decotes mais ousados, feitos em tecidos de qualidade, tal como seda, crepe, veludo e brocados. Independente da escolha, os sapatos devem ser de salto alto e a bolsa deve ser pequena. Conforme Kalil (2005, p. 160), nessa ocasião, as mulheres podem fazer uso de "xales e echarpes de tecidos nobres, ou blazer e spencers sofisticados".

Na sequência, acompanhe a Figura 9.4, que traz exemplos de roupas e acessórios que tipificam o traje passeio completo ou social, para mulheres e para homens.

Figura 9.4 – Traje passeio completo (masculino e feminino)

9.5 Traje *black tie, tenue de soirée* ou a rigor

Esse tipo de traje é indicado para festas mais formais, como jantares, concertos e peças teatrais. Ao receber um convite que requeira esse tipo de traje, conforme Kalil (2005, p. 163), "você vai sair de casa para um acontecimento diferente. Uma noite de gala. Noite fechada. Clima de glamour e sedução. Sobretudo de requinte. Numa palavra: vista-se de acordo ou seu erro será fatal".

Para os homens, é obrigatório o uso de *smoking* – não é um traje de gala, mas sim um a rigor –, que pede a uniformidade entre aqueles que o utilizam. Trata-se de um terno preto com a gola revestida de seda em forma de jaquetão cruzado ou paletó. A camisa deve ser branca, de preguinhas, e a gravata, do tipo borboleta, na cor preta. Os sapatos devem ser lisos de verniz ou de amarrar, também pretos.

Ainda em relação ao *smoking*, Kalil (2005, p. 163) alerta que "o smoking muito enfeitado é para artista de cinema americano ir à cerimônia do Oscar". Nesse mesmo sentido, Matarazzo (2003, p. 156, grifo do original) lembra que "o único homem que envergou um *smoking* com gravata e faixa fúcsia e continuou elegante foi Cauby Peixoto. Mas será que você canta igual a ele e tem a mesma performance no palco?".

Para as mulheres, recomenda-se o uso de vestidos longos ou curtos sofisticados. Jamais devem ser usadas peças como minissaias. Os vestidos com excessos de franzidos ou com muitas bolas de tafetás podem não ser adequados. Ainda sobre esse traje, para as mulheres, Kalil (2005, p. 163) destaca que "é a vez dos decotes profundos e das transparências. Os tecidos podem ser preciosos: brocados, metalizados, tafetás de seda, shantungs e georgettes". Já os sapatos podem ser saltos altos, com meias finíssimas. Os acessórios podem ser carteiras ou bolsinhas de metal.

Observe, a seguir, a Figura 9.5, que traz exemplos de roupas e acessórios que tipificam o traje *black tie* ou a rigor, para mulheres e para homens.

Figura 9.5 – Traje *black tie* e *habillé*

9.6 Traje de gala

Esse é o tipo de traje requerido para ocasiões formais e oficiais que tenham, por exemplo, a presença de um chefe de Estado. Também, parte desse tipo de traje (o fraque) pode ser usado por padrinhos de casamento, de forma combinada, e até mesmo pelo noivo.

Para os homens, é obrigatório o uso da calça risca de giz, ou seja, listrada de preto e cinza discretamente, combinada com camisa branca, gravata, luvas brancas e sapatos pretos com cordão. É aconselhável o uso de casaca. Também, pode-se usar um colete cinza ou preto, desde que combine com o paletó.

Já para as mulheres, sugere-se o uso de um vestido longo, abaixo do tornozelo, podendo ser com tecido bordado. De acordo com Matarazzo (2003, p. 157), não se recomenda, para essas ocasiões, o uso de "conjuntos de saia e blusa, por mais elaborado que seja o tecido".

Na sequência, acompanhe a Figura 9.6, que traz exemplos de roupas e acessórios que tipificam o traje de gala, para homens e para mulheres.

Figura 9.6 – Traje de gala (masculino e feminino)

Jade ThaiCatwalk/ABGJ/Shutterstock

Ainda de acordo com Matarazzo (2003), quanto mais discretos e neutros, melhores serão os acessórios masculinos. Quanto às pochetes utilizadas pelos homens, elas devem ser definitivamente substituídas por uma bolsa estruturada de couro. Também, é possível harmonizar as cores dos ternos com os sapatos e cintos, mas sem fugir muito das cores preto, marrom ou caramelo. Em relação às gravatas, para não incorrer nas cores tradicionais, como preto e a azul-marinho, é possível arriscar nas listradas discretas ou em cores como verde-água, rosa-claro, tons de vermelho etc.

Por fim, quanto às mulheres, Matarazzo (2003) destaca que as armadilhas da moda podem surgir de forma surpreendente. Nesse sentido, considerando o uso de peças transparentes, a opção deve estar de acordo com a ocasião – para o trabalho, é necessário manter atenção redobrada para não ir além do sutil. Por esse motivo, o transparente deve estar nos detalhes, por exemplo: nos braços, nas costas ou até a altura dos joelhos, e com uma folga do tecido, para não ficar muito ajustado aos contornos do corpo. Também, em relação aos perfumes, deve-se evitar o uso daqueles com essências muito marcantes, principalmente durante o dia e quando estiver muito calor.

Indicações culturais

Assista ao filme *O diabo veste prada* (2006), do diretor David Frankel. Essa produção é uma excelente oportunidade para que você observe alguns tipos de eventos – como desfiles, reuniões e jantares – e, também, quais são os trajes utilizados em cada ocasião. Aproveite a oportunidade para pesquisar na internet e discutir sobre os tipos de roupas e acessórios que podem ser uma alterantiva aos modelos que estudamos neste capítulo.

O DIABO veste Prada. Direção: David Frankel. EUA: 20th Century Fox, 2006. 109 min.

Também, recomendamos as leituras dos livros indicados a seguir, os quais versam sobre comportamento, etiqueta, moda e estilo.

ARRUDA, F. **Chique & útil**: como organizar e como frequentar eventos. São Paulo: Arx, 2006.

KALIL, G. **Chic**: um guia básico de moda e estilo. 26. ed. São Paulo: Senac, 2005.

MATARAZZO, C. **Negócios, negócios, etiqueta faz parte**. São Paulo: Melhoramentos, 2003.

WERNER, A. **Etiqueta social e empresarial**. 2. ed. Curitiba: InterSaberes, 2014.

Síntese

Conforme vimos neste capítulo, os estudos sobre *dress code*, moda ou apresentação pessoal não devem ser entendidos como meros caprichos para pessoas da elite. Para além disso, os cuidados pessoais com a aparência e a imagem evitam gafes e influenciam no comportamento social e nas relações profissionais. Ou seja, usar a roupa correta no evento certo é, provavelmente, o melhor cartão de visitas que podemos oferecer.

Ainda, compreendemos que os eventos são uma extensão do nosso trabalho, pois, em muitas ocasiões, apesar de estarmos fora de um escritório ou de um gabinete, participamos de posse, sessão de lançamento, inauguração, jantar ou, ainda, homenagem. Mas o fato é que em todas elas há protocolos a serem seguidos, e, da mesma forma, nosso comportamento deve se alinhar a tais normas.

Questões para revisão

1. Considere que, como integrante da comissão responsável por organizar o evento de inauguração da sede de um determinado tribunal, você recebe a atribuição de organizar a lista de confirmação de convidados. Durante o recebimento das confirmações, por *e-mail*, a assessora de um dos convidados faz a confirmação da presença e, também, questiona sobre o traje mais adequado para a ocasião. Diante desse contexto, elabore uma resposta ao *e-mail* recebido, orientando sobre o traje para esse tipo de evento. Ao elaborar a sua resposta, leve em conta que:

   - o evento é uma inauguração e ocorrerá às 9h da manhã;
   - no evento, haverá o descerramento de placa;
   - o evento contará com a presença de juízes, promotores, ministros de Estado, deputados federais e senadores da República;
   - o evento terá a execução do hino nacional, discursos de algumas autoridades e sessão de fotografias.

2. Indique, no Quadro 9.1, os tipos de trajes mais recomendados para os convidados que participarão dos eventos listados e, depois, descreva as roupas/calçados/acessórios que compõem um dos trajes.

Quadro 9.1 – Tipos de trajes: atividade

N.	Evento	Horário	Local	Traje
1	Almoço/churrasco	13h	Clube Social	
2	Apresentação de ópera	20h	Teatro Municipal	
3	Baile de gala	22h	Centro de Convenções	
4	Casamento	22h	Salão de Festas	
5	Batizado	10h	Igreja	

3. Analise as assertivas a seguir sobre os tipos de trajes, roupas e acessórios:

I) O traje esporte deve ser usado em eventos mais simples e que ocorrem ao ar livre, como almoços e batizados. Esse traje requer o uso de calças jeans ou de gabardine, pelos homens, e maquiagem leve e sandálias baixas, pelas mulheres.

II) O traje passeio ou *tenue de ville* é indicado para eventos como vernissages e almoços, que acontecem à luz do dia. Para esse traje, recomenda-se o uso de mocassins marrons ou pretos, pelos homens, e sedas, microfibras ou jérseis, pelas mulheres.

III) O traje passeio completo ou social deve ser usado em ocasiões mais formais, como casamentos ou jantares. Esse traje exige o uso de paletó e calça, além de camisa social de manga longa e gravata, pelos homens, e *tailleurs* ou vestidos com decotes mais ousados pelas mulheres.

IV) O traje *black tie* ou a rigor é indicado para eventos formais, como jantares, casamentos e coquetéis. Para esse tipo de traje, os homens podem vestir o terno na cor preta com camisa branca ou optarem pelo *smoking*. As mulheres podem usar vestidos médios ou longos com sandálias ou saltos.

V) O traje de gala é requerido para ocasiões que exigem uma elevada formalidade, podendo ser recomendados para eventos com a presença de chefes de Estado. Para esse tipo de traje, os homens devem usar calça risca de giz, camisa branca, gravata, luvas e sapatos pretos com cordão, sendo ainda aconselhado o uso da casaca.

É correto o que se afirma em:

a) I, III e IV.
b) II, III e V.
c) III, IV e V.
d) I, IV e V.
e) I, II e III.

4. Analise as assertivas a seguir sobre os tipos de trajes, roupas e acessórios:
   I) Para os eventos que requeiram traje de gala, recomenda-se que as mulheres usem um vestido longo, abaixo do tornozelo, em cores sóbrias, mas sem tecido bordado.
   II) Para os eventos que requeiram traje a rigor, recomenda-se que as mulheres usem vestidos longos ou curtos sofisticados, podendo ser com decotes profundos e transparências.
   III) Para os eventos que requeiram traje social, recomenda-se que as mulheres façam o uso de sandálias baixas abertas e bolsas grandes, podendo ser em cores variadas.
   IV) Para os eventos que requeiram traje passeio, recomenda-se que as mulheres façam o uso do tubo preto e sapato com salto, se o evento for noturno.
   V) Para os eventos que requeiram traje esporte, recomenda-se que as mulheres façam o uso de tênis, mocassins esportivos ou botas de camurça.

É correto o que se afirma em:

a) I, IV e V.
b) II, III e IV.
c) I, II e III.
d) II, IV e V.
e) III, IV e V.

5. Analise as assertivas a seguir sobre os tipos de trajes para cada evento:

   I) O traje *tenue de ville* geralmente é requerido nos eventos mais informais e que acontecem à luz do dia, como os almoços.
   II) O traje social geralmente é requerido nos eventos mais formais, que ocorrem em períodos noturnos, como os casamentos.
   III) O traje *black tie* geralmente é requerido para as festas e eventos mais formais, como as peças teatrais e os concertos.
   IV) O traje de gala geralmente é requerido para os eventos mais formais, podendo ser usado por padrinhos em um casamento.
   V) O traje esporte geralmente é requerido para os eventos formais e menos descontraídos, como os batizados ou bailes de formatura.

É correto o que se afirma em:

a) I, II e III.
b) I, IV e V.
c) I, II e IV.
d) II, III e V.
e) III, IV e V.

Questão para reflexão

1. O uso do traje adequado para determinado tipo de evento representa uma forma de valorização da imagem pessoal e profissional, além de simbolizar uma postura ética sobre um código, como é o caso das normas protocolares em um evento público oficial. Se, durante a chegada dos convidados ao local do evento, você observar uma pessoa com o traje esporte, quando o mais adequado seria que ela se vestisse de acordo com o traje passeio completo, qual seria sua atitude? Essa situação deixa algum aprendizado para você, como organizador(a) de evento?

10 Pronomes de tratamento e convites

Conteúdos do capítulo:

» Antecendentes históricos sobre os pronomes de tratamento.
» Normas da 3ª Edição do *Manual de Redação da Presidência da República* (Portaria N. 1.369, de 27 de dezembro de 2018).
» Decreto n. 9.758, de 11 de abril de 2019 (que dispõe sobre a forma de tratamento e de endereçamento nas comunicações com agentes públicos da Administração Pública federal).
» Elementos constituintes de um ofício.
» Técnicas para a elaboração de convites.

Após o estudo deste capítulo, você será capaz de:

1. identificar a origem e a trajetória dos pronomes de tratamento no Brasil;
2. entender a importância dos pronomes de tratamento;
3. indicar os documentos oficiais que servem como referência para as normas de uso dos pronomes de tratamento no Brasil;
4. compreender o uso e a aplicação dos pronomes de tratamento de forma prática;
5. reconhecer e utilizar os elementos constituintes de um convite de evento.

10.1 História e definição dos pronomes de tratamento

O emprego cotidiano dos pronomes de tratamento remonta às origens da língua portuguesa, quando prevalecia o poder de reis, rainhas e imperadores e, respectivamente para cada um deles, era dada uma forma de tratamento, por exemplo: *vossa majestade*, *vossa alteza* etc. (CNJ, 2015). Da mesma forma, os pronomes eram usados para se dirigir a um grupo de pessoas que pertenciam a uma única hierarquia religiosa oficialmente reconhecida, como os sacerdotes e cardeais, mediante o emprego do pronome *vossa* (como em *vossa reverendíssima*, *vossa eminência* etc.).

Para Medeiros (2010), os pronomes de tratamento são palavras ou expressões que valem por pronomes pessoais, como *sua senhoria*, *vossa excelência*, *você* e *senhor*. O uso dos pronomes de tratamento contribui para a "eficácia da redação empresarial o conhecimento e a utilização adequada das formas de tratamento" (Medeiros, 2010, p. 72). Para esse mesmo autor, empregar de forma adequada o pronome de tratamento é uma questão de atenção.

De acordo com a terceira edição do Manual de Redação da Presidência da República (Brasil, 2018c), os pronomes de tratamento, para fazer referência aos atributos da pessoa à qual se está dirigindo, devem adotar a segunda pessoa do plural, de maneira indireta. O uso dos pronomes de tratamento na redação oficial requer aplicação adequada em três momentos distintos:

1. **No endereçamento**: Com o texto utilizado no envelope que contém a correspondência oficial.
2. **No vocativo**: Com o texto inicial em que o autor (emissário) se dirige ao destinatário do documento.
3. **No corpo do texto**: Com o uso dos pronomes de tratamento de forma abreviada ou por extenso.

10.2 Os pronomes de tratamento e a redação oficial

Apresentaremos, de agora em diante, as principais formas de tratamento que, conforme Pilastre (2019), mantêm a tradição da regra maior, que é o *Manual de Redação da Presidência da República*. É importante considerarmos que a última versão desse documento é do ano de 2018, aprovada pela Portaria n. 1.369, de 27 de dezembro de 2018 (Brasil, 2018b), que contemplou também diversas mudanças nos formatos de comunicação escrita entre os órgãos públicos (federais, estaduais e municipais). Dentre as mudanças, chama atenção a eliminação dos instrumentos ora denominados *memorando* e *aviso*, passando a prevalecer, como único documento oficial, o padrão ofício (Brasil, 2018b).

Também, conforme Pilastre (2019), as novas regras da redação oficial e relativas ao uso dos pronomes de tratamento devem estar de acordo com o Decreto n. 9.758, de 11 de abril de 2019 (Brasil, 2019), que já trouxe algumas inovações desde a terceira e última versão do já citado manual, de 2018.

Logo, esse documento compõem a base que orienta o uso das formas de tratamento e de endereçamento nas comunicações, tanto orais quanto escritas, com agentes da Administração Pública em âmbito federal, seja direta, seja indireta. Conforme exposto no decreto recém-citado, aplica-se o disposto:

I – aos servidores públicos ocupantes de cargo efetivo;
II – aos militares das Forças Armadas ou das forças auxiliares;
III – aos empregados públicos;
IV – ao pessoal temporário;
V – aos empregados, aos conselheiros, aos diretores e aos presidentes de empresas públicas e sociedades de economia mista;

VI – aos empregados terceirizados que exercem atividades diretamente para os entes da administração pública federal;
VII – aos ocupantes de cargos em comissão e de funções de confiança;
VIII – às autoridades públicas de qualquer nível hierárquico, incluídos os Ministros de Estado; e
IX – ao Vice-Presidente e ao Presidente da República. (Brasil, 2019)

É importante destacar, ainda, que o referido texto legal trouxe inovações diversas nas formas de tratamento, em relação às edições anteriores do *Manual de Redação da Presidência da República*, eliminando, na comunicação com agentes públicos federais, algumas formas de tratamento até então utilizadas. Nesse sentido, o art. 3º do Decreto n. 9.758/2019 dispõe:

Art. 3º É vedado na comunicação com agentes públicos federais o uso das formas de tratamento, ainda que abreviadas:

I – Vossa Excelência ou Excelentíssimo;
II – Vossa Senhoria;
III – Vossa Magnificência;
IV – doutor;
V – ilustre ou ilustríssimo;
VI – digno ou digníssimo; e
VII – respeitável. (Brasil, 2019)

É possível constatar em alguns *sites* de notícia, como é o caso do Portal G1 (2019), que as inovações trazidas pelo Decreto n. 9.758/2019 têm como objetivo desburocratizar o tratamento e acabar com as distinções entre os agentes públicos do Poder Executivo Federal. Ainda, conforme noticiado pela Agência Brasil, a regra se aplica às cerimônias e vale também para os militares das Forças Armadas ou das forças auxiliares (Gonçalves, 2019).

Já é possível constatar orientações para a aplicação e o uso dos pronomes de tratamento, de acordo com o Decreto n. 9.758/2019, em *sites* de organizações públicas federais, como é o caso da Universidade Federal de Santa Catarina (UFSC, 2019, grifo do original), que assim noticiou aos seus colaboradores:

> A partir da publicação, **apenas "senhor" e "senhora" e suas flexões para o plural serão admitidos como pronome de tratamento adequado à comunicação com agentes públicos federais**. O Decreto ampliou as formas vedadas na 3ª Edição do Manual ("ilustre", "ilustríssimo", "digno" ou "digníssimo", "respeitável" ou "doutor") para "Vossa Excelência", "Vossa Senhoria", "Excelentíssimo Senhor".

Em um modelo de ofício, devemos destacar as seguintes observações, além de outras contidas no *Manual de Redação da Presidência da República* (Brasil, 2018c):

I. O cabeçalho é utilizado apenas na primeira página do documento, de forma centralizada, sendo composto pelo brasão de armas da República e pelo nome do órgão principal e dos órgãos secundários (quando necessário).
II. A identificação do expediente (com o nome do documento por extenso, numeração e informações do documento, como número, ano e siglas).
III. O local e a data do documento alinhados à direita (nome da cidade, dia do mês, nome do mês e pontuação).
IV. O endereçamento alinhado à esquerda (com o vocativo, o nome do destinatário, o cargo e o endereço).
V. O assunto (com uma ideia geral do que trata o documento, em negrito, à margem esquerda da página e com ponto-final).

A seguir, na Figura 10.1, apresentamos um exemplo da prática, da aplicação e do uso dos elementos constituintes de um ofício e, também, do pronome de tratamento, a partir de uma situação hipotética na comunicação entre agentes públicos federais.

Figura 10.1 – Modelo de ofício

Logotipo

MINISTÉRIO DA EDUCAÇÃO
INSTITUTO FEDERAL DE EDUCAÇÃO, CIÊNCIA E TECNOLOGIA DO NORTE DO BRASIL
CAMPUS CIDADE NOVA
DEPARTAMENTO/SETOR/ENTIDADE

OFÍCIO Nº 234/2020/GAB/REITORIA/IFNB [utilizar siglas dos setores da menor para a maior hierarquia]

Cidade Nova, 04 de dezembro de 2020.

Ao senhor
[nome completo] ex: José Maria da Silva
[cargo e setor] ex: Diretor do Departamento de Gestão e Desenvolvimento de Pessoas

Assunto: Emissão de portarias.

Senhor Diretor,

Com os nossos cumprimentos, venho solicitar a dispensa, a pedido, do servidor, xxxxxxxxxxxxxxxxxxxxxxxxxxxxx, matrícula xxxxxxxxxxxxxx, da função de Coordenador de xxxxxxxxxxxxxxxxxx do Campus Cidade Nova, ao mesmo tempo designando o servidor xxxxxxxxxxxxxxxxxxxxxxxx, matrícula xxxxxxx, para assumir a referida função.

Atenciosamente,

NOME EM LETRAS MAIÚSCULAS
Cargo e Setor
IFNB – Campus Cidade Nova

Diante do modelo apresentado, conforme prevê o art. 2º do próprio Decreto n. 9.758/2019 (Brasil, 2019), somente será admitido o pronome de tratamento *senhor/senhora* para a comunicação com os agentes públicos federais, devendo-se desconsiderar, então, níveis hierárquicos, da natureza do cargo ou da função ou da ocasião.

Devemos destacar que o inciso II, parágrafo 3º, do art. 1º do mencionado decreto isenta a aplicação das regras e inovações concernentes às novas forma de tratamento no que se refere

> II – às comunicações entre agentes públicos da administração pública federal e agentes públicos do Poder Judiciário, do Poder Legislativo, do Tribunal de Contas, da Defensoria Pública, do Ministério Público ou de outros entes federativos, na hipótese de exigência de tratamento especial pela outra parte, com base em norma aplicável ao órgão, à entidade ou aos ocupantes dos cargos. (Brasil, 2019)

Diante desse contexto, caso você esteja elaborando um ofício, como comunicação oficial, destinado aos agentes públicos dos órgãos incluídos nesse inciso, é prudente que, antes da expedição, seja verificada a existência ou não de uma norma que exija o uso de um pronome de tratamento específico aplicável ao ocupante do cargo ou entidade de destino.

Também, é importante observarmos que o art. 3º do Decreto n. 9.758/2019 simplificou as formas de tratamento, com o uso de *senhor* e *senhora* apenas entre os agentes públicos federais. Podemos concluir, dessa maneira, que todas as normas contidas na 3ª edição do *Manual de Redação da Presidência da República* ainda são válidas e aplicáveis nas comunicações entre outras esferas do Poder Público – como é o caso dos órgãos dos Poderes Judiciário e Legislativo e, também, no âmbito dos estados e dos municípios –, além das organizações da iniciativa privada que utilizam o citado manual como referência em suas correspondências e comunicações.

Considerando esse contexto, os pronomes de tratamento que constam na referida edição do *Manual de Redação da Presidência da República* devem ser utilizados. Assim, para tais casos, recomendamos a observação dos pronomes de tratamento, endereçamentos e vocativos, conforme exposto no Quadro 10.1, a seguir.

Quadro 10.1 – Pronomes de tratamento

Autoridade	Endereçamento	Vocativo	Tratamento no corpo do texto	Abreviatura
Presidente da República	A Sua Excelência o Senhor	Excelentíssimo Senhor Presidente da República,	Vossa Excelência	Não se usa
Presidente do Congresso Nacional	A Sua Excelência o Senhor	Excelentíssimo Senhor Presidente do Congresso Nacional,	Vossa Excelência	Não se usa
Presidente do Supremo Tribunal Federal	A Sua Excelência o Senhor	Excelentíssimo Senhor Presidente do Supremo Tribunal Federal,	Vossa Excelência	Não se usa
Vice-Presidente da República	A Sua Excelência o Senhor	Senhor Vice-Presidente da República,	Vossa Excelência	V. Exa.
Ministro de Estado	A Sua Excelência o Senhor	Senhor Ministro,	Vossa Excelência	V. Exa.
Secretário-Executivo de Ministério e demais ocupantes de cargos de natureza especial	A Sua Excelência o Senhor	Senhor Secretário-Executivo	Vossa Excelência	V. Exa.

(continua)

(Quadro 10.1 – conclusão)

Autoridade	Endereçamento	Vocativo	Tratamento no corpo do texto	Abreviatura
Embaixador	A Sua Excelência o Senhor	Senhor Embaixador,	Vossa Excelência	V. Exa.
Oficial-General das Forças Armadas	A Sua Excelência o Senhor	Senhor + Posto,	Vossa Excelência	V. Exa.
Outros postos militares	Ao Senhor	Senhor + Posto,	Vossa Senhoria	V. As.
Senador da República	A Sua Excelência o Senhor	Senhor Senador,	Vossa Excelência	V. Exa.
Deputado Federal	A Sua Excelência o Senhor	Senhor Deputado,	Vossa Excelência	V. Exa.
Ministro do Tribunal de Contas da União	A Sua Excelência o Senhor	Senhor Ministro do Tribunal de Contas da União,	Vossa Excelência	V. Exa.
Ministro dos Tribunais Superiores	A Sua Excelência o Senhor	Senhor Ministro,	Vossa Excelência	V. Exa.

Fonte: Brasil, 2018c, p. 23-24.

Ainda em relação ao uso de algumas formas de tratamento, conforme nos mostra o documento do CNJ (2015), a palavra *doutor* não é uma forma e, muito menos, um pronome de tratamento, mas sim uma titulação acadêmica. Nesse sentido, a sua utilização é adequada apenas para as pessoas que detenham esse grau, por terem concluído um curso de doutorado, ou seja, uma pós-graduação *stricto sensu*. Apesar de ser um costume a designação de doutor para os bacharéis em Direito e Medicina, salientamos que o tratamento *senhor* ou *senhora* já confere a formalidade desejada às comunicações.

10.3 Convites para eventos

Um convite é um cartão de visitas da instituição que o encaminha, independente do evento e de quais são as intenções e os objetivos de quem o promove. Por esse motivo, sua elaboração deve estar pautada no rigor quanto à sua redação, à sua estética, ao tipo e à qualidade do papel e do envelope, bem como ao prazo e à forma de encaminhamento.

O envio de um convite impresso dá o significado e o entendimento, ao seu destinatário, de que o evento em questão tem um certo grau de formalidade. Logo, antes de iniciarmos a elaboração e a expedição de um convite, devemos, primeiro, verificar algumas informações com o solicitante do evento que, como já estudamos, pode ser o anfitrião – no caso de um evento social – ou, ainda, o presidente ou outra autoridade, no caso de ser um evento público ou corporativo.

De acordo com o documento *Curso cerimonial e protocolo de eventos* (Distrito Federal, 2018, p. 43), há alguns procedimentos que devem ser observados antes da expedição de um convite: "Definição de modelo; Redação do texto; Anexos (definição da necessidade); Lista de convidados; Quantidade de convites impressos; Etiquetas com nomes e endereços; Expedição dos convites; Lista de confirmação de presença".

Também, devemos considerar que existem informações imprescindíveis a se fazerem constar no texto do convite, como:

» nome ou título do evento;
» texto de chamada (geralmente, com o nome do anfitrião ou de quem convida);
» data, local e horário de realização;
» traje;
» confirmação de presença (e a descrição se é pessoal e intransferível).

Com relação ao texto do convite, Bond e Oliveira (2012) destacam que são inadmissíveis erros gramaticais e o uso impróprio das formas e dos pronomes de tratamento. As autoras ainda salientam que há prazos protocolares para a entrega de convites:

» **30 dias de antecedência para**: autoridades do primeiro escalão; autoridades em solenidades e jantares, conferencistas e palestrantes; casamentos e bodas.
» **15 dias de antecedência para**: festas de 15 anos ou demais eventos sociais.
» **10 dias de antecedência para**: eventos da área empresarial.
» **3 a 5 dias de antecedência para**: eventos informais (Bond; Oliveira, 2012).

Ainda sobre o conteúdo do que virá impresso no corpo do convite, é importante destacar que a Lei n. 5.700, de 1º de setembro de 1971, que trata dos símbolos nacionais, fala sobre a obrigatoriedade do uso das armas nacionais "nos papéis de expediente, nos convites e nas publicações oficiais de nível federal" (Brasil, 1971). Assim, as organizações públicas – dos Poderes Executivo, Legislativo ou Judiciário, dos níveis federal, estadual ou municipal – devem se atentar para as regulamentações próprias que tratam das formas de comunicação e publicações oficiais.

Em relação às empresas e instituições da iniciativa privada – uma vez que não podem fazer o uso das armas nacionais em quaisquer das suas correspondências –, é recomendável a produção do convite em papel timbrado de uso próprio ou que se utilize a logomarca oficial da organização no corpo do convite a ser produzido.

A esse respeito, "tendo em vista que o convite é um instrumento de comunicação, torna-se aconselhável usar somente expressões na língua portuguesa, para que a comunicação se complete" (Distrito Federal, 2018, p. 42). Assim, devemos evitar o uso de expressões estrangeiras, como o R.S.V.P., que, na língua francesa, significa *Répondez s'il vous plaît* e, em português, significa "responda, por favor".

Quanto ao texto do convite, também se recomenda a utilização da expressão *tem a honra de convidar* se o convidado ocupa um cargo de hierarquia superior ou igual em relação à quem convida (Distrito Federal, 2018). Já a expressão *tem o prazer de convidar* poderá ser usada se o convidado ocupar um cargo de hierarquia inferior ou igual em relação a quem faz o convite. O termo *convida*, por sua vez, deve ser empregado nos textos dos convites emitidos pela autoridade superior de uma organização para os seus próprios funcionários ou colaboradores.

Nas imagens a seguir (Figuras 10.2, 10.3, 10.4 e 10.5), observe alguns modelos de convites, para melhor entendimento e elucidação dos nossos estudos.

Figura 10.2 – Modelo de convite para solenidade de posse em tribunal

TCE-RO   Ministério Público
                                                                            de Contas do
                                                                         Estado de Rondônia

O Tribunal de Contas do Estado de Rondônia e o Ministério Público de Contas do Estado de Rondônia têm a honra de convidar Vossa Excelência para a sessão especial de posse dos Excelentíssimos Senhores

Paulo Curi Neto   **Benedito Antônio Alves**
Presidente   Vice-Presidente

José Euler Potyguara Pereira de Mello   **Adilson Moreira de Medeiros**
Corregedor-Geral   Procurador-Geral MPC-RO

a realizar-se no dia 13 de dezembro de 2019, às 9h, no auditório do Tribunal, Av. Pres. Dutra, 4229 – Olaria – Porto Velho/RO.

Confirmações: (69) 32119076;9071
cerimonial@tce.ro.gov.br   Traje: civis, passeio completo
mpcro@mpc.ro.gov.br   Militares, o correspondente

Fonte: Instituto Rui Barbosa, 2022.

Figura 10.3 - Modelo de convite para visita oficial

MINISTÉRIO DA EDUCAÇÃO
UNIVERSIDADE FEDERAL DO VALE DO SÃO FRANCISCO

CONVITE

O Magnífico Reitor da Universidade Federal do Vale do Rio São Francisco, Professor Julianeli Tolentino de Lima, e o Superintendente do Hospital Universitário, senhor Ronald Juenyr Mendes, convidam Vossa Senhoria para uma visita guiada às instalações da policlínica da Univasf.

Data: 22 de março de 2017
Horário: 8h30
Local: Policlínica da Univasf - Campus Sede, Petrolina - PE.

EBSERH   UNIVASF
Hospitais Universitários Federais   Universidade Federal do Vale do São Francisco

---

Fonte: Univasf, 2017.

Figura 10.4 - Modelo de convite corporativo para solenidade de posse (acesso *on-line*)

CONVITE

O presidente da Fundação Educacional de Patos de Minas (FEPAM), entidade mantenedora do Centro Universitário de Patos de Minas (UNIPAM), Paulo Vinícius Piva Hartmann, tem a honra de convidar V. Sa. para a sessão solene de posse do professor Dr. Henrique Carivaldo de Miranda Neto para o cargo de Reitor da instituição, e da professora Dra. Sandra Soares, para o cargo de Vice-Reitora.

Dia: 31/07/2021
Horário: 10h
Plataforma de
transmissão: youtube.com/CanalUNIPAM

Código de transmissão:

Aponte a câmera do seu celular e acesse a transmissão

FEPAM   UNIPAM

Fonte: Unipam, 2022a.

Figura 10.5 – Modelo de convite corporativo para solenidade de posse (presencial)

CONVITE

O presidente da Fundação Educacional de Patos de Minas (FEPAM), entidade mantenedora do Centro Universitário de Patos de Minas (UNIPAM), Paulo Vinícius Piva Hartmann, tem a honra de convidar V. Sa. para a sessão solene de posse do professor Dr. Henrique Carivaldo de Miranda Neto para o cargo de Reitor da instituição, e da professora Dra. Sandra Soares, para o cargo de Vice-Reitora.

Dia: 31/07/2021
Horário: 10h
Local: Centro de Convenções e Eventos UNIPAM
BR MGT 354 PMS020

Por gentileza, confirmar presença pelos telefones 34 3823-0185 ou 34 3823-0317, das 9h às 17h, até o dia 28/07/2021.

Fonte: Unipam, 2022b.

Indicação cultural

Para conhecer melhor as regras de redação oficial – tais como os pronomes de tratamento, o uso de vocativos, os endereçamentos, as abreviaturas, as normas de formatação e de apresentação do ofício e de outros documentos oficiais –, sugerimos acessar a terceira edição do *Manual de Redação da Presidência da República*.

BRASIL. Presidência da República. **Manual de Redação da Presidência da República**. 3. ed. Brasília, 2018. Disponível em: <http://www4.planalto.gov.br/centrodeestudos/assuntos/manual-de-redacao-da-presidencia-da-republica/manual-de-redacao.pdf>. Acesso em: 10 dez. 2021.

Síntese

Neste capítulo, trouxemos um pouco da história dos pronomes de tratamento utilizados no Brasill. Observamos que o uso de tais pronomes, se utilizados adequadamente, confere formalidade e uma postura protocolar entre as organizações e seus agentes.

Ainda, verificamos que, com o passar do tempo, alguns pronomes de tratamento vão surgindo, outros são adaptados e, nos mais recentes casos, há aqueles que deixam de ser utilizados, visando a uma simplificação nas comunicações entre os agentes das organizações públicas.

Considerando que o documento que normatiza as formas de tratamento e a comunicação entre os agentes públicos no Brasil é o *Manual da Redação da Presidência da República* – que está em sua 3ª edição, de 2018 –, é sempre recomendável pesquisar a existência de possíveis atualizações antes de expedir algum documento, como é o caso dos ofícios e de outras correspondências oficiais.

Também, estudamos os convites e evidenciamos que se trata de um dos instrumentos que conferem, além da apresentação, a formalidade de um evento diante dos seus convidados. Por fim, verificamos que os convites devem ser feitos com base em um conjunto de critérios e cuidados, como aqueles que pedem um texto claro e objetivo, além de que devem fazer constar as informações sobre o evento, como data, horário e local de realização.

Questões para revisão

1. Neste capítulo, verificamos que os pronomes de tratamento são usados para a eficácia da redação, conferindo-lhe um grau de formalidade. Diante desse contexto, e com base na 3ª

edição do *Manual de Redação da Presidência da República*, considere a necessidade do encaminhamento de correspondências por uma organização da iniciativa privada ao presidente do Congresso Nacional, a um embaixador e a um ministro do Tribunal Superior do Trabalho. Descreva, para cada uma das autoridades, o endereçamento, o vocativo e o tratamento no corpo do texto a ser utilizado.

Quadro 10.2 – Quadro para a atividade

N.	Autoridade	Endereçamento	Vocativo	Tratamento no corpo do texto
1	Presidente do Congresso Nacional			
2	Embaixador			
3	Ministro do Tribunal Superior do Trabalho			

2. O convite pode ser considerado um cartão de visitas da instituição que o encaminha. Assim, deve haver muita atenção no uso dos critérios estéticos para a sua confecção e, também, na redação do texto impresso nele. Diante desse contexto, cite quais informações sobre o evento devem ser consideradas na elaboração do texto de um convite.

3. Analise as assertivas a seguir sobre o uso do pronome de tratamento nas comunicações entre os agentes públicos federais:
   I) Considerando o Decreto n. 9.758/2019, o pronome de tratamento "Vossa Excelência" não deve mais ser utilizado na comunicação com agentes públicos federais.
   II) De acordo com o Decreto n. 9.758/2019, o pronome de tratamento "Vossa Senhoria" pode ser utilizado na

comunicação entre agentes públicos federais, inclusive nas forças armadas.

III) Conforme o Decreto n. 9.758/2019, os pronomes de tratamento "Ilustre" ou "Ilustríssimo" poderão ser utilizados nas comunicações orais e escritas com o vice-presidente da República.

IV) Considerando o Decreto n. 9.758/2019, o pronome de tratamento "Senhor" deve ser utilizado nas comunicações com agentes da Administração Pública federal, inclusive o presidente da República.

V) De acordo com o Decreto n. 9.758/2019, os pronomes de tratamento "Senhor" ou "Senhora" deverão ser utilizados nas comunicações da Administração Pública com o pessoal temporário.

É correto o que se afirma em:

a) II, III e IV.
b) I e III.
c) I e IV.
d) II, IV e V.
e) IV e V.

4. Analise as assertivas a seguir sobre os elementos constituintes de um ofício:

I) Conforme a versão de 2018 do *Manual de Redação da Presidência da República*, o cabeçalho do ofício deve constar no topo, apenas na primeira página.

II) Conforme a versão de 2018 do *Manual de Redação da Presidência da República*, o local e a data do ofício devem estar alinhados à esquerda, na parte superior.

III) Conforme a versão de 2018 do *Manual de Redação da Presidência da República*, o assunto do ofício deve estar em negrito, à margem esquerda e com ponto final.

IV) Conforme a versão de 2018 do *Manual de Redação da Presidência da República*, o endereçamento do ofício deve conter o vocativo, o nome do destinatário, o cargo e o endereço.

V) Conforme a versão de 2018 do *Manual de Redação da Presidência da República*, o cabeçalho do ofício deve conter o brasão de armas da República com o nome do órgão principal.

É correto o que se afirma em:

a) I, III e IV.
b) I, II e III.
c) II, III e IV.
d) II, IV e V.
e) III, IV e V.

5. Analise as assertivas a seguir sobre os elementos constituintes de um convite:

I) Um convite deverá conter informações, como o nome do evento, a data, o horário, o local e o traje. A entrega deve ser feita com 30 dias de antecedência, caso o convite seja para autoridades do primeiro escalão.

II) Um convite deverá conter informações como o título do evento e o texto de chamada (com o nome do anfitrião). A entrega deve ser feita com 10 dias de antecedência, caso o evento seja da área empresarial.

III) Um convite deverá conter informações como o nome do evento, a data e a hora de realização, além das armas nacionais, mesmo se tratando de empresa privada. A entrega deve ser feita com 30 dias de antecedência para casamentos e bodas.

IV) Um convite deverá conter informações como o título do evento e o traje para a ocasião, além da expressão R.S.V.P. (que é o pedido de confirmação). A entrega deve ser feita com 10 dias de antecedência, caso o evento seja da área empresarial.

V) Um convite deverá conter informações como o título do evento, o local, a hora e o traje. A entrega deve ser feita com 3 a 5 dias de antecedência para eventos informais.

Está correto o que se afirma em:

a) I, II e III.
b) II, III e V.
c) II, III e IV.
d) I, II e V.
e) III, IV e V.

Questão para reflexão

1. De acordo com o Decreto n. 9.758/2019, houve uma simplificação nas formas de tratamento e comunicação entre os agentes da Administração Pública federal. Assim, foram eliminadas as formas *excelentíssimo*, *vossa magnificência* e *ilustríssimo*. Qual é a sua opinião sobre essa mudança? Ela realmente traz simplificação? Apresente as suas respostas em forma de debate com colegas e professores em sala de aula.

Estudo de caso –
A importância do
planejamento de um evento!

Ao longo desta obra, estudamos os diversos elementos que permeiam a organização de um evento. Para a realização do III Ciclo de Palestras Sobre Comércio Eletrônico, a Sra. Maria Solange, uma colaboradora interna da Associação de Comerciantes do Norte Paulista, foi convidada e nomeada para coordenar todas as ações necessárias para realizar o evento, começando pelo planejamento e pela elaboração do projeto, além da execução e da apresentação dos seus resultados.

O desafio inicial da Sra. Maria Solange era formar uma equipe de trabalho composta por profissionais de variadas formações, mas que pudessem auxiliar nas tarefas típicas de organização de eventos e cerimonial a serem cumpridas. A equipe que atuaria auxiliando-a passou a ser constituída por uma secretária executiva, um publicitário, um administrador de empresas e um profissional de relações públicas.

Com o passar dos dias e a proximidade da data de realização do evento, alguns problemas foram surgindo, o que demandou uma atuação imediata da equipe organizadora. O primeiro problema constatado estava relacionado com a estrutura e a escolha do local, pois o auditório alugado, além de ter cadeiras insuficientes para o público estimado, não permitia a ampliação do palco para a montagem de uma mesa diretiva que acomodasse todas as autoridades. O segundo problema identificado pela equipe foi apresentado pela empresa contratada para prestar os serviços de alimentação e bebidas durante o evento. Essa empresa informou que o salão ao lado do auditório seria muito pequeno para a montagem das mesas e cadeiras que acomodariam os convidados e mencionou que poderia haver tumulto e aglomeração entre os participantes. Por fim, o terceiro desafio foi apresentado quando um dos três palestrantes anunciados na programação comunicou, por *e-mail*, a impossibilidade de sua participação, alegando motivos de saúde e a necessidade de realização de uma cirurgia em caráter de urgência.

Diante desses desafios, a Sra. Maria Solange convocou uma reunião com sua equipe para buscar soluções. Ao falar sobre o problema relacionado com a escolha do local do evento, o administrador que integra a equipe informou que não esperava que a quantidade de pessoas inscritas fosse tão elevada, pois tinha se baseado em estatísticas de outros eventos semelhantes. Além disso, ele comentou que o público-alvo não estaria tão disposto a pagar pela taxa de inscrição, considerando o cenário de crise econômica. Assim, a Sra. Maria Solange propôs a realização de uma nova cotação orçamentária para a locação de um auditório com capacidade que comportasse, de forma mais cômoda, os participantes do evento. Mas a secretária-executiva salientou que já havia encaminhado convites para as autoridades que comporiam a mesa de abertura do evento e que já estava recebendo confirmações de presença. O profissional de relações públicas, por sua vez, destacou que já tinha divulgado o evento no *site* oficial, nas redes sociais e na imprensa, e demonstrou preocupação com os impactos operacionais e a repercussão em fazer a mudança do local do evento em tão pouco tempo, também devido ao risco de que alguns participantes precisassem fazer mais de um deslocamento.

Sobre o salão próximo ao auditório, que foi considerado um espaço insuficiente para a montagem de mesas e cadeiras para os convidados, além da necessidade de circulação de garçons, o publicitário sugeriu cancelar o serviço de alimentação e bebidas, apesar de isso estar previsto na programação amplamente divulgada. O profissional de relações públicas concordou com a ideia e mencionou que essa seria uma forma de evitar a insatisfação dos convidados e de promover um *marketing* negativo para a Associação de Comerciantes do Norte Paulista – a empresa promotora do evento. Já o administrador que integra a equipe se manifestou favorável ao cancelamento desse serviço, indicando que tal decisão significaria a redução de despesas não essenciais, ou seja, os recursos poderiam, assim, ser remanejados para outros itens do orçamento, como é o caso dos materiais. A Sra. Maria Solange relembrou que o evento está programado para iniciar às 13h, com término às 18h, e mencionou que esse período seria muito longo para a realização de três palestras de forma sequencial, sem uma pausa ou intervalo.

Quanto ao cancelamento da ida de um dos palestrantes, os integrantes da equipe se mostraram bastante preocupados por ser, justamente, o de maior *expertise* no tema central do evento. Essa ausência poderia causar uma grande frustração e ocasionar o cancelamento de muitas inscrições. O profissional de relações públicas disse que uma alteração na programação poderia ser anunciada durante o evento e que seria absolutamente compreensível a ausência de um dos palestrantes, pois o motivo era um tratamento de saúde. A secretária-executiva e o administrador, por sua vez, fizeram uma proposta drástica: o cancelamento do III Ciclo de Palestras Sobre Comércio Eletrônico e o reagendamento para outra data, dando prazo para a recuperação da saúde do palestrante e, consequentemente, para a confirmação de sua presença. Parte da equipe organizadora mencinou ver vantagens no cancelamento do evento, pois a reorganização possibilitaria, também, resolver os outros problemas de espaço.

A Sra. Maria Solange informou que analisaria cada uma das considerações apresentadas pela equipe organizadora e que adotaria as melhores medidas. Assim, informou que a decisão final seria dita em uma reunião com os diretores da Associação de Comerciantes do Norte Paulista.

Agora é com você:

Considerando o contexto apresentado e a identificação dos três problemas antes da realização do evento – o auditório com cadeiras insuficientes para o número de inscritos; a incompatibilidade entre o salão disponível e o serviço de alimentação e de bebidas; e o cancelamento da presença de um dos palestrantes –, como você agiria para não tomar a decisão mais drástica, ou seja, o cancelamento do evento? Apresente propostas para cada um dos três problemas discutidos. Ainda, informe quais instrumentos poderiam ser utilizados na fase de planejamento do evento para evitar esses problemas, como é o caso do número de inscritos, a incompatibilidade quanto ao auditório, bem como o salão para os serviços de alimentação e bebidas.

Considerações finais

No decorrer desta obra, procuramos apresentar os estudos sobre os eventos, o cerimonial institucional (público e corporatrivo), o protocolo e a ordem de precedência em suas perspectivas históricas e, ao mesmo tempo, contemporâneas. Há uma intenção e um propósito nessa metodologia: mostrar o evento em suas origens, destacando sua evolução e importância não só nos contextos econômicos e comerciais, mas também sociais, culturais e políticos.

Sob essa perspectiva, nosso intuito foi promover uma abordagem que mostrasse a origem do evento, conceituando-o e destacando sua importância, principalmente quando utilizado como estratégia corporativa, seja para o alcance de suas finalidades comerciais ou para a socialização, seja para a promoção da cultura ou como elemento institucional e político.

Nesse sentido, explicamos que o evento requer maior profissionalismo e, dessa forma, uma indispensável atuação dos cerimonialistas, do mestre de cerimônias e de outros tantos que integram uma equipe, os quais fazem do planejamento e do projeto de evento uma realidade. Aqui, procuramos dar ênfase às competências e atribuições de cada um desses profissionais, mostrando relações de causa e efeito.

Ainda, salientamos a importância da qualificação dos profissionais que atuam e conduzem um evento, evidenciando o planejamento, o projeto e o uso de instrumentos – *briefing*, *checklist*, roteiro e *script*. À medida que comentamos sobre ferramentas cotidianas simples, também procuramos provocar uma reflexão sobre a complexidade e os desafios que envolvem a realização de eventos no século XXI. Dessa forma, abordamos a cada vez mais frequente utilização das normas do protocolo e do cerimonial público nos eventos corporativos, bem como a tendência e a realidade dos eventos digitais e híbridos.

Como o êxito de um evento requer organização, além de profissionalismo, propusemos uma análise sobre os seus elementos típicos, como o protocolo, a ordem de precedência e as normas para a utilização dos símbolos nacionais. Para isso, consultamos as principais normas vigentes a respeito das cerimônias civis públicas, como aquelas contidas no Decreto n. 70.274, de 9 de setembro de 1972 (Brasil, 1972), na Lei n. 5.700, de 1º de setembro de 1971 (Brasil, 1971), e no Decreto n. 6.806, de 25 de março de 2009 (Brasil, 2009a), e também aquelas específicas do cerimonial militar e das Forças Armadas, como é o caso da Portaria Normativa n. 660, de 19 de maio de 2009 (Brasil, 2009d).

Demonstramos, ainda, que a ausência de normas para os eventos das organizações da iniciativa privada possibilita uma maior flexibilidade e autonomia, mas impõe ao cerimonialista o bom senso. Inclusive, constatamos que, no cerimonial empresarial ou institucional, certamente haverá bandeiras, hino nacional, composição de mesa, discursos e, provavelmente, a presença de autoridades públicas.

Escrever um livro não é uma tarefa fácil, pois impõe ao autor um conjunto de desafios. Inicialmente, podemos falar da busca exaustiva e densa de conhecimentos já existentes e publicados sobre o tema central, o que envolve, ao mesmo tempo, elementos históricos, contemporâneos, teóricos, práticos e normativos.

Assim como procuramos reiterar conceitos históricos, também foi nosso intento buscar um diferencial por meio de elementos inovadores.

Isso ficou evidente com as abordagens sobre as mudanças de algumas legislações e, também, com os estudos sobre os eventos digitais, que já se mostravam uma realidade a partir do avanço das novas tecnologias da informação e comunicação (TICs) com a chegada do século XXI. A esse respeito, versar sobre eventos e cerimonial requer um olhar sobre o futuro, com o desejo de aperfeiçoamento constante, em busca de tudo o que há de mais atual, considerando suas constantes transformações.

Por fim, acreditamos que nosso principal objetivo foi atingido: promover o diálogo com o público leitor da forma mais adequada possível, seja para fins de formação e de aperfeiçoamento profissional, com a aplicação dos conhecimentos em experiências cotidianas, seja nas pesquisas. Sabemos que esta obra não é um tratado ou um estudo definitivo, pelo contrário. No entanto, ela abrirá um espaço para reflexões e novas contribuições.

Referências

AGÊNCIA IBGE NOTÍCIAS. **IBGE divulga estimativa da população dos municípios para 2020.** 27 ago. 2020. Disponível em: <https://agenciadenoticias.ibge.gov.br/agencia-sala-de-imprensa/2013-agencia-de-noticias/releases/28668-ibge-divulga-estimativa-da-populacao-dos-municipios-para-2020>. Acesso em: 24 jan. 2021.

AMARAL, I. Influência brasileira no cerimonial da Corte de D. João VI. In: ANDRADE, J. A. C. (Org.). **Cerimonial por cerimonialistas**: uma visão contemporânea do cerimonial brasileiro. São Paulo: Cultura Acadêmica, 2009. p. 23-29.

BAENA, M.; PEDROSA, S. **Cerimonial contemporâneo**: operacionalização das normas protocolares. Brasília: Thesaurus, 2014.

BOMFIM, E. S. S. O cerimonial, o protocolo e a etiqueta: os novos paradigmas da comunicação corporativa. In: ANDRADE, J. A. C. (Org.). **Cerimonial por cerimonialistas**: uma visão contemporânea do cerimonial brasileiro. São Paulo: Cultura Acadêmica, 2009. p. 71-80.

BOND, M. T. de O.; OLIVEIRA, M. de. **Manual do profissional de secretariado**: organizando eventos. Curitiba: InterSaberes, 2012.

BRASIL. Decreto n. 4, de 19 de novembro de 1889. **Coleção de Leis Brasileiras**, Rio de Janeiro, RJ, 19 nov. 1889. Disponível em: <https://www.planalto.gov.br/ccivil_03/decreto/1851-1899/d0004.htm>. Acesso em: 17 jan. 2021.

BRASIL. Decreto n. 3.780, de 2 de abril de 2001. **Diário Oficial da União**, Poder Executivo, Brasília, DF, 3 abr. 2001. Disponível em: <https://www.planalto.gov.br/ccivil_03/decreto/2001/d3780.htm>. Acesso em: 12 jan. 2021.

BRASIL. Decreto n. 6.806, de 25 de março de 2009. **Diário Oficial da União**, Poder Executivo, Brasília, DF, 26 mar. 2009a. Disponível em: <http://www.planalto.gov.br/ccivil_03/_ato2007-2010/2009/decreto/D6806.htm>. Acesso em: 10 dez. 2021.

BRASIL. Decreto n. 7.419, de 31 de dezembro de 2010. **Diário Oficial da União**, Poder Executivo, Brasília, DF, 31 dez. 2010. Disponível em: <http://www.planalto.gov.br/ccivil_03/_ato2007-2010/2010/decreto/D7419.htm>. Acesso em: 12 jan. 2021.

BRASIL. Decreto n. 7.960, de 14 de março de 2013. **Diário Oficial da União**, Poder Executivo, Brasília, DF, 15 mar. 2013a. Disponível em: <http://www.planalto.gov.br/ccivil_03/_ato2011-2014/2013/decreto/D7960.htm>. Acesso em: 10 dez. 2021.

BRASIL. Decreto n. 9.338, de 5 de abril de 2018. **Diário Oficial da União**, Poder Executivo, Brasília, DF, 6 abr. 2018a. Disponível em: <http://www.planalto.gov.br/ccivil_03/_ato2015-2018/2018/decreto/D9338.htm>. Acesso em: 12 jan. 2021.

BRASIL. Decreto n. 9.758, de 11 de abril de 2019. **Diário Oficial da União**, Poder Executivo, Brasília, DF, 11 abr. 2019. Disponível em: <http://www.planalto.gov.br/ccivil_03/_ato2019-2022/2019/decreto/D9758.htm>. Acesso em: 10 dez. 2021.

BRASIL. Decreto n. 70.274, de 9 de março de 1972. **Diário Oficial da União**, Poder Executivo, Brasília, DF, 10 mar. 1972. Disponível em: <http://www.planalto.gov.br/ccivil_03/decreto/d70274.htm>. Acesso em: 10 dez. 2021.

BRASIL. Decreto n. 83.186, de 19 de fevereiro de 1979. **Diário Oficial da União**, Poder Executivo, Brasília, DF, 19 fev. 1979. Disponível em: <http://www.planalto.gov.br/ccivil_03/decreto/d83186.htm>. Acesso em: 12 jan. 2021.

BRASIL. Lei n. 5.700, de 1º de setembro de 1971. **Diário Oficial da União**, Poder Legislativo, Brasília, DF, 2 set. 1971. Disponível em: <http://www.planalto.gov.br/ccivil_03/leis/l5700.htm>. Acesso em: 10 dez. 2021.

BRASIL. Lei n. 7.377, de 30 de setembro de 1985. **Diário Oficial da União**, Poder Legislativo, Brasília, DF, 1º out. 1985. Disponível em: <http://www.planalto.gov.br/ccivil_03/leis/l7377.htm>. Acesso em: 10 dez. 2021.

BRASIL. Lei n. 9.261, de 10 de janeiro de 1996. **Diário Oficial da União**, Poder Legislativo, Brasília, DF, 11 jan. 1996. Disponível em: <http://www.planalto.gov.br/ccivil_03/leis/L9261.htm>. Acesso em: 10 dez. 2021.

BRASIL. Lei n. 12.092, de 16 de novembro de 2009. **Diário Oficial da União**, Poder Legislativo, Brasília, DF, 17 nov. 2009b. Disponível em: <http://www.planalto.gov.br/ccivil_03/_ato2007-2010/2009/lei/L12092.htm>. Acesso em: 12 jan. 2021.

BRASIL. Lei n. 12.157, de 23 de dezembro de 2009. **Diário Oficial da União**, Poder Legislativo, Brasília, DF, 24 dez. 2009c. Disponível em: <http://www.planalto.gov.br/ccivil_03/_Ato2007-2010/2009/Lei/L12157.htm>. Acesso em: 12 jan. 2021.

BRASIL. Ministério da Defesa. Exército Brasileiro. **Armas nacionais**. Disponível em: <http://www.eb.mil.br/armas-nacionais>. Acesso em: 15 fev. 2022a.

BRASIL. Ministério da Defesa. Exército Brasileiro. **Selo nacional**. Disponível em: <http://www.eb.mil.br/selo-nacional>. Acesso em: 15 fev. 2022b.

BRASIL. Ministério da Defesa. Gabinete do Ministro. Portaria Normativa n. 660, de 19 de maio de 2009. **Diário Oficial da União**, Poder Legislativo, Brasília, DF, 21 maio 2009d. Disponível em: <https://www.gov.br/defesa/pt-br/arquivos/File/legislacao/emcfa/portarias/660a_2009.pdf>. Acesso em: 12 jan. 2021.

BRASIL. Ministério da Defesa. Gabinete do Ministro. Portaria Normativa n. 849, de 4 de abril de 2013. **Diário Oficial da União**, Poder Legislativo, Brasília, DF, 5 abr. 2013b. Disponível em: <https://www.in.gov.br/materia/-/asset_publisher/KujrwoTZC2Mb/content/id/30432655/do1-2013-04-05-portaria-normativa-n-849-md-de-4-de-abril-de-2013-30432651>. Acesso em: 12 jan. 2021.

BRASIL. Presidência da República. Portaria n. 1.369, de 27 de dezembro de 2018. **Diário Oficial da União**, Poder Legislativo, Brasília, DF, 28 dez. 2018b. Disponível em: <http://www.planalto.gov.br/CCIVIL_03/Portaria/Prt1369-18.htm>. Acesso em: 12 jan. 2021.

BRASIL. Presidência da República. **Hino nacional**. Disponível em: <http://www.planalto.gov.br/ccivil_03/constituicao/hino.htm>. Acesso em: 15 fev. 2022c.

BRASIL. Presidência da República. **Manual de Redação da Presidência da República**. 3. ed. Brasília, 2018c. Disponível em: <http://www4.planalto.gov.br/centrodeestudos/assuntos/manual-de-redacao-da-presidencia-da-republica/manual-de-redacao.pdf>. Acesso em: 10 dez. 2021.

CAMPOS, L. C. de A. M.; WYSE, N.; ARAÚJO, M. L. **Eventos**: oportunidade de novos negócios. São Paulo: Senac, 2000.

CARNEIRO, J. B.; FONTES, N. D. Turismo e eventos: instrumento de promoção e estratégia de marketing. **Turismo em Análise**, São Paulo, v. 8, n. 1, p. 63-74, maio 1997. Disponível em: <https://www.revistas.usp.br/rta/article/view/63400>. Acesso em: 18 abr. 2022.

CNJ – CONSELHO NACIONAL DE JUSTIÇA. **Dicas de português**: redação oficial. Brasília, 2015. Disponível em: <https://www.cnj.jus.br/wp-content/uploads/conteudo/destaques/arquivo/2015/07/e33296cedf0b88d531ca5e452077c397.pdf>. Acesso em: 12 abr. 2021.

CZAJKOWSKI, A.; CZAJKOWSKI JÚNIOR, S. **Eventos**: uma estratégia baseada em experiências. Curitiba: InterSaberes, 2017.

DISTRITO FEDERAL. Secretaria de Planejamento, Orçamento e Gestão. Escola de Governo do Distrito Federal. **Curso cerimonial e protocolo de eventos**. 2018. Disponível em: <http://egov.df.gov.br/wp-content/uploads/2018/03/Apostila-2.pdf>. Acesso em: 10 dez. 2021.

FONSECA E SILVA, M. S. O cerimonial público e a ordem geral de precedência nos eventos de caráter privado: o papel do cerimonialista no equilíbrio das relações. In: ANDRADE, J. A. C. (Org.). **Cerimonial por cerimonialistas**: uma visão contemporânea do cerimonial brasileiro. São Paulo: Cultura Acadêmica, 2009. p. 61-69.

G1. **Decreto de Bolsonaro proíbe uso dos termos 'Vossa Excelência' e 'doutor' nos órgãos federais**. 11 abr. 2019. Disponível em: <https://g1.globo.com/politica/noticia/2019/04/11/decreto-de-bolsonaro-proibe-uso-dos-termos-vossa-excelencia-e-doutor-nos-orgaos-federais.ghtml>. Acesso em: 15 fev. 2022.

GOMES, S. **Guia do cerimonial**: do trivial ao formal. 3. ed. Brasília: LGE, 2001.

GONÇALVES, C. Formas de tratamento deixam de ser obrigatórias no serviço público. **Agência Brasil**, Brasília, 12 abr. 2019. Disponível em: <https://agenciabrasil.ebc.com.br/geral/noticia/2019-04/formas-de-tratamentos-deixam-de-ser-obrigatorias-no-servico-publico>. Acesso em: 15 fev. 2022.

INSTITUTO RUI BARBOSA. **Sessão especial de posse TCE/RO gestão 2020/2021**. Disponível em: <https://irbcontas.org.br/eventos/sessao-especial-de-posse-gestao-2020-2021>. Acesso em: 15 fev. 2022.

JESUS, A. C. de. **Cerimonial & protocolo**: uma abordagem clara e objetiva sobre cerimonial, protocolo e organização de eventos nos setores público e privado. Fraiburgo: Joannei, 2001.

KALIL, G. **Chic**: um guia básico de moda e estilo. 26. ed. São Paulo: Senac, 2005.

LAGE, A. M. O cerimonial do legislativo e a política do rito. In: ANDRADE, J. A. C. (Org.). **Cerimonial por cerimonialistas**: uma visão contemporânea do cerimonial brasileiro. São Paulo: Cultura Acadêmica, 2009. p. 103-116.

LUKOWER, A. **Cerimonial e protocolo**. 3. ed. São Paulo: Contexto, 2006.

LUZ, O. R. **Cerimonial, protocolo e etiqueta**: introdução ao cerimonial do Mercosul: Argentina e Brasil. São Paulo: Saraiva, 2005.

MARTIN, V. **Manual prático de eventos**: gestão estratégica, patrocínio e sustentabilidade. São Paulo: Atlas, 2003.

MARTIN, V.; LISBOA, R. **Eventos digitais**: híbridos e virtuais. [E-Book]. [S.l.]: VM Consultoria/MidiaCode, [2020].

MATARAZZO, C. **Negócios, negócios, etiqueta faz parte**. São Paulo: Melhoramentos, 2003.

MATIAS, M. **Organização de eventos**: procedimentos e técnicas. 4. ed. Barueri: Manole, 2007.

MEDEIROS, J. B. **Português instrumental**: contém técnicas de elaboração de Trabalho de Conclusão de Curso (TCC). 9. ed. São Paulo: Atlas, 2010.

MOREIRA, L. S. Conhecimento com inteligência, técnica com elegância. In: ANDRADE, J. A. C. (Org.). **Cerimonial por cerimonialistas**: uma visão contemporânea do cerimonial brasileiro. São Paulo: Cultura Acadêmica, 2009. p. 81-88.

NUNES, M. M. **Cerimonial para executivos**: guia para execução e supervisão de eventos empresariais. 4. ed. Porto Alegre: Dora Luzzatto, 2006.

OLIVEIRA, J. B. **Como promover eventos**. 2. ed. São Paulo: Madras, 2005.

OLIVEIRA, M. de. **Cerimonial, protocolo e etiqueta**. Curitiba: Instituto Federal do Paraná, 2011. Disponível em: <http://proedu.rnp.br/bitstream/handle/123456789/1342/Cerimonial%20Protocolo%20e%20Etiqueta.pdf?sequence=1&isAllowed=y>. Acesso em: 10 dez. 2021.

PILASTRE, B. **Novidade na redação oficial**: as formas de tratamento segundo o Decreto n. 9.758, de 11 de abril de 2019. 2019. Disponível em: <https://blog.grancursosonline.com.br/novidade-na-redacao-oficial-decreto-9758/>. Acesso em: 10 dez. 2021.

SCHUMACHER, A. J.; PORTELA, K. C. A.; BORTH, M. R. **Ferramentas do secretário executivo**. 2. ed. Cuiabá: Dos Autores, 2013.

SILVA, M. B. R. Cerimonial e eventos: estratégias e inter-relações. In: ANDRADE, J. A. C. (Org.). **Cerimonial por cerimonialistas**: uma visão contemporânea do cerimonial brasileiro. São Paulo: Cultura Acadêmica, 2009. p. 89-99.

TAKAHASHI, C. **Os 3 B's do cerimonial**: introdução às normas do cerimonial público brasileiro. São Paulo, 2009. Disponível em: <http://carlostakahashi.com.br/arquivos/site/3Bs.pdf>. Acesso em: 10 dez. 2021.

UFSC – Universidade Federal de Santa Catarina. **Decreto Presidencial n. 9.758/2019**: conheça as atuais formas de tratamento a servidores federais. 14 maio 2019. Disponível em: <https://redacaooficial.ufsc.br/archives/551>. Acesso em: 10 dez. 2021.

UNIPAM – Centro Universitário de Patos de Minas. **Convite posse reitoria Unipam 2021**: online. Disponível em: <https://drive.google.com/file/d/1G5WlitScVBlPFXBlAFHzW_dvRQ1lkhcy/view>. Acesso em: 17 fev. 2022a.

UNIPAM – Centro Universitário de Patos de Minas. **Convite posse reitoria Unipam 2021**: presencial. Disponível em: <https://drive.google.com/file/d/1oPFMO1p61367JqFSy4qQHlGywaUX6VFd/view>. Acesso em: 17 fev. 2022b.

UNIVASF – Universidade Federal do Vale do São Francisco. **Convite Policlínica**. 20 mar. 2017. Disponível em: <https://portais.univasf.edu.br/noticias/nota-da-reitoria-sobre-a-solenidade-de-inauguracao-da-policlinica/convite-policlinica-1.png/view>. Acesso em: 15 fev. 2022.

WERNER, A. **Etiqueta social e empresarial**. 2. ed. Curitiba: InterSaberes, 2014.

YANES, A. F. **Cerimonial, protocolo e etiqueta em eventos**. São Paulo: Érica, 2014.

Respostas

Capítulo 1

Questões para revisão

1. Evento pode ser qualquer tipo de acontecimento no qual pessoas se reúnem e interagem entre si. Também, pode ser um acontecimento planejado previamente, organizado, coordenado e realizado com o objetivo de reunir pessoas com objetivos comuns, em um mesmo espaço e tempo.
2. Um evento pode ter diversas motivações. Como exemplo, podemos citar as motivações profissionais (*workshops* e reuniões), religiosas (batizados e casamentos), artísticas (exposições e *shows*), culturais (saraus e festivais), sociais (*coffee breaks* e jantares) e políticos (comícios e convenções).
3. e
4. a
5. c

Capítulo 2

Questões para revisão

1. Entre os mais variados tipos de eventos, o planejamento e a realização de um cerimonial podem ser necessários, por exemplo, em uma reunião, em um congresso e em uma conferência. Nesses

eventos, podem ocorrer atos como a composição da mesa diretiva de autoridades, além do momento cívico – com a disposição de bandeiras e a execução do hino nacional – e a realização de discursos por alguns oradores. Dessa forma, o cerimonialista e a equipe de cerimonial deverão atuar com as normas que tratam da ordem de precedências e dos símbolos nacionais.

2.

a) A interação entre a plateia e os expositores, os palestrantes ou os conferencistas de um evento pode se dar por meio de inscrições ou pelo direcionamento de perguntas de forma oral, ao final da apresentação, ou de forma escrita, durante o evento, para posterior resposta e consideração do especialista questionado. De modo especial, o seminário tem a divisão do público participante em grupos de trabalho para debaterem temas específicos e, ao final dos trabalhos, os resultados das discussões e dos encaminhamentos de cada grupo são apresentados em uma plenária. Outros tipos de evento que requerem maior participação do público são o *workshop* e a oficina, principalmente no momento prático, onde ocorre a demonstração dos serviços, dos produtos e das técnicas inovadoras. Também, para fins promocionais e de *marketing*, a interação pode ocorrer ao final das apresentações, momento em que a plateia e os expositores, os palestrantes ou os conferencistas participam de sessões de fotografia com compartilhamento em redes sociais. Por fim, o *coffee break* pode ser um momento de interação e de *networking*.

b) Entre os vários tipos de eventos que possibilitam a interação entre a plateia e os expositores, os palestrantes ou os conferencistas de um evento, há a assembleia, a conferência e o painel. Também, o *workshop* e as oficinas são eventos que possibilitam a interação.

3. a

4. b
5. d

Capítulo 3

Questões para revisão

1. Cerimonial é o conjunto de formalidades que encontram embasamento em tradições, em costumes e na lei. Trata-se, portanto, de um conjunto de formalidades que estabelece as relações e o trato entre as autoridades nacionais ou estrangeiras, em eventos oficiais e particulares.
2. Protocolo diz respeito ao conjunto de regras referentes ao cerimonial e pode ser estabelecido por uma norma formal ou por costumes. Refere-se, assim, à união das normas jurídicas, das regras de comportamento, dos costumes e dos ritos que normatizam os atos oficiais em busca da harmonia, valendo-se da ordem de precedências e do respeito às hierarquias.
3. d
4. b
5. e

Capítulo 4

Questões para revisão

1. A bandeira nacional não é objeto decorativo, mas, sim, um símbolo da pátria. Por esse motivo, normalmente é hasteada às 8 horas e arriada às 18 horas. Caso esteja permanentemente no mastro, deve ficar iluminada permanentemente no período noturno. Excepcionalmente, no dia 19 de novembro (Dia da Bandeira), o hasteamento deve ocorrer ao meio-dia, na ocasião de uma cerimônia especial. Em um mastro, a bandeira nacional deve ocupar lugar de destaque em relação às demais bandeiras

(ao centro, se a alameda ou o dispositivo possuir número par de bandeiras, ou mais à direita, caso o total de bandeiras esteja em número ímpar).
2. O presidente da República, ao visitar oficialmente um Estado do território da federação, deverá ser recebido, no local da chegada, pelo governador do Estado ou do território e por um oficial-general de cada ministério militar, conforme o cerimonial militar. Também devem comparecer à chegada do presidente da República as seguintes autoridades: o vice-governador do Estado, o presidente da Assembleia Legislativa, o presidente do Tribunal de Justiça, secretários de governo e o prefeito municipal, observada a ordem de precedência.
3. c
4. d
5. e

Capítulo 5

Questões para revisão

1. Posição 1: bandeira do(a) (Brasil); posição 2: bandeira do(a) (Argentina); posição 3: bandeira do(a) (Distrito Federal).
2. Nas cerimônias em que houver autoridades estrangeiras e, portanto, for executado o hino nacional do outro país, executa-se primeiro o hino nacional estrangeiro e, somente em seguida, o hino nacional brasileiro. Havendo a presença de autoridades de dois ou mais países, estes terão seus hinos executados em conformidade com a ordem alfabética do nome do país e, em seguida, executa-se o hino nacional brasileiro. Assim, os hinos nacionais serão executados nesta ordem: 1º – hino nacional da Argentina; 2º – hino nacional do Uruguai; 3º – hino nacional brasileiro.

3. c
4. e
5. a

Capítulo 6

Questões para revisão

1. Entre as atribuições do chefe de cerimonial ou do cerimonialista, podemos destacar a elaboração do calendário de eventos, a assessoria para a prestação de serviços de apoio turístico e de logística e a participação no processo de elaboração do projeto de evento, assim como na construção do cronograma, roteiro e *script*.
2. O mestre de cerimônias precisa adotar cuidados para a sua voz e aparência. Assim, deve estar atento ao timbre da sua voz, ao volume e à entonação, bem como à fluência e à locução. É exigido desse profissional uma boa dicção e o uso da linguagem impessoal. Quanto à apresentação pessoal, o mestre de cerimônias deve ter discrição e, assim, fazer o uso da expressão corporal e facial de forma moderada, não sendo recomendado o olhar fixo em uma única pessoa, mas sim direcionado para toda a plateia. Sobre a postura corporal, deve estar sempre em pé, com o corpo ereto, posicionado no púlpito ou próximo a ele.
3. e
4. a
5. e

Capítulo 7

Questões para revisão

1.
    - Presidente da empresa (anfitrião): posição n. 1;
    - Prefeito municipal: posição n. 2;

- Secretário de obras da prefeitura: posição n. 3;
- Diretor financeiro da empresa: posição n. 4;
- Presidente da associação de moradores: posição n. 5.

Bandeiras	Mesa diretiva (Posição 4/2/1/3/5)	Púlpito
	Público/Plateia	

2. A mesa mais indicada para a ocasião é para o serviço do tipo à francesa. Nesse tipo de mesa, os convidados ficam sentados frente a frente, devendo-se evitar a ocupação das cadeiras situadas nas cabeceiras. Os convidados são servidos diretamente na mesa pelos garçons, que fazem a entrada dos pratos pelo lado esquerdo, e a retirada, pelo lado direito.
3. e
4. c
5. a

Capítulo 8

Questões para revisão
1. Resposta pessoal.
2. Resposta pessoal.
3. c
4. b
5. a

Capítulo 9
Questões para revisão

1. Opção de resposta:

> Senhora secretária,
>
> Boa tarde!
>
> Inicialmente, agradecemos a confirmação da presença do Sr. _____ na cerimônia de inauguração da sede do Tribunal _____. Respondendo o seu questionamento, informamos que, para este evento, é recomendado o traje passeio completo.
>
> Para os esclarecimentos adicionais que se fizerem necessários, estamos à disposição.
>
> Grata,
>
> _____

2. Resposta:

N.	Evento	Horário	Local	Traje
1	Almoço/churrasco	13h	Clube social	Traje esporte
2	Apresentação de ópera	20h	Teatro municipal	Traje social
3	Baile de gala	22h	Centro de convenções	Traje *black tie*
4	Casamento	22h	Salão de festas	Traje passeio completo
5	Batizado	10h	Igreja	Traje esporte

No traje passeio completo, os homens devem fazer o uso do terno, sendo que o paletó e a calça devem ser em cor única (preta ou escura, mantendo a formalidade). A camisa social deve ser preferencialmente na cor branca ou clara e com manga larga. O uso da gravata é obrigatório.

3. e
4. d
5. a

Capítulo 10

Questões para revisão

1.

N.	Autoridade	Endereçamento	Vocativo	Tratamento no corpo de texto
1	Presidente do Congresso Nacional	A Sua Excelência o Senhor	Excelentíssimo Senhor Presidente do Congresso Nacional	Vossa Excelência
2	Embaixador	A Sua Excelência o Senhor	Senhor Embaixador	Vossa Excelência
3	Ministro do Tribunal Superior do Trabalho	A Sua Excelência o Senhor	Senhor Ministro	Vossa Excelência

2. Entre as informações consideradas importantes e que devem constar no texto de um convite, podemos citar: o título do evento; a identificação do anfitrião (ou da empresa que irá promovê-lo); a data de realização; o local do acontecimento; e o horário. É importante que seja informado o traje para os participantes e um canal de comunicação para a confirmação de presenças ou o repasse de informações adicionais (telefone, *e-mail*, WhatsApp etc.). Observados os critérios estéticos, oportunamente poderá ser incluído um QR *code* para que o convidado possa acessar mais informações em um *site*, por exemplo.
3. c
4. a
5. d

Sobre o autor

Alan Santos de Oliveira é mestre em Educação pela Universidade de Uberaba (Uniube); pós-graduado, com título de MBA, em Comunicação Empresarial pela União Pioneira de Integração Social (Upis); e bacharel em Ciência Política e Relações Internacionais pelo Centro Universitário Internacional Uninter e em Secretariado Executivo pela Upis. Prestou consultoria para o Programa Alfabetização Solidária (Alfasol), da Organização das Nações Unidas para a Educação, a Ciência e a Cultura (Unesco). É avaliador de cursos e universidades do Instituto Nacional de Estudos e Pesquisas Educacionais Anísio Teixeira (Inep), vinculado ao Ministério da Educação (MEC). Atua como docente no Centro Universitário de Patos de Minas (Unipam) em cursos de graduação e pós-graduação, onde também atua como ouvidor-geral. É secretário-geral do Unipam e da Fundação Educacional de Patos de Minas (Fepam). Atua como parecerista técnico da Editora InterSaberes. Foi presidente do Fórum Nacional de Ouvidores Universitários e de Hospitais de Ensino (FNOUH) entre os anos de 2012 e 2018. Tem pesquisas, capítulos de livros e artigos publicados nas áreas de educação (com ênfase em avaliação institucional), política (com ênfase em ouvidorias, democracia, participação e cidadania) e gestão (com ênfase em sistemas de gestão integrada).

Os papéis utilizados neste livro, certificados por
instituições ambientais competentes, são recicláveis,
provenientes de fontes renováveis e, portanto, um meio
responsável e natural de informação e conhecimento.

Impressão: Reproset